PALOMA

Anne García-Romero

BROADWAY PLAY PUBLISHING INC
New York
www.broadwayplaypub.com
info@broadwayplaypub.com

PALOMA

© Copyright 2017 Anne García-Romero

Cover art by Chris Holden, courtesy of Kitchen Theatre Company

First edition: December 2017
I S B N: 978-0-88145-559-5
Book design: Marie Donovan
Page make-up: Adobe InDesign
Typeface: Palatino

PALOMA was given readings at New Dramatists, San Diego Repertory's Amigos del Rep, Emory University's Global Voices Festival, Los Angeles Theatre Center, LoNyLa Writers Lab, Open Fist Theater Company's First Look Festival and WordBridge Playwrights Laboratory. It received a finalist prize for the 2011 National Latino Playwriting Award at Arizona Theatre Company.

PALOMA received its World Premiere at the National Hispanic Cultural Center by Camino Real Productions (Linda López McAlister, Producer), opening on 20 July 2012. The cast and creative contributors were:

IBRAHIM AHMED .... Abraham Jallad
PALOMA FLORES .... Lena Armstrong
JARED RABINOWITZ .... Ron Weisberg

Director .... Gil Lazier
Scenic & lighting design .... Richard Hogle
Costume design .... Jaime Pardo
Production stage manager .... Donna Marie Barra

PALOMA received its West Coast Premiere at the Los Angeles Theatre Center (José Luis Valenzuela, Artistic Director), opening on 28 May 2015. The cast and creative contributors were:

IBRAHIM AHMED .... Ethan Rains
PALOMA FLORES .... Carolyn Zeller
JARED RABINOWITZ ....Jesse Einstein

Director..Alan Freeman
Scenic design.. Ann Sheffield
Lighting design.. Trevor Norton
Costume design..Laura Wong
Original music & guitarist.......................... Surrena Saffari
Special effects design.............. Bill Taylor & Matt Sweeney
Production stage manager ....Willie Mae Michaels

PALOMA received its East Coast Premiere at the Kitchen Theatre Company (Rachel Lampert, Artistic Director), opening on 1 May 2016. The cast and creative contributors were:

IBRAHIM AHMED.. Fajer Kaisi
PALOMA FLORES .... Alexandra Lemus
JARED RABINOWITZ ....Jacob Heimer

Director.. Margarett Perry
Scenic design...Gary Smoot
Lighting design ....Erik Herskowitz
Costume design.. Lisa Boquist
Sound design.. Eric Goebel
Production stage manager .... Jen Schilansky

ACKNOWLEDGMENTS

Special thanks to: Susan Gurman, Mark Charney, Dave White, Laura Flanagan, J Dakota Powell, Nelson Eusebio, Rachel Ely, Linda López McAlister, Gil Lazier, Alan Freeman, José Luis Valenzuela, Chantal Rodriguez, the Latino Theater Company, Douglas Langworthy, Margarett Perry, Rachel Lampert, Juliette Carrillo, Lawrence Harbison, Elaine Romero, James Thompson, Samir Younis, Janice Akers, Tlaloc Rivas, Irene Meisel, Andres Del Pozo, Leah C. Gardiner, Mahan Mizra, Ebrahim Moosa, the University of Notre Dame: Institute for Scholarship in the Liberal Arts, College of Arts and Letters, Department of Film, Television and Theatre, Nanovic Institute for European Studies, and Kroc Institute for Peace Studies, Rodolfo Montecinos MacAdoo, Barbara, Alethea, Toño, Alicia and Mercedes García-Romero.

CHARACTERS & SETTING

IBRAHIM AHMED, *late 20s*
PALOMA FLORES, *late 20s, his girlfriend*
JARED RABINOWITZ, *early 30s, his friend and also his attorney*
DOCTOR, *30s, his physician*
NURSE, *30s, his nurse*
MR AHMED, *50s, his father*
MRS FLORES, *50s, PALOMA's mother*

This play is to be performed by three actors with the following double casting:
IBRAHIM/MR AHMED
PALOMA/NURSE/MRS FLORES
JARED/DOCTOR

2003–2005. New York City as well as various cities in Spain

Note: This play contains excerpts from *Ring of the Dove* by Ibn Hazm, a meditation on love written in 11th century Muslim Spain. The texts are my own English translations of the Spanish.

The scenes in this play must move swiftly between various months from 2003 to 2005. Time shifts can be achieved through minimal lighting, costume and sound design choices. The scene titles could be incorporated as projections or spoken aloud by one of the actors.

The dates and locations for each scene are information for the production team and ought not be incorporated as projections.

Italicized words ought to be pronounced as authentically as possible.

DEDICATION

For my parents, José Antonio and Barbara
and
To the memory of Gary Smoot,
a superlative designer

ACT ONE

1. On the signs of the eyes.

(New York City. September 6, 2004. Evening. IBRAHIM *and* JARED *in* IBRAHIM's *studio apartment.)*

IBRAHIM: I want to feast my eyes on the curve of her hip.

JARED: I need you to focus.

IBRAHIM: I want to wink at the grin on her face.

JARED: I really need you to try.

IBRAHIM: I want to caress the nape of her neck.

JARED: The trial will go a lot better if

IBRAHIM: But all I can see is…twisted metal…smoke… flesh…blood.

JARED: We need to prep this.

IBRAHIM: I'm not talking to anyone about this…ever again.

JARED: Not an option. Your cross-examination has got to line up with your deposition and interrogatories.

IBRAHIM: My eyes. I can't bear to see it behind my fuckin' eyes, man. Not again. You down with that?

JARED: Ah…no I'm not…ah…down…with that.

IBRAHIM: Fuck. Off.

JARED: Tell me in pieces. Fragments. Bits. I'm not asking for like hours of testimony here.

IBRAHIM: Fragments? Bits? Really?

JARED: Come on. You know what I mean. *(Beat)* You see what I need is...

IBRAHIM: Glaucoma. I've developed glaucoma along with amnesia. Tell the court that.

JARED: Ah...no. *(Beat)* Come on, Abe...

IBRAHIM: Ibrahim.

JARED: You'll need to drop that.

IBRAHIM: So you want my name to be like John or some shit?

JARED: You need to go back to your nickname. Your childhood name. Abe.

IBRAHIM: Not happening.

JARED: The nickname you used your entire life until you arrived at N Y U and took like some fuckin' cultural studies class and got in touch with your roots or whatever.

IBRAHIM: I'm not changing my birth name.

JARED: Do you want my professional help?

IBRAHIM: I don't know. Do I? *(Beat)* So the other night I'm on the six train and I get off at 59ᵗʰ street and there's this drunk guy pissing on the tracks and like no one reacts.

JARED: Just focus for a few minutes.

IBRAHIM: Or I'm on the one train and I get off at Christopher Street...

JARED: Abe. Please.

IBRAHIM: And like this crazy dude is shouting at someone, "Don't you touch my fuckin' hand" and people just keep on going and ignore his sorry ass.

JARED: You can't ignore this lawsuit.

IBRAHIM: Got any smokes?

JARED: You smoke now?

IBRAHIM: And?

JARED: Isn't that like against your religion or something?

IBRAHIM: Not anymore.

JARED: So what...now you're like an atheist?

IBRAHIM: Whatever. Seriously, do you have any?

JARED: I quit. Trying to get back into shape, you know?

IBRAHIM: Smokes. Need them. Now.

JARED: Later. If we don't prep for this, they get the upper hand.

IBRAHIM: Jared, look, I can't...

JARED: Look, I understand this is...

IBRAHIM: You don't understand shit.

JARED: Let's just start with...like how you met.

2. On the essence of love.

(One year earlier. September 22, 2003. Early evening. IBRAHIM *and* PALOMA *study in the New York University library. They read to each other.)*

PALOMA: *(Reading)* Love, may God honor you, begins in riddles and ends in truth,

IBRAHIM: *(Reading)* and its definition is so subtle and sublime that it cannot be deciphered,

PALOMA: *(Reading)* nor its essence understood without generous determination.

IBRAHIM: *(Reading)* The mystery of attraction or separation between all living creatures arises from the affinity or repulsion between them.

PALOMA: *(Reading)* Therefore, love is a rebellious illness...

IBRAHIM: *(Reading)* whose remedy resides within, if we know how to treat it.

PALOMA: *(Reading)* But it is a delicious illness and an appetizing sickness. Those, who have been cured, curse their health.

IBRAHIM: *(Reading)* And those, who are afflicted, do not desire a cure.

(A few awkward beats)

PALOMA: And so apparently *Ibn Hazm* had it goin' on in eleventh century Spain.

IBRAHIM: And so he wrote his treatise on love. *(Beat)* Ring of the Dove. *(Beat)* In the original Arabic... *Tawq al-Hamamah.* *(Beat)* In Spanish... *(With English pronunciation)* El Collar...

PALOMA: *(Correcting him in Spanish) El Collar*

IBRAHIM: *El Collar de la Paloma.*

PALOMA: My name.

IBRAHIM: Paloma.

PALOMA: Uh-huh. Means dove. Then there's *Flores.*

IBRAHIM: *Paloma Flores.*

PALOMA: Flowers.

IBRAHIM: *Flores de Paloma.*

PALOMA: Flowers of the Dove. Right here. That's what I'm talkin' about. *(Beat)* You have good pronunciation. You speak? *Hablas español?*

IBRAHIM: *Un poco. No mucho. (Beat. Re: the book) El Collar de la Paloma.*

PALOMA: *Tawq al-Hamamah (Beat)* Ring of the Dove.

IBRAHIM: So...why ring? Why dove?

PALOMA: Well...*Collar* means necklace or maybe neck-ring. *(Beat)* And *Paloma* means pigeon or dove.

IBRAHIM: Both? I like dove better

PALOMA: Yeah and so Professor Gómez mentioned that dove also represents the soul in the Neo-Platonist philosophy that influenced Ibn Hazm. *(Beat)* Weren't you paying attention to his lecture?

IBRAHIM: I guess I was kind of distracted in class today. *(Beat)* Okay. So the dove represents the soul and...

PALOMA: And the ring of the dove refers to humankind's attempt to guide...i.e. put a ring around...one's divine soul...i.e. dove.

IBRAHIM: Great. *(Beat)* What else did I miss?

PALOMA: Well, uh...after his friend wrote him a letter asking for romantic advice, *Ibn Hazm* described rules...

IBRAHIM: On how to love.

PALOMA: Kickass rules.

IBRAHIM: Do they still apply?

PALOMA: I think they just might.

IBRAHIM: So are you suggesting we try to...apply them.

PALOMA: Is that a come on?

IBRAHIM: Too obvious?

PALOMA: Kinda.

IBRAHIM: Oh.

(*Awkward beat*)

PALOMA: I mean it's not like I'm not into obvious come ons. It's just in this context.

IBRAHIM: Yeah.

PALOMA: In the N Y U library.

IBRAHIM: In a study room.

PALOMA: In the afternoon.

IBRAHIM: Early evening, actually.

PALOMA: Study session.

IBRAHIM: Random context, you're right.

PALOMA: Not a bad context, just kinda...

IBRAHIM: Random.

PALOMA: Unexpected.

IBRAHIM: Not always a bad thing.

PALOMA: Not always.

IBRAHIM: Could kinda fit with the study partner thing.

PALOMA: Huh?

IBRAHIM: Partner. Couple. Study. Learn. Just you know, different context.

PALOMA: Why're you even taking this course?

IBRAHIM: Attraction to...

PALOMA: Okay...

IBRAHIM: To this subject matter for my Masters in Islamic Studies....

PALOMA: Because...

IBRAHIM: I so dig that period and location in history... in light of you know...now.

PALOMA: You mean like all the residual anxiety and antagonism in the atmosphere hovering over our entire society?

IBRAHIM: Ah…there is that. *(Beat)* And you?

PALOMA: I need this course for my Masters…in World History… this one covers transnational themes so… yeah…ancient Muslim Spain.

IBRAHIM: *Al-Andalus.*

PALOMA: Eight hundred years.

IBRAHIM: Three religions.

PALOMA: Islam…

IBRAHIM: Christianity…

PALOMA: Judaism…*La convivencia.*

IBRAHIM: Co-existing peacefully. Right. Exactly. I mean…yeah. And plus there are definite benefits.

PALOMA: To…

IBRAHIM: Taking this course…

PALOMA: And they are…

(IBRAHIM *points to* PALOMA.)

PALOMA: Ah…

IBRAHIM: Yeah.

PALOMA: There is that.

3. On guarding the secret.

(September 6, 2004. Same evening. A few moments later.
IBRAHIM *and* JARED *in* IBRAHIM's *studio apartment.)*

JARED: So you never planned to tell your parents about Paloma?

IBRAHIM: My parents? *(Beat)* At first, I was like, "No way. Never."

JARED: Never.

IBRAHIM: I knew how they were going to react. If I brought her there, they would seriously flip and she'd be like, "See ya'".

JARED: So you kept your relationship with her a secret.

IBRAHIM: I mean look, I knew my pop would completely freak and get all up in my face and be all, *(With slight Moroccan accent)* "Ibrahim. This is forbidden. Stop. Now. She is not one of us."

JARED: "Not one of us" meaning "Not Muslim."

IBRAHIM: Yeah. *(Beat)* I mean, when my sister, Hailey… *Halimah*…snuck off to a Christian bible camp with her high school friends, she got home and my father hit my sister on the head repeatedly with her brand new Bible.

JARED: And you were concerned he'd be violent with you?

IBRAHIM: You've never experienced the wrath of my father.

JARED: No, but my dad's a pretty intense dude.

IBRAHIM: Your dad's chill compared to my pop.

JARED: Uh…chill? Not so much.

IBRAHIM: When we were at that posh restaurant… after your law school graduation…he's all smiles introducing me to your mom. *(Chill voice)* "Hey Sylvia, you gotta meet Abe here. Jared's college bud."

JARED: That day was the exception. Get him fired up about just about anything and chill is not the word. You do not want to cross him.

IBRAHIM: But your parents aren't as religious as mine are.

JARED: My dad only goes to synagogue on the high holidays but my grandfather...

IBRAHIM: So you're thinking if I told my parents before, we wouldn't have taken the trip but I couldn't...so we did.

JARED: That she still might be here if you'd told them right away about her but that wasn't an option.

IBRAHIM: That secret keeping. I had to.

JARED: But did you absolutely have to...

IBRAHIM: I just said, there was no other way...

JARED: Fly with her to Spain? Bullshit.

(A beat)

IBRAHIM: Are you gonna be that mean to me in court?

JARED: Get used to it. Their attorney's a fuckin' ball buster.

IBRAHIM: So it is all my fault.

JARED: You will not be saying those words at any time on the stand, got that? *(Beat)* So then if you couldn't tell your parents, you couldn't be with her here, why not break things off?

IBRAHIM: Being with her made my mind spin, my heart race and my dick hard...pretty much full body impact.

JARED: So you get this idea to fly with her to Spain.

IBRAHIM: Yes, counselor, I get this idea to fly with her to Spain. I get the idea. Like I said, all my fault. You're doing wonders for my defense, by the way.

JARED: It was not all your fault. She fully agreed to go with you on the trip, right?

IBRAHIM: She said, "Dude. We're so jetting there. Climbing those stone streets. Baking in the Andalusian sun."

JARED: Bingo.

4. On the lovers' union.

(Eleven months earlier. October 2, 2003. Evening.
IBRAHIM's *studio apartment.* IBRAHIM *and* PALOMA *read to each other.)*

PALOMA: *(Reading)* One aspect of love is the lovers' union, which is sublime fortune,

IBRAHIM: *(Reading)* Renewed life,

PALOMA: *(Reading)* Ecstatic existence,

IBRAHIM: *(Reading)* Perpetual joy,

PALOMA: *(Reading)* Great mercy from God. *(Beat) (Looks up from book)* That's what I'm talkin' about. *(Beat)* You religious?

IBRAHIM: Uh. Yeah.

PALOMA: Huh. You pray a lot?

IBRAHIM: Daily.

PALOMA: Really…

IBRAHIM: Five times.

PALOMA: Five? Wow. Huh. You don't strike me as…

IBRAHIM: A fanatic? I'm not.

PALOMA: I wasn't saying.

IBRAHIM: But you were thinking.

PALOMA: Do religious dudes bring their study partners back to their apartment after dinner to pray?

IBRAHIM: Maybe.

PALOMA: Seriously? We're gonna pray now?

IBRAHIM: That interest you?

PALOMA: Would we be clothed during this praying thing?

IBRAHIM: Ah. That. Well.

(IBRAHIM *and* PALOMA *kiss. He nervously pulls away.*)

PALOMA: You've lived in this place how long?

IBRAHIM: Since school started.

PALOMA: Decorate much?

IBRAHIM: Simplicity. Much preferable.

PALOMA: So you're like a monk?

IBRAHIM: You could say.

PALOMA: Seriously?

IBRAHIM: Wanna drink?

PALOMA: Oh. So we're gonna get hammered and then pray...in bed?

IBRAHIM: Not that kind of drink and we're not praying...in bed.

PALOMA: You don't drink or fuck?

IBRAHIM: If you wanna put it that way...no.

PALOMA: Not even a little?

IBRAHIM: Actually...no.

PALOMA: Purist.

IBRAHIM: You could say.

PALOMA: Religious reasons?

IBRAHIM: You down with that?

PALOMA: I mean, I was raised Catholic but I'm not that religious. And I dig the occasional cocktail and the frequent fuck, not necessarily in that order. So...

IBRAHIM: So you pray?

PALOMA: On Christmas. Easter. And when I'm really stressed.

IBRAHIM: Ah.

PALOMA: I dig that you do though.

IBRAHIM: Okay.

PALOMA: Really.

(IBRAHIM *and* PALOMA *almost kiss again but he pulls away.*)

PALOMA: What does your name mean?

IBRAHIM: *Ibrahim*. Father of a multitude. *Ahmed*. Highly praised.

PALOMA: As in you'll have thirteen kids or you'll be a highly praised leader of the people?

IBRAHIM: What do you think?

PALOMA: I'm intrigued is what I think.

IBRAHIM: We should go there.

PALOMA: Where?

IBRAHIM: *Ibn Hazm*-land.

PALOMA: Eleventh century Spain?

IBRAHIM: Cheap internet flight. Cheap internet hotel.

PALOMA: What. Now we're eloping or something?

IBRAHIM: Ah. Well…

PALOMA: And then we eventually get married and have thirteen kids?

IBRAHIM: Fourteen, perhaps?

PALOMA: Um. Okay. That wasn't a proposal by the way.

IBRAHIM: Okay…

PALOMA: Dude. We're so jetting there. Climbing those stone streets. Baking in the Andalusian sun.

IBRAHIM: From your mouth to god's ears.

PALOMA: So…now…are we prayin'?

(IBRAHIM *and* PALOMA *kiss again.*)

5. On divulging the secret.

(*September 6, 2004. Same evening. An hour later.* IBRAHIM *and* JARED *in* IBRAHIM's *studio apartment.*)

IBRAHIM: So, then I fuckin' call my father.

JARED: When?

IBRAHIM: That morning.

JARED: The morning you planned to travel from Madrid to Granada?

(IBRAHIM *nods.*)

JARED: What time did you call?

IBRAHIM: One thirty A M Madrid time. Seven thirty P M New York time.

JARED: Why that day?

IBRAHIM: Paloma inspired me.

JARED: She did?

IBRAHIM: At that point, Granada's in our sights. I can picture us walking beneath the intricately carved sandstone walls by the Patio of the Lions, strolling down the fountain walkways in the gardens of the *Generalife*. Total inspiration.

JARED: You call him from the hotel?

IBRAHIM: I need some space so I leave the hotel, walk around for a while and then decide to take the Metro to *Sol*. I walk out of the station and up the stairs of this internet and phone place. I pay…like…uh…five euros for booth- six-or-seven…booth six, yeah, six…and dial, knowing my pop would be home, watching some shit on the History channel.

JARED: You leave Paloma in the hotel room. Alone…

IBRAHIM: Yeah. We'd had this intense talk.

JARED: This wasn't like a fight where you were telling her she had to go to Granada?

IBRAHIM: No.

JARED: So she could have left the hotel room on her own and flown back to the U.S. on her own?

IBRAHIM: Yes.

JARED: But she didn't.

IBRAHIM: No.

JARED: Great. *(Beat)* Okay. So. The call to your father…

IBRAHIM: So. I sit in that booth sweating, my stomach turning, my intestines cramping, my bladder aching, fight or flight, you know?…and that fucking phone keeps ringing and ringing.

JARED: But he picks up.

IBRAHIM: My heart's pounding. And I'm like, "Yo, pop". And he's like, *(With slight Moroccan accent)* "What the hell are you doing calling me at one thirty in the morning in Madrid?" And I'm like, "I wanted to chat with you". And then I'm starting to sound like I'm real nervous, you know?

JARED: And then you tell him?

IBRAHIM: Not yet. At first I'm like talking small talk and shit and I know my pop's getting pissed. *(With slight Moroccan accent)* "What, you run out of money?" And I'm like, "No, pop. I…I met someone". And he's like, *(With slight Moroccan accent)* "You get a girl pregnant and I'll kick your ass". And I'm like, "Pop. Her name is Paloma." And he's like, *(With slight Moroccan accent)* "You meet a nice Muslim girl with a Spanish name?" And I'm like, "She's nice. She has a Spanish name. But..."

JARED: She's not Muslim.

IBRAHIM: And he's like, *(With slight Moroccan accent)* "What about *Sharzad?*"

JARED: Who?

IBRAHIM: This woman at the mosque my father wanted me to marry.

JARED: Okay...

IBRAHIM: And I'm like, "Pop. I'm not seeing her anymore". And he's like, *(With slight Moroccan accent)* "Your mother and I know". And then my stomach starts to fuckin' ache and I have to shit real bad and I'm like fuck, I know that tone in his voice. He's like, *(With slight Moroccan accent)* "She called us three days ago. She told us you went to Madrid with your new girlfriend. She told us her name is Paloma. She told us she is Christian." And he proceeds to cuss me out real rapid fire in Arabic, you know. I don't know shit what he's saying but the energy's serious and I'm like fuck.

JARED: And that's why you didn't tell him before you left?

IBRAHIM: And then in like his intense English he says things like, *(With slight Moroccan accent)* "You know, God will punish you for your sins and our family's reputation is ruined."

JARED: Has he ever come around?

IBRAHIM: Absolutely not.

JARED: Damn.

IBRAHIM: That's the last time I spoke to him. The last time I'll probably ever speak to him.

JARED: Shit.

IBRAHIM: So he hangs up on me and I sit there in that booth and I start to cry. Then I duck into their bathroom and they have those kind that are like little rooms, you get your own little room, and I sit there and sob and then I like fuckin' heave.

JARED: So your father doesn't know about everything that's happened?

IBRAHIM: He knows. My mother's seen me since I've been back. I talk to her on the phone.

JARED: So I can't even call him?

IBRAHIM: He won't answer your questions.

JARED: And this is like a forever deal? Having him testify could seriously bolster our case at this point...

IBRAHIM: Fuckin' forget it. This shit runs so deep, it's like this unconscious parasite that burrows in his brain and no matter how much you try to perform psychic surgery on his head this shit is lethal.

JARED: Do you think he talked to family members about it? Could I contact any uncles?

IBRAHIM: Forget it.

JARED: Aunts?

IBRAHIM: Nope.

JARED: Your mother?

IBRAHIM: Doubt it.

JARED: Your imam?

IBRAHIM: Not at this point. Fuckin' Sharzad's probably told everyone who goes to the mosque by now. I don't know how she found out.

JARED: You didn't want her to find out?

IBRAHIM: I didn't care but I didn't think she'd fuckin' try to ruin my life.

JARED: I guess that means Sharzad's out?

IBRAHIM: Ah...yeah. *(Beat)* And you know the next morning, Paloma told me she wrote me some letter like while I was out that night at the phone place...but she wanted to wait to give it to me in Granada.

JARED: But she never told you what was in the letter?

IBRAHIM: And I didn't ask. I should've asked her to give it to me then but I couldn't. At that point, all I wanted to do was to get us to Granada. *(Beat)* Do you know every night before I go to sleep I try to remember the feeling of having Paloma beside me in that hotel bed in Madrid? For like ten seconds I squish my eyeballs so hard in their sockets they burn until I can get like a millisecond of a taste of that feeling. I try every fuckin' night and each second the taste gets fainter and fainter until the feeling disappears altogether.

JARED: Right. *(Beat)* So. In the absence of that letter and in light of the fact that the attorney for the other side is gonna to try to decimate your credibility, I'm still gonna need to build a list of character witnesses.

6. On those who fall in love in dreams.

(Nine months earlier. December 3, 2003. Evening. IBRAHIM *and* PALOMA *in* IBRAHIM's *studio apartment.)*

IBRAHIM: So I'm in this large desert-like space and it's sunset and there are these weird creeping critters on the ground like a cross between a scorpion and a snake and they start to try to wrap around my ankle and then you run up to me but your eyes are like zombie-

eyes and your face is pale and your dress is torn and
your hair is wild and I say your name but you look
at me like you don't know who I am and one of those
motherfuckers bites my pinky toe and you rush away
and I turn to follow you but I fall down because my
toe is like swelling and when I hit the sand it gives
way and I descend into the earth and as I'm like falling
through the earth I see you falling next to me and
we're like encased in separate glass bubbles and falling
like a speeding elevator race and you look ravishing
yet sad and you mouth "I love you" and I bang on
the glass but no sound comes out and then your glass
bubble elevator thing zooms away into the earth and
mine stops and slowly the oxygen runs out and I keep
gasping for air like... *(He makes gasping sounds.)* ...and
then I wake up.

PALOMA: How do you remember your dreams like
that? Damn.

IBRAHIM: They're usually not that...vivid

PALOMA: Or spooky.

IBRAHIM: Any grand interpretations?

PALOMA: What would *Ibn Hazm* say?

*(IBRAHIM and PALOMA flip through their books searching
for a page.)*

IBRAHIM: Ah...here. This one. *(Beat)* Page one hundred
and twenty three. *(Reading)* One day I went to see my
friend and I found him pensive and preoccupied. I
asked him what was wrong and after some silence, he
said,

PALOMA: *(Reading)* "The strangest thing you have ever
heard is happening to me."

IBRAHIM: *(Reading)* "What do you mean?" I replied.

PALOMA: *(Reading)* "Last night I dreamt of a woman and upon waking, I noticed that my heart had fallen for her and I am now obsessed with her. Her love has left me in the saddest state."

IBRAHIM: *(Reading)* This went on for a month until I exclaimed, "Not even God can forgive you for your thoughts as you obsess over something that does not exist and is not real. Do you even know who she is?" He replied,

PALOMA: *(Reading)* "By God, no."

IBRAHIM: *(Reading)* I chastised him, "Truly, you are a person with weak wisdom and blind belief if you love someone you have never seen, who has never been created nor walked this earth. You would be more forgivable, in my eyes, if you had fallen in love with a woman painted on the bathhouse wall."

PALOMA: Well that doesn't apply so much here. Unless the woman in your dream wasn't me.

IBRAHIM: It was you but it wasn't you.

PALOMA: I'm not crazy about the fact that we never really connect and go zooming through the earth in glass bubble thingies. Then you suffocate? Do I suffocate you?

IBRAHIM: No.

PALOMA: Not even a little?

IBRAHIM: Paloma....

PALOMA: And it's intense that he writes, "Not even God can forgive you for what you're thinking about..." That's kind of harsh.

IBRAHIM: Some people view God that way.

PALOMA: Do you?

IBRAHIM: On the whole, no. But sometimes...

PALOMA: Maybe he's being hyperbolic? *(Beat)* Do your friends at the mosque view God that way?

IBRAHIM: Hard to know.

(Awkward beat)

PALOMA: Can I come with you?

IBRAHIM: Where?

PALOMA: The mosque.

IBRAHIM: If...you want.

PALOMA: You say that like I'm not gonna wanna set foot anywhere near a mosque.

IBRAHIM: You'll have to observe from the back or sit in the women's area.

PALOMA: Right.

IBRAHIM: And it's best if you wear long sleeves and a headscarf, if you have one.

PALOMA: Done.

IBRAHIM: You really want to visit my mosque?

PALOMA: I need to know more.

IBRAHIM: About...

PALOMA: The faith that keeps us apart.

IBRAHIM: Does my faith keep us apart?

PALOMA: Not in all ways, but in some...well....tangible ways.

IBRAHIM: Yeah. Right. That.

PALOMA: I mean, listen, I think it's not a bad idea to go slow, you know. I rarely do. It's like one-two-three leap into bed, go nuts for each other, and then all bets are off.

IBRAHIM: I didn't realize it'd be...I mean I thought maybe it wouldn't be so bad to go slow...you know?

PALOMA: Like I said, it's not a bad idea...just different than my usual. *(Beat) (Rapid-fire)* Okay-I-totally-wanna-have-sex-with-you. *(Beat)* There. It's out there. Moving on, now.

IBRAHIM: And you think I don't?

PALOMA: Hard to tell.

IBRAHIM: Well. I. do. Just. Not. Yet.

PALOMA: Yet. That. Right.

IBRAHIM: Come to the prayer service on Friday. I just won't be able to talk to you.

PALOMA: You'll be with the men.

IBRAHIM: And I just can't risk anyone seeing us talking or anything.

PALOMA: Seriously? I mean I can't just walk up to you and be all, "Yo Ibrahim, whassup sucka?"

IBRAHIM: Seriously. *(Beat)* I'd rather keep it that way for now. For our sake.

7. On Betrayal

(September 8, 2004. Early afternoon. IBRAHIM and JARED outside a mosque in lower Manhattan.)

JARED: What time does the service let out?

IBRAHIM: I don't know. Soon.

JARED: So we'll just go into the mosque, you'll introduce me to some of your bros, we'll see if any of them will want to testify on your behalf.

IBRAHIM: This is so wrong.

JARED: Why is it wrong? Your family's out of town. And we can't even ask your family anyway. You had

like no other real friends at N Y U except for Paloma
and me. The other friends you had were from here.

IBRAHIM: No one'll betray the elders by talking to you.

JARED: What do you mean betray?

IBRAHIM: I'm a bad role model for these guys. The elder
brothers have probably warned the younger brothers
about hanging out with me. I mean I haven't heard
from any of them since I got back.

JARED: How badly do you want to win this case?

IBRAHIM: Right at this moment? I don't know. Badly.
Yeah.

JARED: Bad enough to feel awkward and embarrassed
for a few minutes? I mean, come on, no one in there is
gonna go all extremist on us or anything, are they?

IBRAHIM: When exactly did the perception of my faith
get so inextricably linked with extremism?

JARED: I'm saying they're not extremist

IBRAHIM: It's just we're total pacifists in this
community. But the ignorance around us is staggering.
People go into this blind hysteria.

JARED: That's why I need to get at least a couple of your
friends here to testify…to break out of the stereotypical
bullshit that the other side will probably pull.

IBRAHIM: I mean sometimes I used to wander around
down here after evening prayers…lower Manhattan
can be eerily quiet at night…and I would just
silently meditate while I walked, you know? And
then sometimes I'd go down there…and look at the
emptiness of that hallowed, tower-less ground…and
pray harder for those thousands of souls. Pay my
respects, you know?

JARED: We could use that. That's good. They won't
expect that coming from you.

IBRAHIM: What's that supposed to mean?

JARED: Listen, their attorney might try to play up some preconceived notions. Anything we can do to illuminate otherwise.

IBRAHIM: Surreal. The layers of betrayal.

JARED: I gotta be realistic here, dude.

IBRAHIM: I mean when people respond that way with those preconceived notions or some shit and like it feels like all fucking humanity is betraying me...that legal principle that says we are all equal under the law in these here fifty states...yeah...uh...right.

JARED: If you understand the fucking legal system so well, why won't you listen to me?

IBRAHIM: Then family and friends betray me because they think I betrayed them and they have these preconceived notions of what happened...about me and Paloma.

JARED: So can we go in and meet some of these betrayers? Please?

IBRAHIM: Expect nothing. The service ends in a few minutes.

JARED: So then we'll go in that door?

IBRAHIM: You'll have to take off your shoes when you get inside. You can store them in the little shelves against the wall. But I gotta head out.

JARED: Ah...no you don't. You need to introduce me to

IBRAHIM: You can ask around yourself. Alright?

JARED: Did you always plan not to go in there?

IBRAHIM: I gotta...doctor's appointment.

JARED: You so don't have a fucking doctor's appointment. Why won't you walk in there with me?

IBRAHIM: Because on some level I betrayed my community too, alright? Not by being with a non-Muslim woman but acting in a way that was not worthy of my faith...lacking in courage, honor, respect, et cetera. And I don't really feel like facing that right now, okay? Is that fucking okay with you?

8. On verbal allusions.

(Seven months earlier. February 25, 2004. Night. IBRAHIM *and* PALOMA *in Washington Square Park.)*

PALOMA: So we can't hold hands?

IBRAHIM: I'd rather not.

PALOMA: Really.

IBRAHIM: Yeah. *(Beat)* There's like an ocean of love in my heart for you and I just can't risk that being taken away from me by any judgment.

PALOMA: Who's judging you?

IBRAHIM: You never know who might see.

PALOMA: We're in fuckin' Washington Square Park at like fuckin' ten o'clock at night. Really?

IBRAHIM: Really.

PALOMA: Wow.

(Awkward beat)

IBRAHIM: Watch out for that...

*(*IBRAHIM *steers* PALOMA *clear of walking on dog shit.)*

PALOMA: Thanks. See right there. Even in my pissed off state, you're looking out for me so I don't step in a pile of dog shit. Wow. I'm so not used to kindness.

IBRAHIM: What kinds of dudes have you been in a relationship with?

PALOMA: We're in a relationship now?

IBRAHIM: Answer my question.

PALOMA: Don't poke me with your elbow.

IBRAHIM: You don't want my elbow?

PALOMA: Your elbow is pointy and cold. Your hand is soft and warm.

IBRAHIM: Answer my question.

PALOMA: Domineering men. Dramatic men. Artistic men. Comedic men. But in the end, they are mostly just sad and mean men. I tend to be attracted to heartless men.

IBRAHIM: And I'm not heartless.

PALOMA: I know. *(facetious)* So you're saying then that I'm attracted to you?

IBRAHIM: Seems so.

PALOMA: Seems?

IBRAHIM: Is. Are.

PALOMA: Okay.

IBRAHIM: Here.

(IBRAHIM *gives* PALOMA *his hand.)*

PALOMA: Just your pinky.

IBRAHIM: Really.

PALOMA: Pinky link on the down-low.

IBRAHIM: Word.

(A beat)

PALOMA: So how's it lookin' for the…?

IBRAHIM: The…

PALOMA: You know, the…

IBRAHIM: Right. *(Beat)* I would say "it" is in our near future.

PALOMA: Really?

IBRAHIM: Really.

PALOMA: We can say "it" out loud, you know.

IBRAHIM: I know.

PALOMA: But we can't talk about "it" on the street?

IBRAHIM: Right.

PALOMA: Really?

IBRAHIM: Really.

PALOMA: *(Loudly)* Yo, people of New York City, listen up, Ibrahim and Paloma are gonna...

| PALOMA: *(Simultaneous)* | IBRAHIM: *(Simultaneous)* |
| *(Loud)* ...have sex! | *(Louder)* ...go on a trip! |

PALOMA: We're calling "it" a trip, now? Really?

IBRAHIM: No, really. We're taking a trip. To...*Ibn Hazm*-land.

PALOMA: Serious?

IBRAHIM: Spring break. We're so jetting there.

PALOMA: Andalusian sun here we come?

IBRAHIM: Uh-huh. *(Beat)* And I already bought our plane tickets...and hotels.

PALOMA: What? How can you afford...

IBRAHIM: Cheap internet flight. Cheap internet hotel.

PALOMA: For real? When were you going to tell me...

IBRAHIM: I'm telling you. Now.

PALOMA: I mean no guy has ever done this for me before and...

IBRAHIM: So, you wanna go?

PALOMA: Hell yeah.

IBRAHIM: Andalusian sun here we come.

PALOMA: And I mean you want to cross the proverbial threshold over there…

IBRAHIM: In Madrid. Toledo. Granada. *(Beat)* Yeah.

PALOMA: *(Sexy)* Oh…yeah.

9. On those, who having loved, can never love any other.

(September 20, 2004. Morning. IBRAHIM *and* JARED *in Washington Square Park.)*

IBRAHIM: I wanna yell at priests.

JARED: Your anger is understandable but find another way to…

IBRAHIM: I wanna scream at rabbis.

JARED: Please don't.

IBRAHIM: I wanna shout at imams.

JARED: Bad idea.

IBRAHIM: This is fucked.

JARED: And just promise me you won't say those things on the stand.

IBRAHIM: Pigeons suck. Why are there so many goddamned pigeons in this city? Did you know the Spanish word for pigeon is the same word for dove. Paloma? Her name? She's not a fucking pigeon alright. She's a dove. A gleaming dove. Do you hear that you fucking flying rats?

JARED: Dude. Dial it down.

IBRAHIM: I don't wanna dial it down. I can scream at the top of my lungs if I want to in this crazy ass park.

JARED: Yeah, well, if you keep screaming at the top of your lungs in crazy ass Washington Square park that you want to verbally assault religious leaders, you might have to spend the night in a holding cell and I don't want to represent you for a misdemeanor as well.

IBRAHIM: I'm not like those militant dudes on the corner of Broadway who are like yelling at people.

JARED: I realize that.

(A beat)

IBRAHIM: Her hair man, I will never touch her hair again, that soft silky strand in between my fingers…

JARED: Look, Sharon said you can stay with us tonight, if you want.

IBRAHIM: Sharon? Who the fuck is Sharon?

JARED: We moved in together…

IBRAHIM: You quit smoking. You work out. You meet some girl at a bar on Lafayette Street and you're shackin' up now? Damn.

JARED: I get that this is an extremely hard day for you.

IBRAHIM: You don't get shit.

JARED: Look, I'm taking your case for free, dude.

IBRAHIM: Oh, so it's about money now? You resent that I can't pay you?

JARED: No. Look. Let's just catch a cab.

IBRAHIM: I'm not staying with you and bar girl number five tonight. I'm not. Alright?

JARED: Fine. Just chill.

IBRAHIM: I don't want to chill.

JARED: Well then find yourself another fucking attorney.

(A beat)

IBRAHIM: Look, man I'm sorry I...

JARED: It's okay, I...

(Awkward beat)

IBRAHIM: Would you like keep me in your prayers? I mean I don't know if you even go to like synagogue any more or temple or whatever but like if you do, or if you know someone who does, can you like have them pray something for me?

JARED: Sure.

IBRAHIM: I can't walk in there today and face her parents. If I see Paloma's mother and she has that same gorgeous hair and I...I may go off and then that would suck and then...

Promise me I won't see her mother.

JARED: I can't promise you anything. But I will keep you informed. Breathe.

IBRAHIM: She's a dove, man. A sign of fuckin' peace, alright? *(Beat)* Like Noah and the ark and that dove, man.

JARED: Come on...

IBRAHIM: Not like these damn pigeons, signs of fuckin' shit. *(Beat)* More like that dove that flies over the water back to the ark, you know? *(Beat)* Right, you probably don't even remember that part of the story.

JARED: I learned a thing or two in Hebrew school back in the day.

IBRAHIM: But so if she's the dove, am I Noah or the ark or one of those sorry ass animals all cramped up in that wooden piece of shit boat? Huh?

JARED: I don't know. Come on. Let's go.

IBRAHIM: Yeah. Okay.

10. On the continuation of the lovers' union

(Toledo, Spain. Six months earlier. March 9, 2004.
Afternoon. IBRAHIM *and* PALOMA *in a church.)*

PALOMA: Used to be a mosque.

IBRAHIM: Then a synagogue.

PALOMA: Then a church.

IBRAHIM: They're removing parts of the altar to restore the synagogue to invite the community back here to worship.

PALOMA: As if taking down an altar could do that.

IBRAHIM: Why didn't you respond when I texted you from the hotel this morning?

PALOMA: I saw your text but my phone was just about out of juice? ...So...

IBRAHIM: You could've called me from a payphone.

PALOMA: And then I was by the fountain of Neptune... and hurrying to meet you at the train ticket booth-thing at *Atocha*? ...And I thought I should call? ...But I didn't have any change for the payphone.

IBRAHIM: When you lie, your face does this smiling thing and your voice does this raised thing at the end of each sentence.

PALOMA: You don't believe me?

IBRAHIM: Not really.

PALOMA: Like I wouldn't want to call you...be here. With you.

IBRAHIM: My girlfriend is all, "I'm goin' out for a walk. Meet you at *Atocha*." and what am I supposed to think?

PALOMA: I'm here, aren't I?

IBRAHIM: Yeah.

PALOMA: I just needed some time.

IBRAHIM: For...

PALOMA: Thinking...

IBRAHIM: About...

PALOMA: Can we not talk about this right now? *(Awkward beat)* Look, I get that it's part of your religion. My heart is not made of stone, you know.

IBRAHIM: Nor is mine.

PALOMA: So...

IBRAHIM: Here we are. Two stoneless hearts.

PALOMA: The only stones...the ones beneath our feet as we climb the streets of this ancient city.

IBRAHIM: Did you know the river *Duero* begins in this city? A little trickle and then soon a gushing river.

PALOMA: You don't think I really want to be here in *Toledo* with you? Maybe it's actually you who feels unsure about this.

IBRAHIM: Nine hundred years ago, our worlds co-existed here. Living side by side. Each free to practice. Each free to live with respect.

PALOMA: And we can't have that today?

IBRAHIM: Nine hundred years later. Numerous wars. An Inquisition. Years of genocide. It gets complicated.

PALOMA: If I close my eyes, maybe I can feel *la convivencia*.

IBRAHIM: And if I kiss your eyelids when they're closed will I also see the co-existence in this space?

PALOMA: Your lips will see with my eyes.

(PALOMA closes her eyes. IBRAHIM kisses her eyelids.)

PALOMA: Only I don't just see peaceful co-existence.
I also see what followed. Shrapnel. And smoke. And
blood. And piercing wails. *(She opens her eyes.)*

IBRAHIM: So maybe I can kiss your eyelids again?

PALOMA: I'll meet you outside.

IBRAHIM: Paloma...

PALOMA: This place spooks me.

IBRAHIM: Why does it spook you?

PALOMA: Doesn't feel like co-existence anymore.
Maybe at one point during the mosque days. But then
co-existence ended and someone conquered someone
and it's a synagogue. Then someone expelled someone
and it's a church.

IBRAHIM: I don't see it that way.

PALOMA: It's not like, "Hey, do you mind if we steal
this building, strip the interior and redecorate?" It's
like, "Excuse me while I kill you and steal your house
of worship."

(A beat)

IBRAHIM: Are you low-blood sugar right now? *(Beat)*
Because you seem kind of low-blood-sugary.

PALOMA: You read the placard outside and you believe
it or want to believe it or hope to believe it but co-
existence doesn't last.

IBRAHIM: Let's go. Come on.

PALOMA: If you scratch beneath the surface of this
paint, you'll hear howls not chanting, you'll see blood
stains not like fuckin' mosaics.

IBRAHIM: You know, I think it's mealtime.

PALOMA: Feed me buckets of *gazpacho* but it won't
change that fact.

IBRAHIM: In Granada, you'll feel differently. *(Beat)* But for now, let's go drink buckets of *gazpacho.*

11. On Forgetting.

(New York City. September 20, 2004. Morning. Courtroom. IBRAHIM *on the stand.* JARED *cross examining.)*

JARED: *(With improper pronunciation)* Mr Ahmed *(AH-MED).* Abraham?

IBRAHIM: *(With proper pronunciation) Ibrahim.* With an "I". *Ibrahim Ahmed.*

JARED: Fine then. Ibrahim, can you tell us again what you did on the morning of March eleventh?

IBRAHIM: My girlfriend and I...

JARED: Ms Flores?

IBRAHIM: *Paloma.*

JARED: Paloma Flores.

IBRAHIM: Paloma and I woke up, left our Madrid hotel room, took the metro and entered the *Atocha* train station.

JARED: Are you a resident of New York City?

IBRAHIM: Yes.

JARED: Was Ms Flores...uh...Paloma. Was she a resident of New York City?

IBRAHIM: Yes.

JARED: Both U S citizens?

IBRAHIM: Born and raised in New York.

JARED: Why then were you in Madrid on March eleventh in the Atocha train station?

IBRAHIM: On vacation.

JARED: Were you taking Ms Flores…uh…Paloma there against her will?

IBRAHIM: The trip was my idea but she was excited to go too.

JARED: So, you didn't brainwash Ms Flores into taking this trip?

IBRAHIM: No, I did not.

JARED: And where were you planning on traveling to that morning?

IBRAHIM: The city of *Granada*.

JARED: And why is that?

IBRAHIM: I guess you could call it a pilgrimage of sorts.

JARED: A religious pilgrimage?

IBRAHIM: More personal than religious.

JARED: Are you religious, Abraham?

IBRAHIM: *Ibrahim.*

JARED: Are you religious, Ibrahim?

IBRAHIM: Yes.

JARED: Could you elaborate please?

IBRAHIM: I am a practicing Muslim.

JARED: And did your girlfriend share your faith?

IBRAHIM: No.

JARED: Was this a problem?

IBRAHIM: To me? No. To our families? Yes.

JARED: And to Ms Flores? Paloma?

IBRAHIM: I don't think so. No.

JARED: Were you planning on marrying Ms Flores?

IBRAHIM: One day.

(JARED *holds up a plastic bag containing a fragment of a gold necklace.*)

JARED: Do you recognize this item?

IBRAHIM: I do.

JARED: Can you tell us what this is?

IBRAHIM: Part of a neck ring. A kind of necklace really. I bought this for Paloma. I gave it to her that morning.

JARED: As some sort of pre-engagement gift?

IBRAHIM: I don't know. More of a symbol of our relationship. We'd been reading this book, Ring of the Dove, a meditation on love and so it was because of that mostly.

JARED: So you weren't trying to bribe her with this gift to coerce her to take this trip?

IBRAHIM: No.

JARED: You weren't kidnapping her against her will to take this trip?

IBRAHIM: No.

JARED: Can you tell us what happened at seven fifteen that morning?

IBRAHIM: We boarded the train in the *Atocha* station. We were sitting there in car seven. Seats Nine A and B. Looking forward to our trip. I got up to use the restroom. The one in our car was occupied so I kept on going down the aisle to the next car, then the next one. Before I got to a vacant restroom. That's when it happened.

JARED: You're referring to the bombing of the Atocha train station?

IBRAHIM: Yes.

JARED: What is your cultural heritage, Mr Ahmed?

IBRAHIM: I'm Moroccan-American.

JARED: Were you in any way involved in the planning of this attack?

IBRAHIM: No.

JARED: You were in no way involved in planning this attack on the trains pulling into the Atocha train station, an attack, which injured two thousand people and killed one hundred and ninety-two passengers, including your girlfriend and soon-to-be fiancée?

IBRAHIM: Absolutely not. I'm a U S citizen. I'm non-violent. I'm a practicing, moderately devout Muslim. I was traveling with my girlfriend, a nominally devout Catholic…to a land where once many hundreds of years ago, a question like that would not only be offensive but completely preposterous…to *Al-Andalus*, a land where we could co-exist together without repercussion, further…to that land where our worlds could thrive and flourish together and neither of us would be injured, killed or sued for false imprisonment and wrongful death.

JARED: Your Honor?…

12. On The Signs of Love

(Madrid. Six months earlier. March 11, 2004. Early morning. IBRAHIM and PALOMA on a train in the Atocha train station.)

IBRAHIM: *(Reading)* A sign. Persistence of the look. Never blinking, the eye moves wherever his beloved moves, rests where she rests, looks where she looks, like a chameleon in the sun.

PALOMA: *(Reading)* A sign. The lover flies to be near to her beloved, insists on sitting close to him, abandons activities and cancels commitments that keep her from him, and woefully walks away from him.

IBRAHIM: *(Reading)* A sign. The lover gives liberally from all that he has, as if he himself were receiving the gift, as if in giving he were finding his fortune.

(PALOMA *touches her necklace.)*

PALOMA: Feeling this next to my neck gives me this sensation of stillness inside.

IBRAHIM: And this?

(IBRAHIM *kisses* PALOMA's *neck.)*

PALOMA: Heart rate up. Heat through my chest, traveling down my stomach across my sweet spot down my legs and into my toes. Yeah.

IBRAHIM: And this?

(IBRAHIM *kisses* PALOMA's *lips.)*

PALOMA: Ditto. Times ten.

IBRAHIM: Ten only?

PALOMA: To the tenth power.

IBRAHIM: Power.

IBRAHIM & PALOMA: That.

IBRAHIM: Yeah.

PALOMA: I can't wait to walk, hand in hand, through the *Generalife* gardens, in and out of the carefully manicured hedges and flowers around the eighteen tiny fountains of water simultaneously careening into the long rectangular pool.

IBRAHIM: And so it shall be.

PALOMA: *L'Alhambra.*

IBRAHIM: *El Generalife.*

PALOMA: *Granada.*

IBRAHIM: Moorish power.

PALOMA: A walled city.

IBRAHIM: Seat of power.

PALOMA: Centuries of power. *(Beat)* Will we fuck in *Granada*?

IBRAHIM: Depends.

PALOMA: On...

IBRAHIM: The rules.

PALOMA: What *Ibn Hazm* wrote.

IBRAHIM: Exactly.

PALOMA: His rules are universal.

IBRAHIM: Applicable to all.

PALOMA: Yup. So...

IBRAHIM: We can apply them...in bed.

PALOMA: Really.

IBRAHIM: If you're down with that.

PALOMA: Uh...yeah.

IBRAHIM: And our little room will overlook the hills of *Granada*.

PALOMA: Serious?

(IBRAHIM nods.)

PALOMA: Because I get your whole religion thing but I also kinda thought you didn't want to...do it...with me.

IBRAHIM: Are you kidding me? Do you have any idea how hard this waiting is for me too? I mean...it's never ever been about not wanting to do it with you.

PALOMA: I don't know. I mean...

IBRAHIM: P, come on.

PALOMA: Well…how am I supposed to really know?

IBRAHIM: Well, I do. And we will.

PALOMA: Fuck.

IBRAHIM: Ravish.

PALOMA: Screw.

IBRAHIM: Consume.

PALOMA: And it won't be like a Muslim Catholic guilt festival?

IBRAHIM: I'm not asking you to change anything.

PALOMA: Sure about that?

(IBRAHIM *kisses* PALOMA.)

(A few beats)

PALOMA: Ib? *(Pronounced EEB)*

IBRAHIM: P?

PALOMA: What will it be like when we get back to Manhattan?

IBRAHIM: Crazy. Mad crazy.

PALOMA: Will we like meet each other's families and my mom will make *arroz con pollo* and your mom will make *couscous* and *tajine* and we'll have this feast with everyone shouting in Spanish and Arabic and English? It'll be mad crazy.

IBRAHIM: And so it shall be.

PALOMA: Say a quick prayer with me.

IBRAHIM: You're praying now?

PALOMA: And…you have a problem with that?

IBRAHIM: What are we praying for?

PALOMA: Safe travels. You know.

IBRAHIM: In a minute. I gotta…

PALOMA: Piss? Piss or pray. Pray or piss.

IBRAHIM: Be right back. Then we'll pray together for hours. Promise.

PALOMA: Ib?

IBRAHIM: Yeah, P?

(PALOMA *looks at* IBRAHIM.)

PALOMA: Just wanted to stare at you for another sec. Okay. You can go now.

(IBRAHIM *starts to leave.*)

PALOMA: Wait. One more thing. *(She gives him a kiss.)* Do you have to go?

IBRAHIM: I'll only be a minute.

PALOMA: One?

IBRAHIM: Thirty seconds.

PALOMA: Twenty-eight.

IBRAHIM: Okay. Twenty-six.

PALOMA: Twenty-six.

(IBRAHIM *exits.* PALOMA *sits in silence for a few beats. She clasps her hands together, closes her eyes and says a quick prayer. She opens her eyes and makes the sign of the cross. She looks out the train window as the lights begin fade. suddenly a flash of bright light. Blackout)*

END OF ACT ONE

ACT TWO

13. On Separation.

(Madrid. March 12, 2004. Afternoon. Hospital room.
IBRAHIM *In a bed sleeping. A* DOCTOR *and* NURSE *enter*
[played by the actors playing JARED *and* PALOMA*]. The*
DOCTOR *reads aloud while looking at a medical chart as the*
NURSE *checks* IBRAHIM's *vitals.)*

DOCTOR: *(Reading) Una fractura del seno paranasal.*
[Paranasal sinus fracture.]

NURSE: *La frecuencia cardíaca permanece estable.* [Heart
rate stable.]

DOCTOR: *(Reading) Una lesión pulmonar.* [Blast lung
injury.]

NURSE: *La fiebre ha pasado.* [Fever's gone.]

DOCTOR: *(Reading) Un derrame pleural bilateral.* [Pleural
effusion.]

*(*IBRAHIM *Stirs, delirious from being heavily sedated. He*
looks at the NURSE *and the* DOCTOR.)

IBRAHIM: *(To* NURSE, *groggy)* Paloma?

DOCTOR: *Ibrahim Ahmed.*

IBRAHIM: *(To* DOCTOR, *groggy)* Jared?

DOCTOR: *(With Spanish accent)* You are a fortunate man.

IBRAHIM: *(To* DOCTOR, *slowly)* Jared? ...Dude...what the
hell? You're...in Madrid?

DOCTOR: You will stay here until you are stable enough to travel…then we will help you arrange a flight back to Manhattan.

IBRAHIM: *(To* NURSE*)* Paloma?

NURSE: My name is *Nuria*.

IBRAHIM: *(To* NURSE, *slowly)* No… It's Paloma… Come on… Don't mess with me.

DOCTOR: Your physical injuries will heal. We have counselors who know English who can come speak to you. *(Beat)* Unfortunately, we don't have any imams here at the moment but we could…

IBRAHIM: *(To* DOCTOR, *slowly)* Imams? …What the hell, dude.

DOCTOR: We can discuss these options more later. First, you must continue to rest.

IBRAHIM: *(To* NURSE*)* Paloma…

NURSE: Shhhh. You must rest.

IBRAHIM: Jared…Paloma. *(Beat. To* DOCTOR, *slowly)* You came to…to meet Paloma? Dude, Jared…you're… awesome. *(Beat. To* NURSE*)* Paloma…you met Jared… so…awesome.

DOCTOR: We have contacted your family and also her family.

IBRAHIM: *(To* DOCTOR*)* Jared…drop the accent… *(To* NURSE*)* Paloma…he likes to joke around.

DOCTOR: But we can speak about the details more later…to make the arrangements…

IBRAHIM: *(To* DOCTOR*)* Jared…what the fuck? …Drop the accent…you're fuckin' embarrassin' me…

DOCTOR: Please. I prefer if you remain lying down. If you would prefer to raise your body, you can press the button here and the bed will move you.

(IBRAHIM *tries to sit up.*)

IBRAHIM: Fuuuuck.

DOCTOR: Please do not move, Mr *Ahmed.*

(IBRAHIM *continues to try to sit up.*)

IBRAHIM: Paloma? …What the fuck…

DOCTOR: Sir, Mr *Ahmed.* Please lie back down.

IBRAHIM: *(To* DOCTOR*)* I…don't…wanna…lie down. *(To* NURSE*)* Hold my hand.

(NURSE *holds* IBRAHIM'*s hand.*)

DOCTOR: Mr *Ahmed.*

IBRAHIM: *(To* DOCTOR*)* Cut the Mister shit…Jared… dude…

DOCTOR: *(To* NURSE*) Aumenta la dosis a diez miligramos.* [Increase the dose to ten milligrams]

(The NURSE *adjusts the morphine drip by* IBRAHIM'*s bed.)*

IBRAHIM: Paloma, please…

DOCTOR: It is necessary that you lie back down.

(The DOCTOR *firmly pushes* IBRAHIM *back into his bed.)*

DOCTOR: I am very sorry for your loss.

NURSE: Now you will relax.

DOCTOR: Do your best to rest.

NURSE: Push the call button if you need anything.

DOCTOR: You will recover.

NURSE: You are very brave.

DOCTOR: You survived, Ibrahim.

NURSE: Very strong.

IBRAHIM: Paloma?

DOCTOR: I offer you my condolences.

IBRAHIM: *(To* DOCTOR*)* Jared…dude… She's right here.

DOCTOR: Grief takes on many forms, Ibrahim.

IBRAHIM: She's right fuckin' here.

DOCTOR: If you feel the need to talk to her, then…

IBRAHIM: *(To* NURSE*)* Paloma…Please tell me…this is one of my nightmares.

NURSE: Rest.

IBRAHIM: *(To* NURSE*)* Don't leave…okay?

NURSE: I will stay right here.

IBRAHIM: *(To* NURSE*)* I don't know what Jared's talkin' about… But he's fuckin' rude, alright?

DOCTOR: I will leave you with…

IBRAHIM: Paloma.

14. On loyalty.

(New York City. September 20, 2004. Morning. IBRAHIM *and* JARED *in* JARED's *office.)*

JARED: Why the fuck did you do that?

IBRAHIM: Because I put my hand on the bible swearing to tell the truth.

JARED: Jesus.

IBRAHIM: Exactly. He told the truth.

JARED: And look where that got him. Do you want to live out the rest of your days as a convicted man and die a grisly death?

IBRAHIM: Fuckin' chill, man.

JARED: This is bullshit. We prepare and you pull that shit?

IBRAHIM: I spoke my truth.

JARED: You gave the other side exactly what they wanted. A man with an Arabic name, a Muslim, who speaks emphatically

IBRAHIM: Passionately

JARED: From the stand, proclaiming allegiance to Al-Andalus.

IBRAHIM: So the fuck what?

(A beat)

JARED: I don't think we're gonna get off, Abe. I know this judge and he's a hardass.

IBRAHIM: So you wanted me to lie about who I am?

JARED: Cut it with this holier than thou, bullshit. Alright?

IBRAHIM: I'm not gonna lie about who I am at this point, Jared.

JARED: I asked you to stay on script. You made me look like a fool and you sabotaged your own case.

IBRAHIM: By saying my name is Ibrahim and passionately speaking my truth?

JARED: By reneging on our rehearsed remarks.

IBRAHIM: I felt inspired.

JARED: That's fucked.

IBRAHIM: Fucked? What's fucked is being sued for false imprisonment and wrongful death. Like I caused her death by kidnapping her and fucking pushing her onto the train tracks?

JARED: Your inspired performance fucked up our case.

IBRAHIM: False imprisonment is like those sick bastards who lock little girls up and do evil shit to them and then kill them. That is not me.

(A beat)

JARED: I just kinda don't recognize you anymore.

IBRAHIM: Isn't that convenient.

JARED: What?

IBRAHIM: No, really, because I think you actually want me to lose this case.

JARED: Dude. Give me a fuckin' break.

IBRAHIM: You were jealous of me and Paloma and on some level you want to punish me. You jump from girl to any girl who's D T F and you've never had what I had.

JARED: D T F. Really? Fuck off.

IBRAHIM: I thought you were on my side. I thought, "Hey, cool, my bro Jared, college bud, hookin' me up with legal help." But really, you're not helping me at all.

JARED: Oh, I'm not helping you at all, busting my ass for hours for fucking free? Really?

IBRAHIM: Because basically you were jealous of me.

JARED: You are out of your mind.

IBRAHIM: I mean why didn't you ever meet up with me and Paloma? Why didn't you ever make the goddamn effort?

JARED: Because you were so secretive and then finally when you tell me about her, you ask me out like once and dude, I'm not in grad school anymore. I'm working my ass off at the firm. Billable hours. Sixty hour work week. I barely have time for my personal life. It had nothing to do with you, dude.

IBRAHIM: Fuckin' sharky liar. As long as I've known you, you have never been with a girl for more than like three months.

JARED: Don't go there.

IBRAHIM: And so here I have this amazing new fucking phenomenal girlfriend and you can't deal so you avoid me and her.

JARED: Holy shit. Now you're gonna fuckin' psycho-babblize me on top of everything else? My relationship history has nothing to do with this.

IBRAHIM: Like hell it doesn't.

JARED: Would you stop?

IBRAHIM: Because I know you, dude.

JARED: What difference does it make if I was a little jealous maybe on some subconscious level or some shit. What does it fucking matter? I am not bringing that into the case.

IBRAHIM: I fuckin' knew you were.

JARED: Whether or not I felt one iota of jealousy for you and Paloma doesn't change the fact that you royally screwed us today.

(A few beats)

JARED: Look, man, I know it fuckin' sucks shit that Paloma's gone. I get that you're angry and beyond pissed and stressed and flipped out by this case. But you have got to try to chill.

IBRAHIM: She had this thing she used to do. She would put her hand on my chest sometimes and then she would say my name, "Hey Ib," or she'd be like "Yo, yo, Ib," and then like squeeze my hand real tight. And her palms were always like so soft. (Beat) You never got to meet her, man.

JARED: I know. I know.

15. On submission.

*(Madrid. Six months earlier. March 8, 2004. Evening.
IBRAHIM and PALOMA in their hotel room.)*

PALOMA: *(Reading)* One of the most marvelous moves
in love is the submission of the lover to his beloved.

IBRAHIM: *(Reading)* A man could be introverted,
intractable, impetuous, surly, stubborn or severe yet
when the lightest love breeze blows and he descends
into the gulf of passion and drowns in an ocean of
desire,

PALOMA: *(Reading)* his severity turns to sweetness,
pigheadedness to passivity, anger to austerity and
ferocity to faith.

IBRAHIM: Maybe let's read a different chapter.

PALOMA: Are you afraid of submitting to me?

IBRAHIM: I'm not big on tricking and drowning.

PALOMA: But in exchange you get sweetness and faith.

IBRAHIM: And passivity and austerity.

PALOMA: I'll throw you a flotation device. Promise.

IBRAHIM: I bet you will.

PALOMA: You'll be doing more than floating, my
friend.

IBRAHIM: Dare I say surfing?

PALOMA: Boogie boarding?

IBRAHIM: Jet skiing?

PALOMA: Now that's what I like. Power. Vroom.
Vroom.

IBRAHIM: So tomorrow Madrid museums, Wednesday,
day trip to Toledo, Thursday, train to Granada.

PALOMA: Why not *Madrid* then *Granada*?

IBRAHIM: I want to see Toledo, which is sort of a precursor to Granada. A place where co-existence truly flourished. And once the capital of the country. And so close to Madrid.

PALOMA: You have this all planned out, don't you?

IBRAHIM: Uh-huh.

PALOMA: Yo, yo, Ib.

(PALOMA *takes* IBRAHIM's *hand.*)

IBRAHIM: Uh-huuuuh.

PALOMA: So how 'bout we also have some P D A in *España.*

IBRAHIM: P D A. Okay...

PALOMA: Let's hold hands on the Metro.

IBRAHIM: Sure.

PALOMA: And cuddle on a bench in the *Reina Sofía* museum.

IBRAHIM: Done.

PALOMA: Then smooch in *El Retiro* park.

IBRAHIM: Smooch?

PALOMA: Neck.

IBRAHIM: A peck or two and then we neck.

PALOMA: And then when we return to the hotel room after a full day of sights and *Madrileño* P D A...then we can climb into bed and...

IBRAHIM: Ah.

PALOMA: Yeah.

IBRAHIM: Well. *(Beat)* I mean we just got here, P.

(Awkward beat)

PALOMA: Fine, Ib. *(Another awkward beat)* Let's plan for tomorrow. So...

IBRAHIM: So…breakfast then *Picasso* at the *Reina Sofia*?

PALOMA: Yeah, I mean I totally want to see his *Guernica*, but like *Picasso*…he had this fucked up relationship with women. Have you seen how fractured those women look? A few months with *Pablo* and their eyes are on their nose and their mouth is on their arm. Is that how you want me to look?

IBRAHIM: Fine. So then maybe you'd rather see the *Velazquez* at the *Prado* or the Crystal Palace in *El Retiro* park or fly to *Barcelona* and gawk at the *Gaudí* towers or take a dip in the Mediterranean or climb the Pyrenees mountains.

PALOMA: Whoah. Wait. *(Beat)* I'm suddenly ravenously hungry.

IBRAHIM: Clearly.

PALOMA: Let's go for pastries now then *Picasso* tomorrow.

IBRAHIM: Deal.

PALOMA: Just don't fracture me, okay?

IBRAHIM: Never.

16. On the ugliness of sin.

(New York City. October 5, 2004. Early evening. IBRAHIM and JARED in a midtown bar.)

JARED: I know it's ugly but…

IBRAHIM: I've like sinned against God, alright?

JARED: That's not why this happened.

IBRAHIM: A steel-toed boot is fuckin' lodged underneath my solar plexus and the pressure is getting fuckin' unbearable.

JARED: We're going to appeal the decision.

IBRAHIM: The sin is committed. The punishment will continue.

JARED: Bullshit. I'm gonna keep working my ass off. We'll work to get the verdict overturned.

IBRAHIM: Now I get the appeal of jumping out of office buildings when the stock market crashed in 1929.

JARED: Don't jump out of a window.

IBRAHIM: The weight pushes you out of the structure…

JARED: We will get this reversed.

IBRAHIM: The insurmountable weight of crushing, soul deadening debt.

JARED: I'm buying. What do you want. Coke? Club soda with lime?

IBRAHIM: Vodka tonic.

JARED: No seriously.

IBRAHIM: Bartender, vodka tonic, please.

JARED: Fuck off.

IBRAHIM: No you fuck off. Alright. You fuck off. I'm ordering two vodka tonics, three dry martinis, five Heinekens and ten shots of Jagermeister because at this point what does it matter? My sins are so massive I'm gonna get plastered, eat pounds of pork and spend the next twenty-four hours with a hooker.

JARED: Come on, let's get outta here.

IBRAHIM: I'm not movin' my ass from this bar until I'm fuckin' blitzed and then I'll stumble out onto 9th Avenue…right into oncoming traffic and…boom.

JARED: Come on, man. Chill.

IBRAHIM: Chill? Fuckin' chill? I can barely afford to eat right now. I'm unemployed. On leave of absence from school. No savings. And I owe my dead girlfriend's family four point seven million dollars. I don't even have four point seven thousand dollars.

JARED: It wasn't your fault.

IBRAHIM: Then why couldn't you convince the jury of that? Why?

JARED: Dude. I did my best but we couldn't compete with her father's testimony.

IBRAHIM: I didn't force her to do anything.

JARED: And that's why we're appealing because this is bullshit.

IBRAHIM: If my name were John Jones and I looked like ivory with a blonde buzz cut, this would not be happening.

JARED: Dude. We'll file the motion to appeal as soon as humanly possible.

IBRAHIM: Why did I have to take a leak that morning? Why does my bladder have to be so goddamn small?

JARED: You have the body God gave you.

IBRAHIM: Why didn't I just stay and pray and get to leave the planet with her?

JARED: Because God wanted you to stay for a while longer.

IBRAHIM: I want that drink, bartender.

JARED: You are not drinking any fuckin' booze, okay, so just chill.

IBRAHIM: Why do you even care? I'm sure this is doing wonders for your career, at this point.

JARED: My grandfather. That's why.

IBRAHIM: What…is he a shitty lawyer too?

JARED: No. I never met him. Jacob Rabinowitz. He was a rabbi from Poland. Didn't survive the war. *(Beat)* So

whenever I say my last name...Rabinowitz...meaning
descendant, son of a rabbi...I think of my grandfather's
legacy...that I wish I'd met him...and I bust my balls to
live a life worthy of his service and his sacrifice. *(Beat)*
Okay? And that is why. That is why I bother with
your fuckin' case alright? God is not punishing you.
Some evil motherfuckers killed your girlfriend and
my grandfather and fuckin' hundreds of thousands
of millions of people who, like you and me, were just
trying to search for some sliver of hope. So I'm not
getting you a fuckin' drink not because I don't think
you need it and not because I'm concerned you'll
be breaking some laws but because it'll make you
even more miserable than you are right now and I'd
rather avoid that for all parties involved. You're here,
Ibrahim. You're breathing, walking and for fuck sake
talking. So enough with your punishment shit alright?

17. On the excellence of chastity.

(Madrid. Seven months earlier. March 10, 2004. Evening.
IBRAHIM *and* PALOMA *on the bed in their hotel room.)*

PALOMA: *(Reading)* One of the best things a man can do
in love is to protect his chastity.

IBRAHIM: *(Reading)* He who sees his heart enamored
and his mind occupied,

PALOMA: *(Reading)* his desire deepen and his passion
prosper,

IBRAHIM: *(Reading)* feels his desire begin to dominate
his perception,

PALOMA: *(Reading)* and his concupiscence subjugate his
faith.

IBRAHIM: Concupiscence.

PALOMA: Sexual hunger.

IBRAHIM: Hunger.

PALOMA: Thirst.

IBRAHIM: That.

PALOMA: Hungry?

IBRAHIM: God. You have no idea. Damn. *(He gets up off the bed.)*

PALOMA: I mean as in food hungry.

IBRAHIM: Right. I knew that.

PALOMA: Liar.

IBRAHIM: Yeah. I'm hungry.

(PALOMA *takes food out of a paper bag.)*

PALOMA: *Tortilla de patata. Mi abuela Ana*…my grandmother…she used to make this all the time when we were little. Her mother was from *Barcelona.*

IBRAHIM: So you're actually part Spanish? Seriously? Why didn't you mention that before?

PALOMA: Great grandparents left here during the Civil War. Moved to *Puerto Rico.* So *Victoria*…my mom…she was born there. Met *Enrique*…my dad…in the capital. They married. Moved to New York. So *Barcelona. San Juan.* Manhattan. Yeah.

(IBRAHIM *tries the Spanish tortilla.)*

PALOMA: Egg. Potato. Onion. Garlic. Olive oil

IBRAHIM: You know how to make this?

PALOMA: Kinda.

IBRAHIM: You'll make me this?

PALOMA: And lots of other things.

IBRAHIM: Okay. So what time is our train tomorrow?

PALOMA: Seven fifteen. A M.

IBRAHIM: Maybe we should wait then.

PALOMA: Wait.

IBRAHIM: Until Granada. Just one more night to wait.

PALOMA: What're you afraid of?

IBRAHIM: Completely losing my faith.

PALOMA: How will you lose it?

IBRAHIM: Hard to describe.

PALOMA: Try.

IBRAHIM: Like falling away from something inside. Like being tossed into the ocean and no preserver and swimming is treacherous.

PALOMA: What would happen then?

IBRAHIM: It'd be like someone carved a hole in the center of my torso and my flesh slowly rots until gangrene sets in and I die.

PALOMA: Seriously?

IBRAHIM: Ever since I was little, faith has been a huge part of my life…going with my family to the mosque… the deep stillness I experience during prayer with my forehead touching the ground…the inner assurance I sense as I read the *Qur'an*…the connection I feel in my bones to the centuries of reverence…the inner guidance…all that could potentially be lost. And then…

PALOMA: But no one will know. You. Me.

IBRAHIM: And *Allah*.

PALOMA: If you honestly think God really really doesn't want you to do this, why are we here?

IBRAHIM: What if we got married?

PALOMA: Wait. What?

IBRAHIM: Would you want to?

PALOMA: Ib…that's huge and…

IBRAHIM: Okay. We don't have to talk about it...

PALOMA: I mean I think I might but I don't know and

IBRAHIM: Fine. Whatever. Don't worry about it.

PALOMA: I mean, wouldn't you want to at least meet my parents?

IBRAHIM: Well...

PALOMA: Shouldn't we like be going out for like a year or something before this even comes up? And like... hello...religious differences...

IBRAHIM: There are a few ways that it would be okay.

PALOMA: Really.

IBRAHIM: A Muslim man can marry a woman of the book...who actively practices another faith which shares the same roots as those in the *Qu'ran*...so a Christian or a Jew.

PALOMA: Alright...so I'm a Christian.

IBRAHIM: But you don't really practice.

PALOMA: You want me to be all religious now and go to Mass every day or something? That's not happening. What're the other ways?

IBRAHIM: It'd be okay if we were in a Muslim city...

PALOMA: *Granada's* not a Muslim city.

IBRAHIM: Granada could technically be considered a Muslim city.

PALOMA: No it can't. The Muslims were expelled over five hundred years ago.

IBRAHIM: But the history lives in the stones.

PALOMA: So what's the third way?

IBRAHIM: Or you could convert.

PALOMA: I'm not converting.

IBRAHIM: But you barely practice your own faith.

PALOMA: Maybe not as much as you but...

IBRAHIM: So...I thought...

PALOMA: I still wanna be able to hold the wooden rosary my mother gave me when I was ten and say the occasional Hail Mary and Our Father or go to Midnight Mass on Christmas eve and hear the choir sing, "Silent Night" while the candles burn in our hands and we walk out into the winter coldness.

IBRAHIM: O...kay.

PALOMA: I mean I visited your mosque. I sat with the women. I watched how they prayed with their hijab's touching the rug. I listened as the imam shared his wisdom. I witnessed the peaceful reverence. But apparently my respectful observation isn't enough.

IBRAHIM: I'm honored that you visited my mosque. Truly. But...if you were more observant of your own faith then...

PALOMA: What if I'm observant on the inside? Does it matter so much to you how many times I go to church or not?

IBRAHIM: Kind of. Yeah.

PALOMA: That is so legalistic.

IBRAHIM: There is power in the ritual.

PALOMA: How do you know? Have you ever attended a Mass before?

IBRAHIM: Once. At a wedding. With my family. A co-worker of my father's invited us. But I'd visit with you.

PALOMA: That is not the point.

IBRAHIM: Fine. Whatever. Forget it.

(Awkward beat)

PALOMA: Ib, I'm mad crazy about you...why do you think I came on this trip? But you can't pressure me like this.

(Awkward beat)

IBRAHIM: Who's the saint of impossible causes?

PALOMA: Jude.

IBRAHIM: Maybe you could pray to him for me. Then ask him for some guidance for you.

PALOMA: Like now?

IBRAHIM: Or later. *(He kisses her then suddenly pulls away.)* P. Can we just lie here?

PALOMA: Ib. I dunno. *(Beat)* Can we?

IBRAHIM: I need to wait until Granada.

(IBRAHIM and PALOMA lie on the bed holding hands.)

18. On the one who slanders.

(New York City. October 8, 2004. Morning. IBRAHIM in Washington Square Park. MRS FLORES enters.)

MRS FLORES: *(With a slight Puerto Rican accent)* I did not lie. My husband did.

IBRAHIM: I know.

MRS FLORES: I did not want this. I told my husband, "*Enrique*, this boy has suffered enough. We have all suffered enough."

IBRAHIM: You have suffered more.

MRS FLORES: Suffering cannot be measured, *m'ijo*. It simply is.

IBRAHIM: I can never pay you.

MRS FLORES: I know.

IBRAHIM: He said I threatened her. I never threatened her.

MRS FLORES: My *Paloma* would have never gone with you if she did not want to. My *Palomita* was a wise young woman.

IBRAHIM: Did she ever talk about me?

MRS FLORES: To me? Yes. She told me about your eyes, your smile, your intelligence and your nice *culito*.

IBRAHIM: My what?

(MRS FLORES *taps her own butt.*)

IBRAHIM: *Culito.*

MRS FLORES: She called me from *Madrid*. She told me you saw the most beautiful *iglesia*, the church that used to be the mosque, the place where your ancestors worshipped.

IBRAHIM: *Toledo.*

MRS FLORES: My husband is a strict Catholic. Me. Not so strict.

IBRAHIM: So you didn't mind your daughter...

MRS FLORES: *Con un hombre musulmán?* With a Muslim man? No.

IBRAHIM: Your husband said I forced her onto that train. I did not.

MRS FLORES: When she was little, *Paloma* said one day she would grow up to be a belly dancer or a nurse. Or maybe a belly dancing nurse. I do not know why because she was always afraid of...

IBRAHIM: You don't have to...

MRS FLORES: Of a bloody finger or a broken bone. And I said, "How can you be a belly dancing nurse if you feel sick when you see illness?" And she said, "*Mami*. I will be a nurse who takes care of bellies only."

(IBRAHIM *hands* MRS FLORES *a book.*)

IBRAHIM: For you. She bought one just like this in a bookstore in Madrid. After the… *(Beat)* When I got back to New York, I found a copy in this Spanish bookstore and so I wanted to give it to you.

(MRS FLORES *takes the book.*)

MRS FLORES: *El collar de la paloma.* The ring of the…

IBRAHIM: Dove. This is a book we both studied in our class, where we met. We read an English translation from the Arabic but when she found the Spanish version she told me, "*Mami* must have this."

(MRS FLORES *looks at the book's cover.*)

MRS FLORES: *(Reading) El libro mas ilustre sobre el tema del amor en la civilización musulmana.*

IBRAHIM: *Por favor?*

MRS FLORES: The book most illustrious on the theme of love in the Muslim civilization.

IBRAHIM: We read from this book constantly, almost daily.

MRS FLORES: Like about *el sexo?*

IBRAHIM: No.

MRS FLORES: You two never had *el sexo?*

IBRAHIM: Um…we never did that. No.

MRS FLORES: Now that must be a lie.

IBRAHIM: We were going to…

MRS FLORES: My daughter was not beautiful enough for you?

IBRAHIM: More than beautiful enough.

MRS FLORES: And so…you have a little trouble with the…

(MRS FLORES *makes a gesture with her finger referring to an erection.*)

IBRAHIM: No. Not that.

MRS FLORES: You prefer *los hombres*...men?

(IBRAHIM *shakes his head.*)

IBRAHIM: We wanted to wait until we got to *Granada*.

MRS FLORES: *Ay, m'ijo.* You should not have waited.

(MRS FLORES *hands* IBRAHIM *back the book.*)

IBRAHIM: Keep it. Please.

MRS FLORES: My husband might find it.

IBRAHIM: I hide it.

MRS FLORES: I cannot.

IBRAHIM: She wanted you to have it.

MRS FLORES: I cannot take it.

IBRAHIM: Please.

MRS FLORES: I do not want it. Why did you ask me here?

IBRAHIM: I wanted to ask...

MRS FLORES: What. More about my daughter? I came here because I had pity on you. I came here because I knew what my husband did was wrong. But I cannot stay. Any longer.

IBRAHIM: I wanted to ask...your forgiveness.

MRS FLORES: I can never forgive you. Walk away from you? Yes. Forget about you? Maybe. Forgive you? No.

IBRAHIM: Mrs Flores. *(Beat)* Señora Flores. *(Beat) Victoria,* if I may. *(Beat)* I loved your daughter. I would never, ever in a million years do anything to harm her.

MRS FLORES: What kind of world is this where I outlive my only child? Eh? Do I blame you like my husband does? No. Do I have pity on you? Yes. Can I be reminded of *Paloma's* last days by seeing you ever again? Absolutely no.

IBRAHIM: Please, Mrs Flores...

MRS FLORES: My husband and I came here from *Puerto Rico* for a better life. Your parents came here from *Morocco* for a better life. This is not a better life.

19. On the messenger.

(October 15, 2004. Afternoon. JARED *and* MR AHMED *sitting in* JARED's *office.)*

JARED: So, if the appeal is accepted, it would really help the case if you could...

MR AHMED: *(With a slight Moroccan accent)* My wife made me come here today. I do not want to be here.

JARED: And I appreciate very much your making the effort...taking time off from the diner...how're things in Queens?

MR AHMED: Alright. *(Beat)* Does Ibrahim know that we are meeting?

JARED: Actually, no, he does not.

MR AHMED: What would your father think?

JARED: Excuse me...my father?

MR AHMED: Would he accept if you married a Muslim girl?

JARED: I rather we stay focused on this case, if you wouldn't mind.

MR AHMED: He would not. I can tell.

JARED: It wouldn't be his first choice, no. But I think after he saw how much I cherished her, he'd come around. He might be opinionated but he wants me to be happy.

MR AHMED: He wants you to marry a nice Jewish girl, yes?

JARED: That's actually more my mother and my grandmother, really. My father isn't so religious.

MR AHMED: I still want my son to marry a virtuous woman who is a believer.

JARED: Mr Ahmed, can I ask you about that night when Ibrahim called you…the last time you spoke with him…

MR AHMED: He made me very angry. In our family, we do not keep these kind of secrets. We do not have relations of this kind. It is against our beliefs.

JARED: Did Ibrahim say or sound like he was trying to force Paloma to stay in Spain?

MR AHMED: Force? My son is disobedient but forceful in that way? We are a peaceful family.

JARED: So he didn't mention he wanted to keep her there against her will?

MR AHMED: He started to cry. I am yelling at him and he says he wants to come back home. He doesn't want to lose his faith. He is sorry he is disappointing me. But would I please meet this Paloma. And I tell him, he cannot come home. He can go wherever he wants but he cannot come home. And he continues to cry and I cannot any longer and I hang up.

JARED: So it's possible that Ibrahim might have flown with Paloma back to New York instead of taking the train to Granada?

MR AHMED: Maybe if I had said, "Yes, come home. All is forgiven." But the anger was too big. My wife…she yells at me after I hang up the phone with him. She is screaming, "Omar, do not say these things to our son. Do not tell him that he must stay away from us." But what he did was too much disrespect.

JARED: Would you be willing to say these things in court, if our appeal is accepted? During our trial, Mr Flores, Paloma's father, gave compelling yet false testimony, depicting your son as a manipulative, fanatical man. Having you testify on behalf of your son would be a significant contribution to our appeal.

MR AHMED: I came here to this country from *Morocco* with my wife thirty five years ago. We live an honorable and respectful life. We work so hard and then our son does this to us? Is this honor?

JARED: If you testify on behalf of your son, you can restore his honor.

MR AHMED: That is not possible.

JARED: To speak in court?

MR AHMED: To restore his honor.

JARED: Mr Ahmed, I know this is very hard for your family.

MR AHMED: You have no idea. Do you think your father would really be happy if you married a nice Muslim girl? What about your grandfather?

JARED: My grandfather died many years ago. I never met him. But they tell me he preached tolerance.

MR AHMED: I'm not intolerant, Mr Rabinowitz. I am practical, faithful and protective of my children. I like people of all religions. But I know how hard a married life can be. I want my son to have many years of happiness where he and his wife can go to the mosque together as a family, *Insha'allah*...God willing.

JARED: I suppose that is still possible.

MR AHMED: I am a humble man. I own a very small diner. Business is not so good. I cannot pay this money. Four million? Not possible.

JARED: It's your son who owes the money, not you.

MR AHMED: I take care of my children, even in their disobedience.

JARED: So you'll testify then?

(A beat)

MR AHMED: Did you meet her?

JARED: Did I meet who?

MR AHMED: This Paloma.

JARED: Actually I did not.

MR AHMED: Do you think she seduced my son?

JARED: I don't think so, no.

MR AHMED: Do you have any evidence to prove this?

JARED: Ibrahim's word.

MR AHMED: But nothing in writing?

JARED: No. There was a letter she wrote to Ibrahim before they left for Granada but she never gave it to him and it did not survive the... (Beat) So no.

(A beat)

MR AHMED: Many years ago, my wife, Miriam, and I traveled from *Marrakesh* to *Granada*. We walked up the stone streets, saw the ancient architecture, and felt the majestic history beneath our shoes and such pride mixed with sadness. The beauty of the land, the holiness, and yet filled with centuries of loss. I told my son about this place many times.

JARED: So for him it truly was a kind of pilgrimage.

MR AHMED: The *Alhambra* tried to become one of the seven wonders of the world but some people decided

it was not wondrous enough. They were wrong. It is
quite wondrous.

JARED: Indeed.

MR AHMED: In Ancient Muslim Spain, architects,
artists, poets, mathematicians, scientists...all
lived there, worked there...they built magnificent
universities and libraries...one library had four-
hundred-thousand books...while the rest of Europe
barely knew how to read and write. Do people know
this? In these times?

(A beat)

JARED: So you'll testify then?

(A beat)

MR AHMED: I am sorry. I cannot testify.

JARED: But Mr Ahmed...

MR AHMED: Maybe my wife...or perhaps our imam
will agree to testify. But me? No. *(Beat)* I cannot forgive
this. I cannot forgive my son.

20. On Correspondence.

(Madrid. Seven months earlier. March 10, 2004.
Midnight. PALOMA in a hotel room alone. She recites
her letter.

PALOMA: Dear Ib,
I will never alter my tenuous belief system for you...
or anyone. So...if you think you're going to take
me to *Granada* and I'm going to magically convert,
you're awaiting...failure. *(Beat)* Isn't the truth of that
ancient city that we don't change each other but we
co-exist peacefully...knowledgeably...respectfully...
intelligently... maturely and tolerantly? *(Beat)* Am I
foolish to think we can live like that together? If I am,

I'll mourn the loss of this man who I love but cannot be with...because if you insist on my conversion, then our relationship can no longer continue.
Te quiero para siempre.
Love always,
Paloma

21. On the perpetuation of the favorable friend.

(New York City. March 9, 2005. Evening. JARED *at J F K airport.)*

JARED: *(On phone)* Hey babe...I know. I know. Me too... Look, I'll be back really soon. Don't worry... Yes... Uh-huh...I'm gonna be fine. We're gonna be fine. Would you relax? ...He can travel wherever he wants but he won't leave my sight. Okay? ...Six hours ahead. I'll call you once we land in Madrid. I will... *(Laughs)* Yeah. Me too. Oh yeah.

(IBRAHIM *enters.)*

JARED: Just can't do that here. Now... Soon. Yeah. Gotta go, babe... Love you too. *(He hangs up.)*

IBRAHIM: Can't have phone sex for another eight hours. Damn.

JARED: Fuck you.

IBRAHIM: Just warn me so I'm out of the hotel room.

JARED: I got an international calling plan.

IBRAHIM: So you can roam the streets of Madrid until you rub one off in the stall of some public restroom.

JARED: Fuck. Off.

IBRAHIM: I'm just sayin'.

(IBRAHIM *and* JARED *share a laugh.)*

JARED: When we get back, maybe you should...

IBRAHIM: Go to bars and hook up with random girls who are D T F and then move in together and have phone sex in airports? Not my style.

JARED: Sharon has this friend at work.

IBRAHIM: At Burger King?

JARED: Fuck off. At the salon where she works.

IBRAHIM: You're dating a girl who paints toenails and shit?

JARED: She's a licensed reflexologist. And its really more of an upscale spa. She does body work.

IBRAHIM: You date a girl who massages people's feet for a living? And you want me to date her friend who massages people's god knows what?

JARED: I'm just sayin'.

IBRAHIM: Not interested.

(A few beats. IBRAHIM *takes out his newspaper and starts to read.)*

JARED: Sorry dude. It's just with Sharon. Things are kind of working out and it's bizarre. In like a good way. And I guess I just wanted…

(IBRAHIM *puts down the newspaper.)*

IBRAHIM: Forget it.

JARED: And you know…Sharon's into therapy and so like we went as a couple and I actually learned some shit.

IBRAHIM: Shrinks are for shit. I saw one for a while. Until my insurance ran out. Didn't do shit.

JARED: And it's like because you know with my grandfather and everything…my father was pretty distant…didn't want to lose anyone close to him again so didn't want to invest much of himself in me and my sister. *(Beat)* And my grandmother. I could see the pain in like the corners of her eyes. I mean she and her young son...my father...they survived the war. Her husband...he didn't.

IBRAHIM: Guilt.

JARED: Yeah. And so on some level I don't want to deal with loss. Why get close, right?...If you might just fuckin' get your heart ripped out of your chest, dude. But what a shitty way to exist your whole fuckin' life. Three months. Two months. Two weeks. And the door keeps revolving without any girl actually staying. But like Sharon. She wants to stay. *(Beat)* And actually she's like kinda into going to this reform temple on the Eastside near the Park and I've never been with someone observant like that and so it's good but like it's also hard sometimes but way better. *(Beat)* And so I thought, I don't want you to get like that. Like I've been. Without anyone. Forever. You know, dude?

IBRAHIM: I'm glad you're happy, man. Me? Not interested. *(A few beats. He picks up his newspaper and goes back to reading.)*

JARED: So you're gonna be miserable during this entire trip?

IBRAHIM: You're paying for most of it so now I have to fuckin' put out or something?

JARED: Fuck off.

IBRAHIM: I'll pay you back.

JARED: You don't have to pay me back. *(A few beats)* When we get back, you should register for Fall semester, man.

IBRAHIM: Can't afford it.

JARED: The court accepted the motion to appeal. We will reverse this.

(A beat)

IBRAHIM: *(Re: newspaper)* Yo…there's this rockin' music festival in this town in Morocco by the ocean. Muslim Woodstock. We should go, man.

JARED: We are not going to Morocco.

IBRAHIM: And there are these dudes with like long flowing white robes who wail and play these steel castanets. Fierce, man. Check it out. *(Reading)* "hypnotically rhythmic and joy-infused music draws an estimated four-hundred-thousand fans from Morocco and across North Africa, Europe and North America." *(Beat)* I can just get lost in the crowd. And you won't have to worry about my sorry ass ever again.

JARED: You are not getting lost anywhere.

IBRAHIM: Whatever. It's not that far from Granada.

JARED: That's as far south as we're going.

IBRAHIM: Granada…The *Alhambra*…wonder of the ancient world. *(Beat)* So then I'll fuckin' catapult through some portal and back into the eleventh century.

JARED: No catapulting. Are you down with that?

IBRAHIM: You know if we lived back then, I'd be like a poet writing verse, you'd be…you'd be an astronomer…perfecting your astrolabe and…Paloma… she'd be a philosopher…translating Plato…into Arabic.

JARED: What the hell is an astrolabe?

IBRAHIM: And we'd all be co-existing harmoniously together and when the *muezzin* calls me to prayer, and the *shofar* draws you to synagogue and the cathedral bells beckon her to mass we'd all meet up later in the evening and discuss the wonders of the spirit over a cup of pomegranate tea.

JARED: Time travel back to the present, dude.

IBRAHIM: I'd rather find a portal

JARED: Where none exists.

IBRAHIM: Another time. Another world where…

JARED: Where you and she could be together? Well you're not and won't be. For the time being.

IBRAHIM: Is this the part where you say, "Get over her, dude?"

JARED: No, this is the part where I kick you in the ass, slap you on the face and say, "Shut the fuck up."

IBRAHIM: Since when are you allowed to be so hostile?

JARED: I'm allowed.

22. On Rupture.

(Granada, Spain. March 11, 2005. Morning. IBRAHIM *alone atop a castle tower at the Alhambra.)*

IBRAHIM: *Granada. Alhambra. Alcazaba. Torre de la Vela,* Tower of the Candle. *(Beat)* This is the portal. It's like…a break…in time and space…a leap into love. *(He walks near the edge of the tower and looks over the handrailing. Looking down)* Rocks. Castle fragments. Dirt. *(Looking up)* Blue sky. Green in the distance. White, house-covered landscape.

*(*IBRAHIM *swiftly jumps up on one of the stone walls.* JARED *enters running.* JARED *sees* IBRAHIM *On the top of the stone wall.)*

IBRAHIM: The view from here is fuckin' unbelievable.

JARED: Ibrahim!

IBRAHIM: I can see the entire city of *Granada* in all its ancient wonder… Red tiled roofs, distant grey mountains, angular sandstone monuments, towering green forests…

JARED: Ibrahim, get the fuck down.

(JARED *goes to grab* IBRAHIM. IBRAHIM *moves farther away.*)

JARED: *(To himself)* Why the fuck isn't anyone else up here?... *(Yelling)* Help! *(To himself)* How the fuck do you say help in Spanish? Fuck! *(Beat. To* IBRAHIM*)* This is not the way to honor Paloma.

IBRAHIM: I dishonored Paloma...I...left her...she...she asked me to pray...and...and I left her.

JARED: This is not the way to honor your family.

IBRAHIM: I dishonored my family...and her family...no one will ever forgive me.

JARED: Ibrahim...Paloma...would not want this... her family would not want this...your family would not want this...I do not want this...you're not gonna fuckin' jump off this tower...

IBRAHIM: I'm sorry, Jared...but...

JARED: Stop. Now. Come on. Ibrahim...please.

IBRAHIM: But...I will never forgive...myself. *(He stares out over the horizon and approaches the ledge of the wall, preparing to jump.)*

JARED & PALOMA: Ibrahim!

23. On Death.

(IBRAHIM *and* PALOMA *in a liminal, spirit-world space.*)

PALOMA: Live a life that honors our time together. That's what you need to do, Ibrahim.

IBRAHIM: Paloma...

PALOMA: I do not want you here, with me...yet.

IBRAHIM: Please...

PALOMA: You need to continue onward. In your life.

IBRAHIM: But I cannot continue onward when the dishonor is so massive and my future so bleak.

PALOMA: You. Have. To. Live.

IBRAHIM: No money. No family. No Paloma.

PALOMA: So you think this leap is the answer?

IBRAHIM: *Ibn Hazm* would understand.

PALOMA: *Ibn Hazm* is not the ultimate authority.

IBRAHIM: But *Ibn Hazm* was our authority.

PALOMA: He. Would Not. Want. This.

IBRAHIM: He wrote our guidebook so we could try to navigate through this minefield.

PALOMA: And he would want you to continue to navigate.

IBRAHIM: Without you?

PALOMA: For now.

(A beat)

IBRAHIM: But he wrote…he wrote…he wrote… *(Reciting, urgent)* On Death *(Beat)* Come on. Please.

PALOMA: *(Reciting, calm)* In certain circumstances, the vitality of the lover is so weakened…

IBRAHIM: *(Reciting, anguished)* and his anguish is so acute…that this causes…death…and departure from this world.

PALOMA: *(Reciting, calm)* The ancient traditions teach:

IBRAHIM: *(Reciting)* He who falls in love and is chaste and dies…

IBRAHIM & PALOMA: *(Reciting)* Dies a martyr.

PALOMA: Ibrahim. Let. Me. Go.

(A beat)

IBRAHIM: We should have made love...

PALOMA: I know. *(Beat)* We could have...early that morning in the hotel room in Madrid...

IBRAHIM: Yeah... But... So... Chaste still applies.

PALOMA: But *Ibn Hazm* also wrote, *(Reciting)* If I die of love, I will die a martyr. But if you bless me, I will live in happiness. So we have been told by learned ones, who dwell in truth, far from outrage and lies.

IBRAHIM: I don't want your fucking blessing so I can live in happiness, alright? Fuck happiness.

PALOMA: So you want to die a martyr?

IBRAHIM: And get to be with you...now.

PALOMA: I. Do. Not. Want. This. *Ibn Hazm.* Would. Not. Want. This.

(A beat)

IBRAHIM: I need...I need...this portal. To another dimension...another reality. Because I had this... this opportunity to transcend these stone walls, these sandstone barriers and live with you and I...fucked... up. *(Beat)* Instead of being brave and...and...being with you openly...publicly...transparently... in the land of our birth...on our island...in front of our families...I had to...I had to...run away with you to this foreign...mythical...place where I...I thought.... we could...we could...live together...and then...and then return home transformed. But...instead ...I... am...filled with...Sin. Cowardice. Lust. Faithlessness. And the list goes on...tied around my neck like a stone...pulling me down into the center of the earth... underground...buried next to some pillar of a tree... where my bones can nourish the soil ...while I'm with you.

(A beat)

PALOMA: Ibrahim…I…forgive…you. You. Must. Continue. Onward.

(A beat)

IBRAHIM: Then. Onward.

24. Paloma.

(Madrid. The next day. March 12, 2005. Late Afternoon. IBRAHIM and JARED in El Retiro Park's forest of the departed, standing beside a small forest of trees.)

JARED: One hundred and ninety two trees.

IBRAHIM: Olive.

JARED: Cypress.

IBRAHIM: A river surrounding. *(Beat)* Which one is hers?

JARED: You pick.

IBRAHIM: That one.

JARED: And so it is.

IBRAHIM: With the olive branches reaching toward the sky. A new way to see her.

JARED: Weeks after my grandfather was taken away, my grandmother found a letter that my grandfather had written to her only days before he was arrested. In the letter, he told her how much he loved her and their children and that if anything ever happened to him, he would be looking out for her and their family from the other side. She kept that letter tucked into her pillow for years after that. She used to tell me, "I see your grandfather in my dreams. We sit. We talk. We argue. We eat." *(Beat)* There'll be other ways to see Paloma too.

IBRAHIM: Forest of the departed. *Bosque de los ausentes.*
Why do they translate absent as departed? Absent
means you're not around at the moment. Departed
means you're not ever returning.

JARED: You can come back here any time. J F K.
Madrid. Nonstop. Cheap internet flight.

IBRAHIM: This is enough. For a while.

JARED: This memorial will always be in this park. The
trees will grow higher. The roots deeper. The water
will continue to flow.

(A beat)

IBRAHIM: How does your version of the story about
Noah and the flood and the dove go again exactly?

JARED: My version?

IBRAHIM: The version you learned as a kid in Hebrew
school.

JARED: After forty days, Noah sends out a dove. The
dove comes back with nothing.

IBRAHIM: 'Cause there was no land in sight.

JARED: Exactly. So after seven days, he sends the dove
out again. And this time the dove returns with an olive
branch.

IBRAHIM: A sign.

JARED: Right and then Noah sends out the dove a third
time and the dove never returns.

IBRAHIM: The *Qur'an* version doesn't mention the dove.
Both versions acknowledge the aquatic destruction and
Noah's obedience. But the dove…

(A beat)

JARED: One time when I was like five, I didn't get it
and I asked my grandmother why my grandfather
didn't take her away with him. And she said, "Because

I wasn't supposed to go yet, *bubelah*". And I asked her why and she just shrugged her shoulders and said, "So many questions".

IBRAHIM: Her tree is olive. If I could, I'd buy a dove and build a birdhouse in its branches.

JARED: Dove. Olive branch. A sign. So people could know.

IBRAHIM: Paloma.

(IBRAHIM *and* JARED *continue to stare at the forest of trees as the lights fade.*)

END OF PLAY

CPSIA information can be obtained
at www.ICGtesting.com
Printed in the USA
LVOW13s0903190218
567039LV00009BA/386/P

Allan Strat
Worüber keiner

© Pierre Gautreau

Allan Stratton, geboren in Ontario, Kanada, begann seine Theaterkarriere als Schauspieler, später schrieb er selbst erfolgreich Theaterstücke. ›Worüber keiner spricht‹ ist bereits sein zweiter Roman für Jugendliche. Für dieses Buch recherchierte er mehrere Monate in Südafrika, Simbabwe und Botswana, in engem Kontakt mit dortigen Projekten zur AIDS-Prävention und Betreuung von HIV-Infizierten und AIDS-Kranken. Der Roman bekam diverse Preise, unter anderem den ›Children's Africana Book Award‹, der jährlich fünf besonders ausgewogene und authentische Kinder- und Jugendbücher zum Thema Afrika auszeichnet. Allan Stratton lebt heute, nach diversen Zwischenstationen in Nordamerika und Europa, in Toronto.

Allan Stratton

Worüber keiner spricht

Roman

Aus dem Englischen
von Heike Brandt

Deutscher Taschenbuch Verlag

Zu diesem Band gibt es Unterrichtsmaterialien
für die Klassen 8 – 10 zum kostenlosen Download unter
www.dtv.de/lehrer/.

Diese Übersetzung wurde vom Canada Council for the Arts gefördert.

 Canada Council   Conseil des Arts
for the Arts   du Canada

Deutsche Erstausgabe
In neuer Rechtschreibung
September 2005
Deutscher Taschenbuch Verlag GmbH & Co. KG, München
www.dtvjunior.de
© 2004 Allan Stratton
Titel der kanadischen Originalausgabe: ›Chanda's Secrets‹,
2004 erschienen bei Annick Press, Toronto, New York, Vancouver
© der deutschsprachigen Ausgabe:
2005 Deutscher Taschenbuch Verlag GmbH & Co. KG, München
Umschlagkonzept: Balk & Brumshagen
Umschlaggestaltung: Jorge Schmidt & Tabea Dietrich,
unter Verwendung eines Fotos von Jan Roeder
Gesetzt aus der Galliard 11/14˙
Gesamtherstellung: Druckerei C. H. Beck, Nördlingen
Printed in Germany · ISBN 3-423-78204-8

Für die, die gestorben sind, und für jene, die überleben

Anmerkung des Autors

Das südliche Afrika besteht aus einer Reihe unabhängiger Nationen, von denen jede ihre eigene politische, soziale und kulturelle Geschichte hat. ›Worüber keiner spricht‹ ist die persönliche Geschichte einer jungen Frau und deren Familie. Sie leben in einem fiktiven Land, das jedoch nicht für sich in Anspruch nimmt, für die einzigartige Vielschichtigkeit eines existierenden Landes oder für die große Vielfalt der Unterschiede, Erfahrungen und historischen Entwicklungen innerhalb des südlichen Afrika stehen zu wollen. Auch die Menschen in diesem Buch sind erfunden.

Teil Eins

〰〰

1

Ich bin allein im Büro von *Batemans Bestattungen Zum Ewigen Licht*. Es ist Montagmorgen und Mr Bateman ist mit einer neuen Sarg-Lieferung beschäftigt.

»Ich komme gleich«, hat er zu mir gesagt. »Setz dich in mein Büro und guck dir meine Fische an. Hinten an der Wand steht ein Aquarium. Auf dem Tisch liegen Zeitschriften, falls dir langweilig wird. Ach ja – tut mir Leid wegen deiner Schwester.«

Ich will Mr Batemans Fische nicht angucken. Und ganz sicher will ich nicht lesen. Ich will nur das hier hinter mich bringen, bevor ich anfange zu weinen und mich lächerlich mache.

Mr Batemans Büro ist riesig. Und dunkel. Die Jalousien sind heruntergelassen, von den Neonleuchten ist die Hälfte kaputt. Auf dem Schreibtisch brennt eine Lampe, sonst spendet nur noch das Aquarium Licht. Das ist auch gut so. Die Dunkelheit versteckt den Krempel, der sich in den Ecken stapelt: Hämmer, Bretter, Farbdosen, Sägen, Schachteln mit Nägeln und eine Trittleiter. Mr Bateman hat sein Büro vor sechs Monaten renoviert, aber noch nicht aufgeräumt.

Vor der Renovierung betrieb Mr Bateman kein Bestattungsunternehmen, sondern einen Baumarkt. Das ist auch der Grund, warum sein *Ewiges Licht* zwischen einem Holzlager und einem Verleih für Betonmischer liegt. Den Baumarkt hat Mr Bateman eröffnet, als er aus England kam, vor acht Jahren. Das Geschäft ging immer gut, aber mittlerweile ist trotz des Baubooms mit dem Tod mehr Geld zu verdienen als mit dem Bauen.

Als Mr Bateman sein neues Unternehmen mit großem Pomp eröffnete, verkündete er, in den nächsten zwei Jahren eine ganze Kette von Bestattungshäusern *Zum Ewigen Licht* eröffnen zu wollen. Den Reportern erklärte er, dass er zwar keine Erfahrungen im Einbalsamieren habe, aber gerade dabei sei, einen entsprechenden Fernkurs an einem College in den USA abzuschließen. Außerdem versprach er die besten Haarstylisten der Stadt anzustellen und Rabatte anzubieten. »Bei Bateman ist Platz für jeden, egal, wie arm er ist.«

Deswegen bin ich hier.

Als Mr Bateman endlich auftaucht, nehme ich ihn erst nicht wahr. Irgendwie bin ich doch auf dem Klappstuhl vor seinem Aquarium gelandet und blicke einen Engelsfisch an. Der Fisch guckt zurück. Ich überlege, was er wohl denken mag. Ich überlege, ob er wohl weiß, dass er bis an sein Lebensende in einem Bassin eingesperrt sein wird. Vielleicht ist er ja zufrieden damit, zwischen Plastikgras hin und her zu schwimmen, an türkisfarbenen

Kieselsteinchen zu nagen und die kleine Piratenkiste zu untersuchen, aus deren Deckel Luftbläschen blubbern. Engelsfische mag ich, seit ich sie zum ersten Mal in einem National-Geographic-Heft gesehen habe. Missionare hatten unserer Schule einige dieser Hefte geschenkt.

»Tut mir Leid, dass du warten musstest«, sagt Mr Bateman.

Ich springe auf.

»Bitte, bleib doch sitzen«, lächelt er.

Wir geben uns die Hand und ich lasse mich auf den Klappstuhl fallen. Mr Bateman setzt sich mir gegenüber auf einen alten Lehnstuhl aus Leder. An der Armlehne ist ein Riss, aus dem graue Füllung quillt. Mr Bateman zupft daran.

»Warten wir auf deinen Papa?«

»Nein«, sage ich. »Mein Stiefvater ist arbeiten.« Das ist eine Lüge. Mein Stiefvater ist im Shebeen, sturzbesoffen.

»Dann warten wir also auf deine Mutter?«

»Sie kann auch nicht kommen. Sie ist sehr krank.« Das stimmt beinahe. Mama kauert zu Hause auf dem Fußboden und wiegt meine Schwester in ihren Armen. Als ich ihr gesagt habe, wir müssen einen Bestatter holen, hat sie nicht aufgehört mit dem Schaukeln. »Geh du«, hat sie geflüstert. »Du bist sechzehn. Ich weiß, dass du tun wirst, was getan werden muss. Ich muss bei meiner Sara bleiben.«

Mr Bateman räuspert sich. »Dann kommt vielleicht eine Tante? Oder ein Onkel?«

»Nein.«

»Aha.« Sein Mund geht auf und wieder zu. Seine Haut ist blass und schuppig. Er sieht aus wie ein Fisch aus seinem Aquarium. »Aha«, sagt er noch einmal. »Also sollst du alles alleine arrangieren.«

Ich nicke und starre auf den Brandfleck an seinem Revers. »Ich bin sechzehn.«

»Aha.« Er hält inne. »Wie alt war deine Schwester?«

»Sara ist anderthalb«, sage ich. »War anderthalb.«

»Anderthalb. Oje, oje.« Mr Bateman klickt mit der Zunge. »Bei Kleinkindern ist es immer ein Schock.«

Ein Schock? Vor zwei Stunden hat Sara noch gelebt. Die ganze Nacht hatte sie wegen ihres Ausschlags gequengelt. Mama hatte sie in den Armen gewiegt, bis zum Morgengrauen, bis Sara aufhörte zu weinen. Erst haben wir gedacht, sie ist eingeschlafen. (Gott, bitte vergib mir, dass ich letzte Nacht böse auf sie war. Was ich gebetet habe, war nicht so gemeint. Bitte lass es nicht meine Schuld sein.)

Ich senke den Blick.

Mr Bateman durchbricht die Stille. »Du wirst froh sein, dass du dich für das *Ewige Licht* entschieden hast«, meint er. »Es ist mehr als nur ein Bestattungsunternehmen. Wir bieten: eine Einbalsamierung, einen Leichenwagen, zwei Kränze, eine kleine Kapelle, Traueranzeigen und eine Erwähnung im Lokalblatt.«

Ich nehme an, das soll mich trösten. Tut es aber nicht. »Wie viel wird das kosten?«, frage ich.

»Kommt drauf an«, sagt Mr Bateman. »Was für eine Beerdigung möchtest du denn?«

Meine Hände fallen auf meinen Schoß. »Was Einfaches, denke ich.«

»Eine gute Wahl.«

Ich nicke. Es ist offensichtlich, dass ich nicht viel zahlen kann. Mein Kleid stammt von einem Lumpensammler auf dem Markt und ich bin staubig und verschwitzt, weil ich mit dem Fahrrad gekommen bin.

»Möchtest du zunächst einen Sarg auswählen?«, fragt er.

»Ja, bitte.«

Mr Bateman führt mich zu seinem Ausstellungsraum. Vorne stehen die teuersten Särge, aber da er mich nicht beleidigen möchte, winkt er mich nicht sofort nach hinten durch. Er macht mit mir die große Führung. »Wir haben eine ganze Kollektion vorrätig«, sagt er. »Es gibt Modelle in Kiefer und Mahagoni, dazu jede Menge passende Griffe und Leisten aus Messing. Mit abgeflachten oder geraden Kanten. Für die Innenausstattung haben wir Seide, Satin oder Polyester in verschiedenen Farben. Für den Kopf verwenden wir normalerweise einfache Kissen, aber wir können auch ein Spitzenband einnähen – ohne Aufpreis.«

Je länger Mr Bateman spricht, umso mehr begeistert er sich. Jedes Modell poliert er kurz mit seinem Taschentuch. Dabei erklärt er den Unterschied zwischen den verschiedenen Sargformen: »Es gibt welche mit flachen Deckeln und welche mit gewölbten.« Eigentlich spielt das keine Rolle. Letztlich sind es doch alles nur Kisten.

Langsam wird mir mulmig. Wir sind schon im hinteren Teil des Raumes und die Preise auf den Schildern an den Särgen sind immer noch so hoch wie ein durchschnittliches Jahreseinkommen. Mein Stiefvater macht Gelegenheitsarbeiten, meine Mama hat ein paar Hühner und einen Gemüsegarten, meine Schwester ist fünfeinhalb, mein Bruder vier und ich gehe auf die Oberschule. Wo soll das Geld herkommen?

Mr Bateman bemerkt den Ausdruck auf meinem Gesicht. »Für Kinderbestattungen haben wir eine preisgünstigere Alternative«, sagt er. Er führt mich durch einen Vorhang in ein Hinterzimmer und knipst eine Glühbirne an. Überall um mich herum, bis zur Decke hochgestapelt, stehen winzige Särge, die mit gelber, rosa und blauer Farbe besprüht sind.

Mr Bateman öffnet einen der Särge. Er besteht aus Pressspanplatten, die von einer Hand voll Nägel zusammengehalten werden. Innen ist Plastik, mit Metallklammern angeheftet. Die Blechgriffe sind nur angeklebt; wenn man sie benutzen wollte, würden sie abfallen.

Ich schaue zur Seite.

Mr Bateman gibt sich Mühe. »Wir wickeln die Kinder in ein wunderbares weiches Leichentuch. Wir drapieren den Stoff so, dass er über die Wände des Sargs fällt. Alles, was man sieht, ist das kleine Gesicht. Sara wird wunderschön aussehen.«

Ich bin ganz benommen, als er mich zur Leichenhalle bringt, wo Sara aufbewahrt werden wird. Mr Bateman deutet auf eine Reihe übergroßer Fächer. »Sie sind blitzsauber und klimatisiert«, versichert er mir. »Sara bekommt ihre eigene Kammer, es sei denn, es werden noch andere Kinder gebracht, in dem Fall wird sie den Platz natürlich teilen müssen.«

Wir kehren ins Büro zurück und Mr Bateman drückt mir einen Vertrag in die Hand. »Wenn ihr das Geld habt, komme ich um eins die Leiche holen. Mittwochnachmittag wird sie fertig sein und kann abgeholt werden. Die Beerdigung ist Donnerstagmorgen.«

Ich schlucke. »Mama würde gerne bis zum Wochenende warten. Unsere Verwandten leben auf dem Land und es dauert, bis sie hier sind.«

»Nun, am Wochenende gibt es leider keinen Rabatt«, sagt Mr Bateman und zündet sich eine Zigarette an.

»Dann vielleicht am Montag, heute in einer Woche?«

»Nicht möglich. Bis dahin habe ich jede Menge neue Kunden. Tut mir Leid. Es sterben so viele Menschen heutzutage. Ich kann nichts dafür. So ist der Markt.«

2

Ich unterschreibe den Vertrag und renne hinaus. Während ich durch den morgendlichen Berufsverkehr radele, sage ich pausenlos das Alphabet auf, um die Bilder aus meinem Kopf zu verscheuchen. Es gelingt mir nicht. Immer wieder sehe ich den Sarg aus rosa Pressspanplatten mit den Heftklammern und der Plastikverkleidung vor mir.

»Esther«, denke ich. »Ich muss zu Esther.« Esther ist meine beste Freundin. Sie wird mich in die Arme nehmen und mich beruhigen.

Ich biege links ab in der vagen Hoffnung, sie auf dem Platz vor dem Liberty Hotel und dem Kongresszentrum zu finden. Esther kommt kaum noch zur Schule, seit ihre Eltern gestorben sind. Wenn sie nicht für ihre Tante oder ihren Onkel arbeitet – was meistens der Fall ist –, lässt sie sich vor dem Hotel am Brunnen mit der Freiheitsstatue von Touristen fotografieren.

Die kreisförmige Zufahrt zum Hotel ist mit Bussen, Luxuslimousinen und Taxis voll gestopft. Hotelpagen schleppen das Gepäck von Reisegruppen auf dem Weg zur Safari. Chauffeure öffnen Autotüren für ausländische Geschäftsleute, die zur Besichtigung der Diamantminen gekommen sind. UN-Mitarbeiter suchen Mitfahrgelegenheiten zu Regierungsgebäuden. Aber Esther ist nicht zu sehen.

»Vielleicht haben sie sie weggejagt«, denke ich. Wenn Esther vertrieben wird, geht sie ein Stück weiter zum Red-Fishtail-Einkaufszentrum. Meistens hängt sie bei Mr Mphos Elektronikgeschäft rum und guckt auf die Wand aus Fernsehern im Schaufenster oder hört der Musik zu, die durch Lautsprecher nach draußen übertragen wird. Zwanzig Minuten etwa muss Esther warten, dann sind die Wachleute vom Liberty Hotel mit was anderem beschäftigt und sie kann zurück.

Ich sause an neuen Büros und Spielkasinos vorbei zum Parkplatz des Einkaufszentrums, umkurve Autos und

Einkaufswagen und passiere vornehme Geschäfte, in denen Küchen- und Badezimmereinrichtungen verkauft werden. Es muss schön sein, Strom im Haus zu haben, mal ganz abgesehen von fließendem Wasser.

Heute finde ich vor Mr Mphos Laden nur Simon, den Bettler ohne Beine; er hat eine Schale vor sich und ein abgenutztes Skateboard neben sich stehen. Seine Augen sind halb geschlossen. Er stößt im Takt der Musik mit dem Kopf an den Betonrahmen des Schaufensters hinter sich.

Ich blicke kurz in das Internet-Café nebenan. Letzte Woche habe ich Esther dort gesehen. Ich dachte, ich spinne. Da saß meine Freundin Esther in ihren knallig roten Flipflops und ihrem paillettenbesetzten Oberteil aus dem Secondhand-Shop Kaugummi kauend vor einer Tastatur.

»Was machst du denn hier?«, habe ich gefragt.

»Meine E-Mails abrufen«, hat sie lässig geantwortet.

Ich habe sie ausgelacht. Im Sekretariat unserer Schule gibt es einen Computer. Wir sind extra alle hingeführt worden, damit wir sehen, wie so etwas funktioniert, aber die Vorstellung, im wirklichen Leben so ein Teil zu benutzen, schien so abwegig wie ein Flug zum Mars.

Esther tätschelte sanft meine Hand, als wäre ich ein Baby, und nannte mir ihre E-Mail-Adresse: esthermacholo@hotmail.com. Sie flüsterte mir zu, dass der Geschäftsführer des Cafés sie die nicht ausgenutzte Zeit seiner Internet-Gutscheine nutzen ließ, weil er sie mochte. Dann zeigte sie mir ihre Sammlung von Visitenkarten. »Das sind alles Touristen, die mich um ein Foto gebeten haben«, prahlte sie. »Wenn ich mich langweile, schicke ich ihnen E-Mails. Manche schreiben zurück. Zum Beispiel, wenn Freunde von ihnen in die Stadt kommen.«

»Wenn ihre *Freunde* in die Stadt kommen?«

»Warum denn nicht?«

»Rate mal.«

»Ich geh doch nicht mit ihnen auf ihr Zimmer oder so. Ich steh nur vor dem Brunnen und lass mich fotografieren.«

»Pass bloß auf, dass es dabei bleibt.«

»Soll heißen?«

»Stell dich nicht dumm. Ich habe gesehen, wie sie in die Knie gegangen sind, um dir unter den Rock zu gucken.«

Esther verdrehte die Augen. »Sie knien sich hin, damit die Spitze der Statue mit aufs Bild kommt. Du und deine dreckige Fantasie. Du bist ja noch schlimmer als meine Tante.«

»Das sag nicht nur ich«, verteidigte ich mich. »In der Schule wird schon geredet.«

»Na und.«

»Hör mal, Esther . . .«

»Nein, hör *du* mal, Chanda!«, fauchte sie. »Kann ja sein, dass du für immer in Bonang bleiben und Kinder kriegen willst, aber ich nicht. Ich will hier raus. Ich gehe nach Amerika oder Australien oder Europa.«

»Wie denn? Glaubst du, irgend so ein Tourist wird dich in seinen Koffer stecken?«

»Nein.«

»Was dann? Dich heiraten?«

»Vielleicht«, sagte sie. »Oder mich als Kindermädchen anstellen.«

Ich schnaubte.

»Warum nicht?«

»Darum nicht. Deswegen.«

Esther warf mir einen vernichtenden Blick zu. Sie stand auf, stürmte aus dem Laden und marschierte über den Parkplatz.

Ich rannte ihr hinterher. »Esther!«, schrie ich. »Bleib stehen. Ich habe es nicht so gemeint. Es tut mir Leid.« Es tat mir nicht Leid, aber ich fand es schrecklich, wenn wir uns stritten.

Als ich sie einholte, stand sie neben einem verwaisten Einkaufswagen. Sie hielt sich am Griff fest und starrte auf einen Reklamezettel im Korb.

»Ich weiß, dass ich spinne«, sagte sie. »Es ist nur ... manchmal möchte ich eben träumen, okay?«

Esther ist nicht im Internet-Café. Sie ist überhaupt nirgendwo im Einkaufszentrum. Vielleicht muss sie was für ihre Tante erledigen. Vielleicht ist sie ausnahmsweise mal in der Schule. Oder sie hat einen Touristen getroffen und ...

Ich springe auf mein Rad und trete so schnell ich kann: ABCDEFGHIJKLMNOP ...

3

Wir waren nicht immer in dem Hüttenviertel von Bonang zu Hause.

Zuerst lebte unsere Familie auf Papas Viehweideplatz, einem Stück Land in der Nähe des Dorfes Tiro, etwa dreihundert Kilometer nördlich von hier. Mama, Papa, meine ältere Schwester, meine drei älteren Brüder und ich wohnten in einer Lehmhütte. (Ich hatte noch zwei weitere Schwestern, die aber beide vor meiner Geburt starben. Eine an schlechtem Wasser, die andere an Wundbrand.) Neben unserer Hütte standen die Hütten meiner Tanten, Onkel und Cousins. Auch meine Papa-Granny lebte mit uns auf dem Weideplatz, aber als mein Papa-Grampa starb, zog sie nach Tiro zu zwei alleinstehenden Tanten.

Das Leben auf der Viehweide lief gemächlich ab. Im Winter trockneten die Flussbetten aus, in den Akazienbäumen hingen Schwalbennester wie Strohäpfel. Die Pflanzen verdorrten bis hinunter auf die blanke Erde, allein die Mopanebäume und ein paar Jackalberrybäume verhinderten, dass sich unser Land ganz und gar in eine Wüste verwandelte. Meine Cousins, Cousinen und ich verbrachten den Tag damit, unseren Müttern beim Wasserholen zu helfen oder mit unseren Vätern das Vieh zu hüten.

Ich erinnere mich auch an den Regen, der im Sommer kam. In den Flussbetten floss Wasser und buchstäblich über Nacht wuchsen Schilf und Gräser über unsere Köpfe hinaus. Wir spielten Versteck, das Vieh weidete unbeaufsichtigt. Die Tiere wussten immer, wann es Zeit war, in den Kral zurückzukehren, und wie sie den Weg dorthin fanden. Wir Kinder mussten da aufpassen. Im hohen Gras konnte man sich leicht verirren, wir mussten lernen, alle Baumspitzen der Umgebung schon von Ferne zu erkennen; sie waren unsere Straßenschilder.

Ich war klein, deshalb verstand ich nicht, warum es zum Streit kam. Ich wusste nur, dass mein Vater der jüngste seiner Brüder war und dass er und meine Onkel sich um ihren Anteil an der Ernte stritten. Als das Diamantbergwerk hier in Bonang expandierte, bewarb sich Papa um eine Stelle und wir zogen nach Süden. Nur meine älteste Schwester Lily blieb zurück, um ihren Freund von der Weide neben unserer zu heiraten.

Anfangs hatte ich Heimweh. Mir fehlten meine Spielkameraden. Mir fehlten auch das Land und der weite Himmel: wie die Sonne dick wurde, wenn sie sich schlafen legte und dann wie eine riesige glühende Orange verschwand; oder wie die Sterne den Nachthimmel in einen Baldachin voller Wunder verwandelten. In der Stadt schloss sich der Himmel einfach und sein nächtlicher Zauber beschränkte sich auf die Lichter des Bergwerks und der Straßen im Zentrum.

Trotzdem, Bonang hatte seine Vorteile. Wir hatten ein neues Haus, das aus Betonblöcken statt aus Lehm gebaut war, und an jeder Straße gab es fließendes Wasser aus einem Rohr. Ein Krankenhaus war in der Nähe, falls wir krank werden würden, und die Lebensmittelkarten vom

Bergwerk würden dafür sorgen, dass wir niemals hungern müssten, erklärte uns Papa. Am besten gefiel mir jedoch, dass mir meine Onkel und Tanten nicht mehr hinterherspionieren konnten. Meine Cousinen und Cousins fehlten mir, aber ich fand Freundinnen unter den Kindern der anderen Bergarbeiter.

Wie Esther. Am ersten Tag nach unserer Ankunft saß ich einsam und allein in unserem Vorgarten und überlegte, ob ich weglaufen sollte, zurück nach Tiro. In dem Moment tauchte Esther auf. Sie hatte die größten Kämme im Haar, die ich je gesehen hatte. »Hi«, sagte sie. »Ich heiße Esther. Ich bin sechs.«

»Ich heiße Chanda. Ich bin auch sechs.«

»Hurra, dann sind wir Zwillinge. Ich wohne schon seit Ewigkeiten hier. Guck mal, wie ich mache, dass mir schwindelig wird.« Sie drehte sich im Kreis herum, bis sie hinfiel. »Weißt du was? Mein Papa ist Vorarbeiter. Wir haben ein Wasserklosett. Willst du es sehen?« Sie nahm meine Hand und zerrte mich die Straße entlang zu ihrem Haus. Ihre Mama saß auf der Treppe vor der Haustür und pulte Erbsen.

»Das ist Chanda. Ich zeige ihr unsere Toilette«, sagte Esther und zog mich ins Haus, bevor ich auch nur »Hallo« sagen konnte.

Zuerst konnte ich nicht glauben, dass das eine Toilette war, was ich da sah. Ich dachte, es wäre eine schicke Suppenschüssel. »Pass auf!«, krähte Esther. Sie zog an einer Kette. Es rauschte wie ein riesiger Wasserfall. Ich schrie auf.

Esther kicherte. »Wenn mich Jungs ärgern, sage ich ihnen, ich stopfe sie in meine Toilette und spüle sie in den Fluss zu den Krokodilen.«

»Darf ich mal?«

Esther nickte. »Aber dann müssen wir abhauen, denn gleich wird Mama schimpfen, weil wir Wasser verschwenden.«

Ich zog an der Kette, der Wasserfall rauschte und wir rannten zur Hintertür raus, während Esthers Mama den Flur entlangrannte und brüllte: »Schluss mit dem Spülen, Esther. Das ist kein Spielzeug.«

Ein paar Häuser weiter brachen wir lachend zusammen. »Ich habe gedacht, unser Klohäuschen wäre was Besonderes, mit dem Zementsitz und allem«, sagte ich. »Aber eure Toilette – das ist ja wie Zauberei! Du wirst nie raten, wo wir auf dem Viehweideplatz pinkeln mussten.«

»Wo?« Esthers Augen tanzten vor Spannung.

Ich verzog das Gesicht, damit es so schrecklich wie möglich klang. »In einer winzigen Strohhütte. Alle Frauen mussten sich über ein Loch im Boden hocken.«

»Iihh!«, Esther quiekte vor Entzücken. »Und die Männer?«

»Die haben an die Wände gepinkelt!«

»Iiihh! Iiihh! Iiihh!«, kreischte sie.

»Das mussten sie«, grölte ich. »Denn wenn zu viel Flüssigkeit im Loch war, stürzten die Wände ein.«

»Und du konntest reinfallen!«

»Und vielleicht ertrinken!«

21

»Iiiihhhhhh!!!« Wir beide schrien vor Lachen und kugelten wie aufgezogen herum. Ich versuchte zu erklären, dass wir, wenn es zu sehr stank, die Strohwände wegwarfen und neue aufstellten, aber ich kam nie über das Wort »stank« hinaus, weil es jedes Mal eine neue Lachsalve auslöste.

Esther und ich gingen in dieselbe Schule. Die war nicht wie die Schule auf dem Viehweideplatz, wo ich unter einem Baum saß und meine Tanten mir das Nähen beibrachten. Und sie war auch nicht wie meine Schule in Tiro – da gab es nur eine Tafel und einen Lehrer, der mit hartem, weißem Hyänenkot darauf schrieb, wenn die Kreide alle war. Nein. In der Schule in Bonang gab es eine Bücherei, ein Labor, Geometrie-Geräte, einen Satz Enzyklopädien und funktionierende Bleistiftanspitzer.

Einige meiner Lehrer hatten die Universität hier in Bonang besucht; andere kamen mit einem Zweijahresvisum aus Nordamerika. Ich habe »alles aufgesaugt«, wie Mr Selalame sagen würde. Jetzt ist er mein Englischlehrer, mein Lieblingslehrer war er aber von Anfang an. Esther denkt, ich bin in ihn verknallt, und macht sich über mich lustig. Ich sage ihr, sie soll den Blödsinn lassen.

Es ist einfach so, dass manche Lehrer sauer werden, wenn ich ihnen schwere Fragen stelle. Aber nicht Mr Selalame. Wenn er die Antwort nicht weiß, zwinkert er mir zu und sagt, er wird darauf zurückkommen. Und das tut er auch, und dann gibt er mir nicht nur eine Antwort, sondern auch ein Buch, von dem er denkt, dass es mir gefallen könnte. Etwas von Thomas Mofolo oder Noni Jabavu oder Gaele Sobott-Mogwe. Ich lese so schnell ich kann, damit er mir ein neues Buch leiht. Mr Selalame hat gesagt, wenn ich weiter gut lerne, kann ich ein Stipendium fürs Ausland bekommen und die Welt entdecken. Dabei haben seine Augen so geleuchtet, dass ich denke, er glaubt das wirklich.

»Warum soll er das nicht glauben?«, hat Mama gesagt, als ich ihr das erzählt habe. »Es gibt nichts, was du nicht tun kannst, wenn du fest entschlossen bist.«

Bei dem Gedanken daran, wie sehr Mama und Mr Selalame an mich glauben, bekomme ich eine Gänsehaut. Ich hoffe, ich enttäusche sie nicht. Was sie sagen, klingt unmöglich. Aber wenn sie nun Recht haben? Wenn ich nun ein Stipendium bekäme? Die Welt entdeckte? Ärztin werden würde, Anwältin, Lehrerin? Träume, Träume, Träume.

Meine Brüder haben immer gelacht, wenn sie mich so reden hörten. »Mach dir bloß keine falschen Hoffnungen«, sagten sie. »Stipendien und gute Jobs sind was für die Reichen.« Sie gingen von der Schule ab, sobald sie mit Papa unter Tage arbeiten konnten. Ein Bus brachte sie jeden Tag vor dem Morgengrauen zum Bergwerk und abends, wenn es dunkel war, wieder zurück. Oder umgekehrt. Einen Tag in der Woche hatten sie frei.

Die Arbeit unter Tage kann zu Lungenkrankheiten führen, aber Papa und meine Brüder lebten nicht lange genug, um krank zu werden. Kurz bevor ich zehn wurde, ging eine Sprengung schief und ein Schacht brach ein. Papa und meine Brüder gehörten zu den dreißig Bergarbeitern, die dabei starben. Es gab Gerüchte, dass sie langsam erstickt wären, weil die Rettungsgeräte der Firma nicht funktioniert hätten. Ich hatte Alpträume, wie sie bis zum Tod um Luft rangen, bis mir Papa eines Nachts im Traum erschien und sagte, dass sie bei der Explosion gestorben seien – »Es ging so schnell, dass wir überhaupt nichts spürten.« Ich wollte noch mehr mit ihm reden, aber da wachte ich auf. Papa ist nie wieder gekommen.

Eine Woche nach den Beerdigungen fuhr ein Mann vom Bergwerk bei uns vor. Mama hängte gerade Wäsche auf. Sonst wischte sie immer einen der Plastikstühle sauber, wenn Besuch kam. Aber diesmal tat sie das nicht. Sie stand bloß da, die Hände auf die Hüften gestützt.

Der Mann druckste herum: »Die Firma bedauert den Verlust, den Sie erlitten haben, Mrs Kabelo.«

Mama starrte ihn bloß an.

»Niemand kann Ihnen den Ehemann und die Söhne ersetzen«, fuhr der Mann fort, »aber die Firma möchte Ihnen eine kleine Summe anbieten, damit Sie wieder auf die Beine kommen.« Er gab ihr einen Umschlag.

Mama warf ihm den an den Kopf. »Blutgeld!«, rief sie. »Ihr habt meinen Mann getötet. Ihr habt meine Kinder getötet! Runter von meinem Grundstück, du Hurensohn!«

Der Mann rettete sich in sein Auto. Er schrie, dass

unser Grundstück der Firma gehöre. Anspruch darauf hätten nur Bergarbeiter. Da mein Papa und meine Brüder tot seien, müssten wir Miete bezahlen oder verschwinden. Mama warf ihm Steine hinterher, als er davonraste.

Am nächsten Tag wurden unsere Lebensmittelkarten eingezogen und wir wurden aufgefordert Miete zu bezahlen. Wenn nicht, würde unser Eigentum gepfändet werden. Weder mein Papa noch meine Brüder hatten etwas gespart. Sie hatten kein Testament gemacht und keine Versicherung abgeschlossen. Sie dachten, so etwas würde Pech bringen. Also mussten wir das Blutgeld nehmen, obwohl es nicht sehr viel war. Ich war sicher, dass wir nun nach Tiro zurückkehren würden.

»Nein«, sagte Mama. »Selbst wenn es der letzte Ort auf Erden wäre.«

»Warum nicht?«

»Darum nicht.«

»Aber wir könnten auf Papas Viehweideplatz leben. Oder in Tiro bei Granny Kabelo. Oder bei Granny und Grampa Thela. Oder bei Lily – ihr Mann hätte doch nichts dagegen, oder? Wir sehen sie sowieso so selten und sie hat bis jetzt nur ein Kind und genug Platz.«

»Chanda«, sagte meine Mama scharf. »Es gibt Dinge, die verstehst du nicht.«

»Zum Beispiel?«

»Das sag ich dir, wenn du älter bist.«

»Aber ich muss das jetzt wissen. Wo werden wir wohnen? Was werden wir essen?«

Mama drückte mich an sich und küsste meine Stirn. Dann lachte sie plötzlich. Ich bin mir nicht sicher, ob sie das tat, damit es mir besser ging, oder weil ich so ernst guckte oder weil ihr nichts Besseres einfiel. Ich weiß nur, dass sie mich nach dem Lachen in die Arme nahm und wiegte. »Mach du dir keine Sorgen«, sagte sie. »Mama wird schon was finden.« Und sie schloss die Augen.

Ich hielt ganz still, aber meine Gedanken rasten. Warum wollte Mama nicht nach Tiro zurück? Was war das für ein schreckliches Geheimnis, das sie mir nicht zu sagen wagte?

4

Als das Blutgeld ausgegeben war, konnten wir uns kein Fleisch und keine Eier mehr leisten, also aßen wir Suppe und Brot. Da sagte Mama, dass sie einen Putzjob hätte, bei Isaac Pheto. Er hatte Frau und Kinder in einem Hunderte von Kilometern entfernten Dorf zurückgelassen, um im Bergwerk zu arbeiten. Am Zahltag schickte er ihnen Geld.

Isaacs Haus war so wie das aller anderen Arbeiter. Es gab zwei Zimmer: einen Wohnraum mit einer kleinen Küche und einen Schlafraum. Er ließ uns auf einer alten Matratze im Wohnzimmer schlafen – umsonst. Ich sollte ihn Isaac nennen.

Isaacs Haus war ekelhaft verdreckt – sogar die Wände starrten vor Schmutz –, aber dank Mama sah es bald wieder ordentlich und sauber aus. Sie nähte sogar Vorhänge aus Stoff, den sie von einem Straßenhändler besorgt hatte, leuchtend gelb und blau. Und Isaac Phetos Arbeitsklamotten schrubbte sie draußen in einem Bottich, bis sie wie frisches Gras rochen.

Unsere Gebete schienen erhört worden zu sein. Doch eines Nachts wachte ich auf und Mama lag nicht neben mir. Ich dachte, sie wäre vielleicht raus aufs Klo gegangen, doch dann hörte ich aus Isaacs Zimmer Geräusche. »Psst, sie wird uns hören.«

Als Mama zurück in unser Bett kroch, tat ich so, als schliefe ich.

»Denkst du immer noch an Papa?«, fragte ich am nächsten Morgen, als sie vor dem Haus fegte.

Sie ließ die Schultern hängen. »Die ganze Zeit«, sagte sie. Und sie fegte weiter.

Ich wusste, dass Mama wusste, dass ich Bescheid wusste. Aber wir sprachen nicht darüber. Eine Woche lang taten wir beide so, als wäre nichts. Dann stand ich eines Nachts noch vor dem Morgengrauen auf und setzte mich in eine Ecke. Als Mama auf Zehenspitzen aus seinem Zimmer zu unserem Bett geschlichen kam, zündete ich eine Kerze an. Wir sagten nichts. Von da an ging sie direkt in sein Zimmer, wenn sie mir Gute Nacht gesagt hatte.

Ein Jahr später kam Iris zur Welt: meine erste Halbschwester.

Der Taufgottesdienst von Iris dauerte von zehn Uhr am Sonntagmorgen bis um vier Uhr nachmittags. Danach gab es ein Fest für die ganze Nachbarschaft, das bis in die Nacht ging. In unserer Straße gab es keinen Strom, also machten wir an der Kochstelle ein Feuer und steckten Fackeln in den Boden. Die Gäste klatschten und tanzten und sangen und Mama erzählte Geschichten, die alle zum Lachen brachten. Ich versuchte wach zu bleiben, aber ich war erst elf und schlief gegen Mitternacht ein.

Dann weiß ich nur noch, wie ich im Dunkeln auf der Matratze lag. Jemand fasste mich überall an.

»Wer ist da?«

»Beruhige dich«, flüsterte Isaac. »Ich bin's.«

»Was machst du denn?«

»Ich decke dich zu.«

»Aber so macht Mama das nicht.«

»Ich bin nicht deine Mama. Auch nicht dein Papa. Deswegen ist das anders.«

Ich wusste nicht, was ich tun sollte, also hielt ich ganz still.

»So ist es gut, mein Mädchen«, sagte er. »Schön lieb und still.«

Die Tür ging auf. »Isaac?« Das war Mama.

»Lilian!«, fuhr er auf. »Schscht. Ich decke gerade Chanda zu. Das arme Ding schläft tief und fest.«

»Ach so«, flüsterte Mama. »Los, beeil dich. Wir brauchen dich hier für einen Trinkspruch.«

»Sofort.« Isaac folgte ihr hinaus. An der Tür drehte er sich um und zwinkerte mir zu: »Schlaf schön.«

Kurze Zeit darauf hörte ich auf zu essen. Zuerst dachte Mama, ich hätte bloß eine Magenverstimmung. Dann machte sie sich Sorgen. »Was ist bloß los?«, fragte sie.

»Nichts.«

Tatsächlich aber war jede Menge los. Seit der Party stellte mir Isaac nach. Selbst mitten in der Nacht, wenn Mama nebenan schlief. Am Tag auch. Wenn Mama Wasser holen ging, sagte er: »Setz dich auf meinen Schoß.« So fing es an. Ich sagte Mama, ich wolle ihr beim Wasserholen helfen, aber sie sagte immer, ich solle lieber Mohrrüben putzen oder auf das Baby aufpassen.

Am liebsten hätte ich laut herausgeschrien, was los war. Aber ich dachte, er würde es einfach leugnen und ich würde Ärger kriegen. Oder noch schlimmer – wenn Mama mir geglaubt hätte, hätte sie gesagt, wir müssten hier weg, und dann wären wir obdachlos gewesen, hätten nichts zu essen gehabt und alles wäre meine Schuld gewesen. Jedenfalls habe ich das gedacht.

Es kam anders. An einem Nachmittag kam Mama schneller als sonst vom Wasserholen zurück und erwischte Isaac mit runtergelassenen Hosen.

»Du bist kein Mann! Du bist ein Monster!«, schrie sie. Sie schüttete ihm das Wasser ins Gesicht und schlug ihm den Eimer über den Kopf. Isaac schleuderte Mama quer durchs Zimmer.

»Geh mit deiner Schlampe von Tochter auf die Straße huren!«, brüllte er, laut genug, dass die Nachbarn ihn hören konnten. Dann packte er unsere Sachen und warf sie aus dem Fenster.

Mama stopfte alles in ein paar Plastiktüten. Sie band sich Iris mit einem Tuch auf den Rücken, nahm die Tüten in die eine und meine Hand in die andere Hand. »Ich verfluche dich, Isaac Pheto«, spie sie aus. »Bei allem, was heilig ist, verfluche ich deinen Namen und die Gebeine der Ahnen, von denen du abstammst.«

Die Frauen aus der Nachbarschaft hörten sich den Streit aus ihren Häusern heraus an, einige Männer aber kamen auf die Straße, um sich das Schauspiel anzuschauen. Mama durchbohrte sie mit ihren Blicken. »Was glotzt ihr so blöde, Misters?«

Sie reckte ihr Kinn und wir beide traten auf die Straße. Kurz bevor wir um die Ecke bogen, spürte ich, wie mir die Tränen kamen. »Nicht weinen, Chanda«, flüsterte Mama ruhig. »Lass die Leute niemals sehen, dass du weinst.«

Mrs Tafa nahm uns auf. Papa und ihr erster Mann hatten zusammen im Bergwerk gearbeitet, in derselben Schicht. Beide starben bei dem Schachteinbruch. Aber im Gegensatz zu Mama hatte Mrs Tafa Glück gehabt. Sie war gleich nach der Beerdigung von ihrem Schwager geheiratet worden, der als Maurer bei der United Construction Company arbeitete. An seinen freien Tagen hatte er auf dem hinteren Teil seines Grundstücks Zimmer aus Betonblöcken gebaut, zum Vermieten. Wir konnten keine Miete bezahlen, aber Mrs Tafa meinte, wir könnten so lange in einem der Räume wohnen, bis sie einen zahlenden Untermieter fände.

»Danke«, sagte Mama, »aber wir wollen keine Almosen. Wir werden uns um den Garten kümmern, Hausarbeiten übernehmen, Besorgungen erledigen.«

Das war Mrs Tafa recht.

Am Abend, als Mr Tafa von der Arbeit nach Hause kam, fuhr er mit Mama zu Isaacs Haus, um unsere restlichen Sachen zu holen. Wir hatten Töpfe, Pfannen, Bettwäsche und Handtücher dort gelassen und Iris' Spielsachen. Am wichtigsten jedoch waren Mama die Erinnerungen an Papa und meine Brüder: Die Traueranzeigen und Papas Jagdgewehr. »Isaac Pheto war nicht mehr so besonders mutig, als dein Mann dabei war«, erzählte Mama Mrs Tafa. »Er versteckte sich in einer Ecke und ließ mich mitnehmen, was ich wollte.«

Mr und Mrs Tafa hatten keine gemeinsamen Kinder, aber beide hatten Kinder aus ihren ersten Ehen. Damals lebte aber nur noch Mrs Tafas Sohn Emmanuel bei ihnen. Er war älter als ich und sehr klug. Ich sah ihn selten, weil er immer lernte. Die anderen Kinder der Tafas waren verheiratet und kamen mit ihren Familien zu Geburts- oder Feiertagen oder auch einfach so.

Wenn es was zu feiern gab, sorgten die Tafas dafür, dass auch Mama und ich eingeladen wurden. Schließlich sagte ich zu Mrs und Mr Tafa Tante und Onkel.

Neben den Tafas wohnte ein freundlicher alter Friseur namens Mr Dube. Er hatte kaputte Zähne und gurgelte mit Haarwasser, um den fauligen Geruch zu bekämpfen.

Sein Salon war ein offener Schuppen am Straßenrand.

Aus dem ganzen Viertel kamen die Leute zu ihm, weil er so ein wunderbarer Erzähler war und weil er seine Scheren scharf und die Kämme sauber hielt. Er hatte sogar eine Haarschneidemaschine, die an eine Zwölf-Volt-Batterie angeschlossen war, und ein Radio, so dass die Leute tanzen konnten, wenn ihnen beim Schlangestehen langweilig wurde.

Mr Dube war Witwer. Er hatte ein Haus, aber keine Kinder. Mama war Witwe, die zwei Kinder hatte und nicht viel mehr. Es dauerte nicht lange, bis Mr Dube anfing um Mama zu werben. Äußerlich hatte er nicht viel zu bieten, aber er sprach Mamas Namen ›Lilian‹ so sanft und respektvoll aus, als käme er aus der Bibel. Und das Haus, in dem er lebte, gehörte ihm, also brauchten wir nicht mehr zu befürchten, auf der Straße zu landen. Mama nahm seinen Heiratsantrag an.

Nach der Hochzeit bat er mich, ihn Papa zu nennen. Ich sagte, danke, aber das könne ich nicht, wegen der Erinnerung an meinen Papa. Er lächelte freundlich und sagte, er verstehe mich, ›Mr Dube‹ sei auch in Ordnung.

Ein Jahr später wurde mein Halbbruder Solomon, ›Soly‹, geboren. Er war niedlich wie ein Grübchen. Ist er immer noch. Ich ging in die Schule, Mama kümmerte sich um Iris und Soly und Mr Dube schnitt Haare und unterhielt seine Kunden. Abends saßen wir zusammen vor dem Haus, erzählten Geschichten und lachten. Mama rieb Mr Dube die geschwollenen Füße, während er Iris und Soly knuddelte. Ich schlug die Arme um meine Knie und lächelte.

So waren wir eine Weile lang glücklich. Eines Nachts sagte Mr Dube, ihm sei schlecht. Er legte sich hin und stand nie wieder auf. Es war ein Schlaganfall. Ich weinte ewig lange und tröstete mich schließlich mit dem Gedanken, dass Mr Dube Glück gehabt hatte. Der Schlaganfall kam plötzlich und schmerzlos. Mr Dube musste nicht leiden. So würde ich auch gerne sterben.

Manchmal habe ich ein schlechtes Gewissen, wenn ich an Mr Dubes vergammelte Zähne denken muss. Er war so gut zu uns allen. Heute wünsche ich, ich hätte damals Papa zu ihm sagen können. Meinem richtigen Papa hätte das nichts ausgemacht. Und es hätte Mr Dube so viel bedeutet. Ich hoffe, er wusste, dass ich ihn lieb hatte.

Mama erbte das Haus, so dass wir ein Zuhause hatten. Sie legte einen Gemüsegarten an und hielt Hühner. Aber Geld hatte sie nicht. Mr Dubes Ersparnisse waren zum größten Teil für seine Besuche beim Heiler und für die Beerdigung draufgegangen, und Mama hatte jetzt drei Kinder zu versorgen.

Ich nehme an, dass wir deshalb zu Jonah kamen. Mama hatte ein Haus und er hatte einen Job. Er bat Mama, ihn zu heiraten, aber sie sagte Nein. Sie wollte alleinige Eigentümerin von Mr Dubes Grundstück bleiben, um Iris, Soly und mich beschützen zu können, für den Fall, dass die Sache nicht gut ausging.

Jonah war ein Freund von Mr Tafa, sie kannten sich aus der Baufirma. Jonah war ein großer Erzähler mit einem prächtigen Lächeln, arbeitete als Betongießer auf den großen Baustellen der Einkaufszentren und Büro-häuser in der Innenstadt. Das heißt, bis er rausflog. Jonah feierte gerne und die Firma war es satt, nicht zu wissen, ob er zur Arbeit kommen würde oder nicht.

Als Mama mit Sara schwanger wurde, verdiente er immer noch etwas Geld mit Gelegenheitsarbeiten. Aber seit Saras Geburt und Mamas Fehlgeburten hält er sich meist im Shebeen auf und betrinkt sich mit Hirsebier.

Und da ist er auch jetzt, möchte ich wetten.

5

Als ich vom *Ewigen Licht* zurückkomme, ist es zehn Uhr. Iris und Soly sind vor dem Haus. Mama hat gesagt, Iris brauche heute nicht in die Schule zu gehen, also wissen die beiden, dass etwas Wichtiges geschehen ist, nur wissen sie nicht, was.

Soly sitzt still neben der Haustür und spielt mit seinen Zehen. Iris hingegen hat wieder mal eine ihrer Launen. Sie stapft auf und ab, eine Sturmwolke über dem Kopf. Als sie mich sieht, kommt sie auf mich zu und stemmt die Hände in die Seiten.

»Sara schläft immer noch. Sie schläft schon den gan-zen Morgen. Mach, dass sie wach wird.«

»Du sollst nicht immer alle Welt rumkommandieren.«

»Tu ich gar nicht«, sagt sie und stampft mit dem Fuß auf.

»Im Ernst, Iris. Benimm dich oder ich knall dir eine.«

»Na los«, fordert sie mich heraus. »Das sage ich aber.«

Wenn Iris so reagiert, hat es keinen Sinn zu streiten. Sie ist schlauer, als es ihr gut tut. »Warum gießt du nicht die Bohnen?«

Sie gähnt, als wäre der Grund offensichtlich.

»Schön«, sage ich. »Dann langweile dich eben. Mir egal.«

Iris seufzt. »Komm her, Soly. Ich weiß ein Spiel. Mal sehen, wer den größten Steinhaufen bauen kann. Aber die Steine müssen aus dem Vorgarten sein und wir dürfen sie nur mit den Ellbogen aufheben.«

Ich gehe ins Haus. Die Rollläden sind offen, damit der Todesgeruch rauskann.

Mama hat Sara das Haar geflochten und sie auf die Matratze gelegt, die Mama mit Jonah teilt. Sie hat sich neben Sara zusammengerollt und streicht ihr über die Wange. Ich sage Mama, dass Mr Bateman um eins kommt. Ich erwähne nicht, dass die Beerdigung am Donnerstag sein wird. »Mr Bateman sagt, dass wir uns keine Sorgen zu machen brauchen, die Beerdigung wird schön.«

Mama blickt nicht auf. »Geh zurück zu Mr Bateman und sag ihm, er braucht nicht zu kommen. Wir können nicht bezahlen. Jemand hat unser Geld aus dem Versteck gestohlen.«

Mama sagt nicht, wer es gestohlen hat. Das braucht sie auch nicht.

»Es ist nicht gestohlen worden, Mama.« Ich lüge,

35

damit es ihr besser geht. »Ich habe es Mr Bateman gegeben, als Anzahlung.«

Mama zuckt zusammen. »Gott vergib mir. Manchmal denke ich schreckliche Dinge.«

Ich küsse sie auf die Stirn. »Ruh dich aus. Bin gleich zurück.«

Ich renne raus, springe auf mein Rad und radele zum nächsten Shebeen.

Der Shebeen gehört den Sibandas und sie betreiben ihn auch. Ihr großer, offener Alkohol-Ausschank ist von einer zwei Meter hohen Betonmauer umgeben, die bis an die Straße reicht. Die Mauer soll verhindern, dass die Leute sehen können, wer aus dem Viertel sich dort aufhält oder wie betrunken die Leute sind.

Ich gehe durch das hohe Holztor. Mein Fahrrad nehme ich mit, damit es mir nicht gestohlen wird. Rechts von mir sitzen Leute im Schatten einer Plane, die an drei Pfosten und einem toten Baum festgemacht ist, und spielen um Geld. Links von mir stehen Leute vor einem Schuppen an, wo Mrs Sibanda Zigaretten, Cola und Bananenchips verkauft.

Aber das Wichtigste spielt sich im hinteren Teil des Grundstücks ab. Hier wohnen die Sibandas mit ihren Kindern, Schwiegerkindern und Enkeln in ein paar Hütten, die so wackelig stehen wie die Gäste. Dort braut Mr Sibanda sein Bier, dort drängen sich seine Gäste, prügeln sich oder übergeben sich, während sie auf den Ausschank warten.

Mr Sibandas Kübel sind einwandfrei sauber, aber manchmal, wenn er den Bodensatz mit dem Alkohol aufrührt, wird ein toter Käfer nach oben geschwemmt. Und es kann durchaus sein, dass einen schon ein paar Schluck von dem Gebräu umhauen, je nachdem, wie heiß es ist oder wie lange die Hirse gegoren ist.

Im Moment herrscht große Aufregung. Zwei von Mr Sibandas Söhnen haben gerade einen frischen Kübel herausgebracht. Eine seiner Enkelinnen füllt das Bier in alte Saftkartons. Die Sibandas sammeln sie aus Mülltonnen und spülen sie dann in einem Eimer aus.

Als ich auf die Leute zugehe und dabei nach Jonah Ausschau halte, stolpere ich fast über den zweijährigen Paulo Sibanda. Er hat nichts am Leib außer einem Paar leerer alter Saftkartons an den Füßen und einem Lächeln im Gesicht. Die Kartons trägt er wie Schuhe, aber da sie größer sind als seine Füße, kippt er andauernd um und lacht sich schief dabei.

»Hey, Chanda!« Die Stimme ist laut. Ich drehe mich um. Es ist Mary. Sie sitzt an einem der Pfosten der Schattenplane und winkt vage in meine Richtung. »Hab das von Sara gehört ... Tut mir Leid, Kumpel.«

Für Mary ist jeder ein ›Kumpel‹. Sie kennt alle, die hier wohnen. Oder sagen wir, alle, die hier wohnen, kennen sie. Sie ist mit meinem ältesten Bruder zur Schule gegangen. Damals war sie sehr beliebt. Sie war fröhlich und hübsch und konnte singen und Leute nachmachen und war nicht eingebildet und gar nichts.

Jetzt ist sie fünfundzwanzig, hat vier Kinder, die von

ihrer Mama großgezogen werden. Sie verbringt ihre Tage damit, von Shebeen zu Shebeen zu ziehen, in der Hoffnung, dass ihr jemand einen ausgibt. Immer, wenn ich sie sehe, hat sie dieselbe Wollmütze auf dem Kopf, über die Stirn gezogen, damit man die Narbe über ihrer rechten Augenbraue nicht sieht. Heute trägt sie eine lange Pyjamahose mit einer Kordel; die Hose bedeckt die Wunden an den Beinen. Nachdem Mary die Schneidezähne rausgebrochen waren, hat sie zuerst beim Reden die Hände vor den Mund gehalten; jetzt schert sie sich nicht mehr darum.

Wenn Mary ohnmächtig wird, kann es angeblich vorkommen, dass Männer sie in ein Toilettenhäuschen zerren und sich an ihr vergnügen. Einmal, im vorigen Jahr, hat sie hinterher ein Riesentheater veranstaltet, ist die Straßen langgestolpert, hat an jede Tür geklopft und wollte wissen, wer ihre Unterhose gestohlen hatte. Zum Glück erinnert sie sich nie an etwas. Oder tut so, als wäre alles ein großer Spaß gewesen. Sogar jetzt, ein Jahr später, quatschen die Leute sie an und fragen: »Hey, hast du deine Unterhose gefunden?« Dann lachen sie. Und sie lacht mit ihnen. Ich würde gerne wissen, was sie wirklich fühlt.

Vielleicht ist das der Grund, warum ich nicht explodiere, als ich Jonahs Kopf auf ihrem Schoß sehe. Mary ist nicht die erste Frau, mit der er sich eingelassen hat. Sie wird nicht die letzte sein. Außerdem ist er so voll, dass er gar nichts tun könnte, selbst wenn er wollte. Seine Augen sind verklebt. Er zwinkert, um die Fliegen fern zu halten.

Mary wiegt ihn sanft. »Es tut ihm so weh«, sagt sie. »Er kann bloß sagen: Sara. Sara.«

Jonahs Kopf sinkt zur Seite. »Sara«, wiederholt er, aus irgendeiner anderen Welt.

»Chanda ist hier«, sagt Mary zu ihm.

Jonah guckt verwirrt. Die Augen fallen ihm zu.

Mary sieht, dass ich auf die frische Wunde auf seiner Stirn starre. »Er hat'n Stein genommen und sich an' Kopf gehauen, damit die Dämonen rauskönnen.«

»Er hätte härter zuschlagen sollen.«

Erst will Mary ihren Ohren nicht trauen. Dann lacht sie. »Du gefällst mir, Kumpel. Hast immer einen guten Witz drauf.«

»Ach ja?« Ich trete Jonah ans Bein. Er kommt zu sich. »Jonah«, sage ich. »Mr Bateman holt Sara um eins ab. Hast du verstanden?«

»Sara«, murmelt er.

»Genau. Sara. Um eins. Zu Hause. Sei da.«

Jonah nickt und driftet wieder weg. Ich durchsuche seine Taschen.

Sofort ist Mary hellwach. »Was tust du da?«

»Nichts.« Ich finde, wonach ich gesucht habe. Ein dünnes Bündel Scheine, aber ohne das Gummiband darum. Das Geld aus dem Versteck. Es ist noch fast alles da. Ich richte mich auf und will gehen.

Mary schiebt Jonahs Kopf zur Seite und rappelt sich auf. »Wo willst du mit Jonahs Geld hin?«, schreit sie. Als das Wort Geld fällt, drängen sich Betrunkene heran.

»Es ist für die Beerdigung«, sage ich.

»Sagt wer?« Sie will auf mich los und fällt beinahe hin.

»Lass gut sein, Mary«, sage ich. »Heute musst du dir um deine Ration keine Sorgen machen. Jonah wird an diesem Tag so viel Freibier kriegen, wie er will.«

Mary lässt ihre Arme fallen. Sie wankt, lacht und schüttelt mir die Hand. »Bist ein guter Kumpel, Chanda. Ein guter Kumpel.«

»Genau. Aber sorg dafür, dass er um eins zu Hause ist.«

Ich schiebe mein Fahrrad durch die Menge. Die Leute weichen zurück, als fürchteten sie, ich würde auf alle einschlagen, die mir im Weg stehen. Und das würde ich auch.

6

Manchmal habe ich böse Gedanken. Wie gerade eben zum Beispiel. Als ich Jonahs Taschen durchsuchte, konnte ich nur denken: »Jonah, warum stirbst du nicht? Unser Leben würde so viel leichter sein.« Der Priester sagt, böse Gedanken sind genauso schlimm wie böse Taten. Und man muss sie beichten. Seit zwei Jahren tue ich das jede Woche. Es wird langsam peinlich.

Aber im Ernst, warum ist Mama mit Jonah zusammen? Warum kann sie nicht mit einem Mann wie Mr Selalame, meinem Lehrer, zusammen sein? Er ist klug, witzig und freundlich. Hübsch auch. Manchmal sitze ich im Unterricht und stelle mir vor, er wäre mein Papa. Er wäre der beste Papa der Welt, mal abgesehen von meinem richtigen Papa.

Manchmal sehe ich Mr Selalame auf dem Markt, mit seiner Familie. Seine Frau und er flüstern sich ins Ohr und kichern, als hätten sie eine Welt ganz für sich alleine. Einmal habe ich gesehen, wie er an einem Gemüsestand für seinen Sohn und seine Tochter mit fünf Kartoffeln und einer Rübe jonglierte. Mr Selalame kann einfach alles.

Der Priester sagt, Eifersucht ist auch eine Sünde, und ich habe schon genug Sünden zu beichten. Also, wenn ich merke, dass ich über Mr Selalames Familie nachdenke, versuche ich sofort, mich an Jonahs gute Seiten zu erinnern. Dass ich ihn nicht immer gehasst habe. Ja, wie froh ich war, als er mit Mama zusammengekommen ist.

Die meisten Männer verschwenden keinen Blick auf eine vierzigjährige Frau mit drei Kindern. Aber Jonah war nicht so. Er hat Mama immer geliebt, von Anfang an. Er hat uns Kinder behandelt, als wären wir seine eigenen. Als er zu uns gezogen ist, hat Mama wieder angefangen zu singen – hat einfach gesungen, ohne besonderen Grund. Und zum ersten Mal seit Papas Tod habe ich sie tanzen sehen.

Wenn Jonah nüchtern ist, kann er Mama noch immer zum Strahlen bringen. Er umarmt sie, hilft, wo er kann, spielt mit Soly und Iris. Dann arbeitet er auch fleißig – repariert Sachen, übernimmt Gelegenheitsjobs und verkauft Dinge, die er auf dem Müllplatz sammelt. Und das

Beste ist – er bringt Mama zum Lachen. Ich liebe ihr Lachen. Es ist kräftig und stark, es klingt nach einer Mama mit riesigen Brüsten, runden Hüften und einem weichen Bauch, auf dem Babys herumturnen können.

Früher sah Mama aus wie ihr Lachen, aber das ist vorbei. Sie hat abgenommen, aus Sorge um Sara. »Ich muss ein paar Pfund zulegen«, sagt sie, wenn sie in den Spiegel guckt. »Sei doch nicht albern«, sagt dann Jonah. »Du sieht genau richtig aus.« Dann muss sie lächeln.

Wegen dieser kleinen Dinge mochte ich Jonah, als er zu uns zog. Das ist vorbei. Seit Mamas Fehlgeburten sind Jonahs gute Tage – die Tage, an denen er nüchtern ist – immer seltener geworden. Fast jeden Abend kommen seine Freunde, um ihn zum Trinken abzuholen. Er geht immer mit. Einmal, als Sara hohes Fieber hatte, bat Mama ihn zu Hause zu bleiben. Sie stellte sich sogar in die Tür und verstellte ihm den Weg. Seine Freunde lachten. Jonah sagte, sie würde ihn bloßstellen. Er zerschmetterte ein paar Teller, um zu zeigen, wer der Boss ist, und ging auf eine einwöchige Sauftour.

Esther sagt, ich solle die positiven Seiten sehen. Jonah schlägt uns nie, egal wie betrunken er ist. Und er kommt immer zurück – zerknirscht und in Tränen aufgelöst.

»Na und?«, sage ich. »Wenn er trinkt, ist er ein total anderer Mensch. Er fällt hin, er stinkt und vor allem betrügt er Mama.«

»Sei nicht albern«, sagt Esther. »Viele Männer betrügen ihre Frauen. Überall auf der Welt.«

»Woher willst du das wissen?«

Ihre Augen nehmen einen merkwürdigen Ausdruck an. »Ich weiß es eben.«

Esther kann sich wie eine Erwachsene aufführen, wenn sie will. Ich jedenfalls weiß, dass Mama jeden anderen Mann längst vor die Tür gesetzt hätte. Aber Jonah kommt immer irgendwie mit allem durch. An dem Abend, an dem er die Teller zerschmettert hat, bin ich fast durchgedreht. »Warum schmeißt du ihn nicht raus?«, habe ich Mama vorgeworfen.

Mamas Augen blitzten. »Sag so etwas nie wieder, hörst du? Du redest von Saras Papa. Du schuldest ihm Respekt.«

»Warum?«, wollte ich wissen. »Er respektiert uns ja auch nicht.«

Mama wurde sehr still. »Ich weiß, dass es schwer ist. Aber vergib ihm. Er hat Sorgen.«

»Wer hat die nicht?«

Mama antwortete nicht. Sie bückte sich, sammelte die Scherben in ihre Schürze und schloss die Augen.

In den letzten Monaten sind Mama und ich nachts aufgeblieben, um Saras Ausschlag mit einem Aufguss aus Teufelskrallen-Wurzel zu behandeln, während Jonah mit seinen Freunden unterwegs war. Jedes Mal, wenn ich draußen einen Betrunkenen grölen hörte, fuhr ich hoch und hätte am liebsten laut geschrien. Mama nicht. Sie ließ sich nie von Saras Pflege ablenken. »Jonah hat versprochen mit dem Trinken aufzuhören«, sagte sie. »Und das wird er eines Tages auch. Du wirst schon sehen.«

Ich weiß, dass es wichtig ist, an etwas zu glauben. Trotzdem – Liebe macht blind.

7

Sobald ich vom Shebeen zurück bin, gehe ich nach nebenan zu Mrs Tafa. Ich muss sie bitten ihr Telefon benutzen zu dürfen, um unseren Verwandten zu sagen, dass Sara gestorben ist.

Ich bin nervös. Mrs Tafa und ich kommen nicht mehr so gut miteinander aus. Ich habe Mama gesagt, ich möchte sie nicht mehr ›Tante‹ nennen. Mama hat gesagt, das würde Mrs Tafa verletzten. »Na gut«, habe ich gesagt, »dann sag ich eben gar nichts.« Ich weiß nicht, ob ich mich verändert habe, ob sie sich verändert hat oder ob ich sie bloß anders sehe.

Ich weiß nur, dass Mrs Tafa am liebsten die ganze Welt regieren würde. Da sie nicht die ganze Welt regieren kann, regiert sie eben unser Viertel und ganz besonders mich und meine Familie. Bevor die Sonne zu heiß wird, marschiert sie mit ihrem großen geblümten Schirm und einem dazu passenden Taschentuch im Ärmel los und veranstaltet einen imposanten Rundgang durch die Nachbarschaft. Sie sagt, sie ginge nur herum, um ein wenig gesellig zu sein, tatsächlich aber tut sie es, um allen zu sagen, wie sie ihre Kinder großziehen oder ihr Gemüse anbauen sollen. »Wenn das mein Kind wäre«, sagt sie zu einer Mama, deren Baby gerade zahnt, »würde ich es an einer Mohrrübe lutschen lassen.«

Mrs Tafas Tour endet immer bei uns. Dann lässt Mama alles stehen und liegen, um ihr eine Tasse Tee und Kekse zu servieren. Das muss sie tun, weil Mrs Tafa uns aufgenommen hat und weil Papa und Mrs Tafas erster Mann Freunde waren und weil wir immer zu allen Feiern der Tafas eingeladen werden. Ich habe Mama gefragt, ob wir Mrs Tafa nun für immer am Hals hätten.

»Sei still«, lachte Mama. »Wir sind Nachbarinnen.«

Jedenfalls sitzt Mrs Tafa dann im Schatten unseres Hauses, isst, trinkt, tupft sich die Stirn mit ihrem Taschentuch ab, tischt dabei Mama den neuesten Klatsch auf und verlangt von Soly und Iris ihr kühle Luft zuzufächeln.

Wochentags bin ich zum Glück in der Schule, aber am Wochenende und an Feiertagen wird von mir erwartet, dass ich mich dazugeselle. Also setze ich mich auf den Boden, lese aber ein Buch oder mache Hausaufgaben. Mit so einer Ziege wie Mrs Tafa will ich nichts zu tun haben. Trotzdem höre ich zu, wenn Mama und sie sich Geschichten aus der Zeit erzählen, als wir beim Bergwerk lebten.

Die meisten Geschichten sind komisch, wie zum Beispiel die, als Mama Papa eines Abends vor der Nachtschicht schwarze Bohnen servierte – drei Teller voll. »Zwanzig Mann quetschten sich in den einen Fahrstuhl«, lacht Mrs Tafa, »und dein Joshua produziert mehr Gas als eine ganze Gasleitung! Schwarze Bohnen vor der Nachtschicht? Was hast du dir dabei bloß gedacht, Mädchen? Mein Meeshak war eine Woche lang fix und fertig!«

Mama lacht so laut, dass die Luft wackelt. »Apropos

Meeshak«, ruft sie, »weißt du noch, wie du den Fuß-boden gescheuert hast und er mit seinen Arbeitsstiefeln drübergelaufen ist? Ich werde nie vergessen, wie du ihn mit deinem Mopp die Straße rauf und runter gejagt hast!«

Mama und Mrs Tafa erinnern sich auch an andere Geschichten. Mama erzählt von den Sonderschichten, die Papa fuhr, damit wir vor einem Besuch bei unseren Verwandten in Tiro neue Sachen kaufen konnten: »Joshua hat dafür gesorgt, dass wir mit erhobenen Köpfen auftreten konnten.« Und Mrs Tafa erinnert sich an die vielen, vielen Reden, die Papa an Jahrestagen, Geburtstagen, Straßenfesten und Unabhängigkeitstagsfeiern halten musste – und natürlich an seine Streiche und seine Erfolge beim Beindrücken.

Sie reden auch über Papas Mut. Wie er Meeshak half eine alte Frau zu retten, die bei einem Brand im Rathaus eingeschlossen war. Und über seinen langen Kampf um die Organisation einer Gewerkschaft für die Bergarbeiter. »Die Bosse und ihre verdammten Handlanger hätten Leute umgebracht, um zu erfahren, wo die Gewerkschaft ihre Versammlungen abhielt.« Mrs Tafa klatscht sich aufs Knie. »Es war dein Joshua, der sie hinters Licht geführt hat mit seinem Geheimcode aus Dorfliedern und Vogelgezwitscher.«

Ich kenne alle Geschichten auswendig, aber ich kann sie gar nicht oft genug hören. Jedes Mal ist es so, als wäre Papa wieder lebendig.

Wenn Mrs Tafa nur bei den Geschichten bleiben könn-te. Aber das kann sie nicht. Sie muss immer alles verderben. Bevor sie geht, guckt sie sich um und sagt: »Wenn es dir nichts ausmacht, möchte ich dir sagen ...« oder: »Dem Weisen genügt ein Wort ...« oder »Ich möchte ja nicht aufdringlich sein, aber ...« Dann folgt eine grobe Bemerkung darüber, wie Mama sich anzieht, wie sie ihren Haushalt führt oder wie sie mit Iris, Soly und mir umgeht.

Mama unterbricht sie mit einem Lächeln. »Also, Rose«, sagt sie, »ich dachte, wir wären uns einig, darüber nicht zu reden.«

»Ich will doch nur helfen«, protestiert Mrs Tafa. Dann erhebt sie sich, lässt ihren Schirm rotieren und schwenkt ihren dicken fetten Hintern durchs Tor hinaus.

Einmal habe ich Mama gefragt, warum Mrs Tafa so gemein ist.

Mama hat gelacht. »Sie ist nicht gemein. Sie ist Mrs Tafa. Mach dir nichts draus. Sie meint es gut.«

Ich bin sicher, dass auch Schweine es gut meinen, dachte ich, aber trotzdem bleiben sie Schweine.

Mama sah mir meinen stummen Widerspruch an. »Spar dir deinen Ärger für den Kampf gegen Ungerechtigkeit. Ansonsten bemüh dich um Nachsicht«, flüsterte sie und strich mir über die Wange. »Denk dran, alle haben Probleme. Mrs Tafas Problem ist, dass sie sich wichtig tun muss.«

Mama ist zu gutmütig. Mrs Tafa *hat* kein Problem: Mrs Tafa *ist* ein Problem. Sie ist so aufgeblasen, dass ich mir vorstelle, sie verwandelt sich in einen Heißluftballon und schwebt in den Sonnenuntergang. Wenn sie zum

Himmel gesegelt ist, wird sie den Engeln erzählen, wie sie ihre Wolken zu putzen haben. Und es wird immer schlimmer mit ihr.

Sie kann sich das erlauben, weil sie reich ist, jedenfalls für die hiesigen Verhältnisse. Die Tafas haben alle Zimmer vermietet, die Mr Tafa gebaut hat, und abgesehen davon ist Mr Tafa bei der United Construction zum Vorarbeiter der Maurer aufgestiegen. Das hat dazu geführt, dass sich die Tafas Telefon, Strom und fließendes Wasser anschaffen konnten.

Mrs Tafa prahlt damit, dass ihr Mann mit dem Computer seiner Firma ins Internet kann und sie E-Mails an Freunde und Verwandte schicken können, die nach Nordamerika und Europa ausgewandert sind. Und als wäre das noch nicht genug, hat Mrs Tafa eine Putzfrau angestellt, die einmal in der Woche kommt. Es sei anstrengend, die Putzfrau anzuleiten, sagt Mrs Tafa. Dabei sitzt sie bloß im Liegestuhl und trinkt Limonade. Ich hoffe, sie trinkt so viel, dass sie nicht mehr hochkommt.

Der Priester sagt, dass böse Gedanken dem Menschen schaden, der sie denkt. Trotzdem – es ist schwer, nicht auf böse Gedanken zu kommen, wenn jemand reich ist und alle anderen herumkommandiert. Vor allem, wenn dieser Jemand Mrs Tafa ist.

Als ich durch die Pforte komme, sitzt Mrs Tafa unter einem Baum auf einem Liegestuhl, ein Kissen im Rücken. Ihre Tochter hat ein paar Enkelkinder vorbeigebracht. Sie sitzen zu Mrs Tafas Füßen und schlürfen aus Plastikbechern Saft. Die Älteste fächert Mrs Tafa mit einer riesigen Fliegenklatsche kühle Luft zu. Iris und Soly gucken durch die Kakteenhecke, die unsere Grundstücke trennt.

Mrs Tafa ruft mir einen Gruß zu: »Hallo!«

»Hallo!«, erwidere ich und nicke ihren Enkelkindern zu.

Mrs Tafa macht sich nicht die Mühe aufzustehen, sie deutet nur auf die Bank ihr gegenüber. »Ich war heute Morgen bei euch«, sagt sie, »aber es hat niemand aufgemacht.«

»Tut mir Leid.« Ich setze mich. »Es ist etwas Schreckliches passiert.«

»Ich habe es gehört.« Das erstaunt mich nicht. Sie hat Ohren wie ein Elefant.

Ich starre Iris und Soly an. »Hört auf zu lauschen, geht eure Steine stapeln.« Sie tun es. »Mama will nicht, dass sie es wissen«, flüstere ich.

»Da hat sie Recht.« Mrs Tafa nickt verständig. »Es gibt keinen Grund, die Kleinen in so etwas reinzuziehen.« Sie scheucht ihre Enkelkinder fort. »Also ... du möchtest mein Telefon benutzen?«

»Ja bitte, wenn das geht. Ich muss Mamas Familie Bescheid sagen.«

»Das sollte deine Mama tun.«

»Sie möchte bei Sara bleiben.«

»Aha.« Pause. Mrs Tafa reckt ihre Arme, dass das Fett schwabbelt. »Viele Leute wollen mein Telefon benutzen«, sagt sie schließlich. »Wenn ich das alle tun ließe, würde ich nie zur Ruhe kommen.« Sie legt den Kopf zur Seite und wischt sich die Schweißtropfen vom Kinn.

»Ich weiß und es tut mir auch Leid, dass ich stören muss.« Ich hole tief Luft. »Es ist nur ... ich habe gehofft, es würde dir nichts ausmachen ... ich meine, du bist doch meine ›Tante‹ Rose.«

Mrs Tafa lächelt. Sie saugt den Rest Limonade durch den Strohhalm. »Wer macht die Bestattung?«

»Mr Bateman.«

»Aha.« So wie sie das sagt, komme ich mir vor wie der letzte Dreck.

»Ich war noch woanders«, lüge ich, »aber die waren alle voll.«

»Du musst dich nicht entschuldigen. Die Leute werden das verstehen«, sagt Mrs Tafa. »Außerdem, Mr Bateman hat den Jungen von Moses bestattet, keine Beanstandungen. Trotzdem, du hättest zu mir kommen sollen. Ich habe Verbindungen.«

»Tut mir Leid, Tante.« Ich rutsche auf meinem Platz herum. »Und, kann ich jetzt das Telefon ...?«

»Wen willst du denn alles anrufen?«

»Nur einen. Den Ladenbesitzer in Tiro. Er kann meiner Mama-Granny Thela Bescheid sagen. Sie sagt es dann allen anderen.«

Mrs Tafa saugt Luft durch die Zähne. »Tiro. Das ist dreihundert Kilometer entfernt. Gespräche nach Tiro sind nicht gerade billig.«

»Mama wird es ersetzen.«

Mrs Tafa winkt ab. »Sei nicht albern. Ich bin deine

Tante. Ich helfe doch gerne.« Sie hievt ihren Körper aus dem Stuhl und begleitet mich ins Haus.

Während ich darauf warte, dass die Vermittlung die Verbindung herstellt, wischt ›Tante‹ Staub auf dem kleinen Tischchen neben dem Telefon, wo der Schrein ihres jüngsten Sohnes Emmanuel aufgebaut ist: Emmanuels Taufzeugnis, sein Foto für die Universität, die Traueranzeige und ein Umschlag mit einer Babylocke. Emmanuel ist vor zwei Jahren, zwei Wochen nachdem er ein Stipendium für ein Jurastudium in Johannesburg bekommen hatte, bei einem fürchterlichen Jagdunfall gestorben. Der Sarg blieb geschlossen. Das Leben ist ungerecht.

Der Ladenbesitzer, Mr Kamwendo, nimmt das Gespräch an. Mrs Tafa kniet neben Emmanuels Foto und tut so, als würde sie beten, aber ich sehe, dass sie lauscht.

Ich erkläre dem Ladenbesitzer, dass Sara gestorben ist und dass die Beerdigung am Donnerstag ist. Mr Kamwendo sagt, er werde die Nachricht an meine Mama-Granny weitergeben und fragt, ob die Familie uns unter dieser Nummer erreichen könne. Ich unterbreche Mrs Tafas Gebet, um nachzufragen. Sie seufzt schwer, aber ich sehe, dass sie so glücklich ist wie eine Kuh, die einen Fladen fallen lässt: Sie wird diejenige sein, die alle Nachrichten für uns aus erster Hand erfährt.

Ich lege auf. Mrs Tafa erhebt sich ächzend, bringt mich zurück nach draußen und lässt sich in ihren Liegestuhl fallen.

»Nochmals vielen Dank, dass ich das Telefon benutzen durfte, Tante«, sage ich. Ich senke meinen Kopf. Sie gibt mir einen flüchtigen Kuss. Für einen Moment versuche ich sie zu mögen.

»Die liebe, kleine Sara«, tröstet sie mich. »Ihr Tod ist eine große Tragödie, genau wie der meines gesegneten Emmanuels. Wenigstens sind beide rein gestorben.«

Meine Beine geben beinahe nach. »Wie bitte?«

»Sie waren unschuldig. Niemand kann irgendwelche Gerüchte verstreuen, woran sie gestorben sein könnten. Niemand kann mit dem Finger auf ihre Familien zeigen und tratschen.« Sie tippt sich an die Nase. »Ich will ja nichts sagen, aber du solltest dich in Acht nehmen vor dieser Freundin von dir, dieser Esther.«

»Was soll das heißen?«

»Mögen ihre Eltern in Frieden ruhen, aber ich hoffe, dass sie die Bettwäsche verbrannt und das Geschirr vergraben hat.«

»Wie kannst du so etwas sagen?«

»Ich will dir nicht zu nahe treten«, warnt sie, »aber ich habe meine Quellen.«

»Mit Esther ist alles in Ordnung. Ihre Mama ist an Krebs gestorben. Ihr Papa an Tbc. Genau so, wie es auf der Beerdigung gesagt wurde.«

»Natürlich, und du hast von mir auch nichts anderes zu hören bekommen. Deine Tante möchte dich nur beschützen, weiter nichts.« Sie blinzelt vielsagend. »Dem Weisen genügt ein Wort: Was die Leute gesagt haben, ist das eine, was die Leute sagen, ist das andere.«

»Ich weiß nicht, was du meinst.«

»O doch, das weißt du wohl«, flüstert sie. »O doch.«

8

Mrs Tafa hat Recht. Ich *weiß*, was sie meint. Neue Fried-höfe sind voll, kaum dass sie eröffnet wurden. Offiziell sind die Leute an Lungenentzündungen, Tbc und Krebs gestorben. Aber das ist eine Lüge und alle wissen es.

Die wirkliche Ursache für die vielen Todesfälle ist etwas anderes. Eine Krankheit, die zu furchteinflößend ist, als dass man ihren Namen laut sagen könnte. Wenn erzählt wird, man hätte diese Krankheit, kann es gesche-hen, dass man seinen Job verliert. Dass die eigene Fami-lie einen rausschmeißt. Dass man alleine auf der Straße stirbt. Also verhält man sich still, verrät niemandem etwas. Nicht nur, um sich selbst zu schützen, sondern auch, um die zu schützen, die man liebt, um den guten Ruf der Ahnen zu wahren. Sterben ist schrecklich. Aber schlimmer noch ist es, alleine zu sterben, voller Angst und Scham, mit einer Lüge.

Gott sei Dank hat niemand »AIDS« geflüstert, als Esthers Eltern krank wurden. Ihr Papa hatte Husten und ihre Mama einen blauen Fleck. So einfach fing es an.

Anfangs war der blaue Fleck von Mrs Macholo so klein, dass ich ihn kaum bemerkt habe. Monate vergingen, be-vor mir auffiel, dass er nicht verschwand. Er war größer geworden, dunkler – und neue Flecken tauchten auf. Kurz darauf begann Mrs Macholo, ihre Arme und Beine mit großen Tüchern und langen Röcken zu bedecken.

Gleichzeitig wurde Mr Macholos Husten schlimmer.

An manchen Tagen hörte man ein trockenes Rasseln. An anderen Tagen ein Gurgeln, als wären seine Lungen voll mit sämiger Suppe. Dann spuckte Mr Macholo massenhaft Schleim in eine Schale und hustete dabei so furchtbar, dass ich dachte, seine Lungen würden zerfetzen.

Als er seinen letzten Anfall hatte, war ich gerade bei Esther zu Besuch. Wir schrien um Hilfe, während sich Mr Macholo auf dem Boden herumwälzte, keuchte und nach Luft schnappte – eine Ewigkeit lang, wie uns schien. Er erstickte an seinem eigenen Erbrochenen.

Danach brach Esthers Mama zusammen. Es war, als wäre sie am Leben geblieben, um ihren Mann zu versorgen. Nun lag sie im Bett und weigerte sich zu essen.

»Sie hat einen Tumor hinter der Schläfe, der so groß ist wie ein Ei«, weinte Esther. »Der wächst in ihr Hirn. Sie ist fast blind und manchmal richtig verrückt. Sie weiß nicht mehr, wo sie ist. Sie weiß noch nicht mal, dass ich da bin.«

Esther blieb zu Hause und pflegte ihre Mutter. Mittags fuhr ich mit dem Rad zu ihr, um ihr zu helfen. Eines Tages war die Straße voller Gaffer. Mrs Macholo stolperte im Vorgarten herum, schwang einen Rechen und schrie, sie würde von Löwen gefressen. Esther und ich schafften es nur mit der Hilfe von drei Nachbarn, sie zurück ins Haus zu bringen.

Als der Arzt kam, schob Esther die Nachbarn hinaus.

»Der Teufel will mich holen«, schrie ihre Mama. Dann brach wirres Gerede aus ihr heraus.

Der Arzt gab ihr ein Beruhigungsmittel und untersuchte sie. Esther und ich hockten zusammen mit Esthers Geschwistern dicht aneinander gekauert im großen Zimmer auf dem Fußboden. Als der Arzt aus dem Schlafzimmer kam, nahm er Esther und mich beiseite. Er dachte, ich gehörte zur Familie. Esther sagte nichts.

»Da kann man nichts machen«, sagte er. »Tut mir Leid. Ich würde ihr gerne ein Bett im Krankenhaus anbieten, aber es ist keins frei. Es muss immer jemand bei ihr sein, sie auf die Toilette bringen, sie sauber halten, sie waschen ... Habt ihr eine Tante, die für ein paar Wochen herkommen könnte?«

»Ich weiß nicht«, sagte Esther.

»Wir müssen mit den Schmerzmitteln haushalten«, fuhr der Arzt fort. »Ich werde mich um einen Gurt kümmern – sie muss angebunden werden. Ich werde auch Desinfektionsmittel und eine Schachtel Gummihandschuhe besorgen. Die müsst ihr immer tragen, wenn ihr sie anfasst.«

»Sie ist unsere Mama«, sagte Esther. »Wir werden sie nicht wie Müll behandeln.«

»Es ist zu eurem eigenen Schutz. Körperflüssigkeiten werden austreten. Fäkalien.«

»Das macht doch nichts. Wir waschen uns die Hände. Krebs ist nicht ansteckend.«

Der Arzt hielt inne. »Ich denke, das ist etwas anderes als Krebs. Ich möchte einen HIV-Test machen. Ihr und eure Geschwister solltet euch auch untersuchen lassen.«

»Nein«, sagte Esther entsetzt.

»Man sollte die Wahrheit kennen.«

»Beleidigen Sie meine Mama nicht. Beleidigen Sie meine Familie nicht.«

»Ich beleidige niemanden.«

»Doch, tun Sie wohl.« Esther hob die Fäuste. »Sie sagen, meine Familie ist dreckig. Dass mein Papa meine Mama betrogen hat. Oder dass meine Mama drogensüchtig ist.«

»Ich habe nichts dergleichen gesagt.«

»Woher sollten sie sonst den Virus haben?«

»Miss Macholo«, protestierte der Arzt. »Mich interessiert nur, *was* sie hat. Nicht, wo sie es herhat.«

»Raus hier!«, schrie Esther. »Verschwinden Sie.«

Als der Arzt gegangen war, sah mich Esther voller Entsetzen an.

»Keine Sorge«, flüsterte ich. »Ich sage kein Wort.«

Ich hielt mein Versprechen. Ich tat so, als wäre alles ganz normal. Vielleicht war es das ja auch. Krebs ist Krebs, und viele Bergarbeiter bekommen Tbc. Das sagten auch alle bei der Beerdigung. Für den Priester »kam der Tod auf Zehenspitzen durch die Tür, als niemand hinsah. Das kann jedem passieren«.

Mit jedem Monat, der nach Mrs Macholos Tod verging, war mir leichter zumute. Ich war immer mehr davon überzeugt, dass Esther mittlerweile in Sicherheit war. Aber wenn Mrs Tafa hinter vorgehaltener Hand flüstert, wie viele andere Gerüchte mögen dann in der Luft liegen, sich wie Keime verbreiten, die Köpfe infizieren? Wie lange wird es dauern, bis all das laut ausgesprochen wird? Und was dann?

Ich gehe betont locker, als ich Mrs Tafa verlasse, damit sie nicht merkt, wie sehr sie mich durcheinander gebracht hat. Iris und Soly hocken vor unserem Grundstück am Straßenrand.

»Na, was macht ihr da?«

»Wir beobachten Ameisen«, sagt Iris ohne aufzublicken. »Sie tragen eine tote Fliege.«

Soly nickt. »Es ist eine Parade.«

»Es ist keine Parade«, korrigiert ihn Iris. »Es ist eine Beerdigung. Sie bringen die Fliege zum Fliegenfriedhof und beerdigen sie dort.«

»Das finde ich nicht schön. Ich sage, es ist eine Parade.«

Iris starrt ihn an. Sie nimmt die Fliege am Flügel und schüttelt die Ameisen ab. Dann marschiert sie los, mit Soly im Schlepptau. »Es gibt keine Parade. Wir machen eine Beerdigung. Verstehst du? Ich bin der Priester, ich muss die Gebete sprechen. Du bist einer von den Trauernden, du musst weinen.«

Ich lasse sie streiten und betrete unseren Vorgarten. Mein Herz bleibt stehen. Neben der Kaktushecke liegt Esther, an einer Seite ihr Fahrrad, an der anderen ihre Schultasche. Sie muss gekommen sein, als ich bei Mrs Tafa war.

Wie kommt das, dass die Leute immer dann auftauchen, wenn man von ihnen spricht? Als hätten sie Antennen, mit denen sie ihre Namen meilenweit hören können.

»Hallo!«, rufe ich ihr zu.

Esther steht auf, reibt sich die Augen und winkt mir zu. In den Armbändern an ihren Armen spiegelt sich das Sonnenlicht. »Ich bin gleich gekommen, als ich es gehört habe«, sagt sie und umarmt mich.

Mrs Tafa wirft uns von ihrem Liegestuhl aus einen bösen Blick zu.

»Komm, wir gehen ein Stück«, sage ich.

Arm in Arm laufen wir zum Park. Auf dem Weg denke ich andauernd: Wie viel hat Esther gehört? Hat sie geschlafen, während Mrs Tafa über ihre Familie herzog?

Der Park ist ein Sandplatz mit ein paar Flecken Unkraut, ein paar Schaukeln und einer Wippe. Wir setzen uns auf die Schaukeln und drehen uns, bis die Ketten sich verzwirbelt haben. Dann nehmen wir die Füße vom Boden und schwingen herum. Esther lacht. Sie hat es immer noch gern, wenn ihr schwindelig wird.

Als die Schaukeln stillstehen, starren wir auf den Boden und scharren mit den Zehen im Sand.

»Chanda«, sagt Esther schließlich, »du weißt, dass ich immer deine Freundin sein werde, stimmt's?«

»Stimmt.«

»Ich meine, selbst wenn die Leute schreckliche Sachen über deine Familie sagen ... selbst dann bin ich deine Freundin.«

Mir läuft ein Schauer den Rücken runter. »Was sagen die Leute?«

»Nichts. Aber falls sie es tun.« Eine gequälte Pause. Dann sagt Esther: »Und wenn die Leute Gerüchte über *meine* Familie verbreiten?«

»Wie bitte?«

»Du hast gehört, was ich gesagt habe. Wenn die Leute Gerüchte über *meine* Familie verbreiten, würdest du dann immer noch meine Freundin sein?«

Ich versuche, nicht zu blinzeln. Aber so wie Esther klingt, sind mir zwei Dinge klar: Esther hat gehört, was Mrs Tafa gesagt hat. Und es stimmt, was Mrs Tafa angedeutet hat.

Was nun? Ich überlege. Ganz tief im Innern habe ich eigentlich gewusst, dass ihre Eltern AIDS hatten. Also hat sich nichts geändert. Aber wenn sich nichts geändert hat, warum habe ich dann Angst?

»Sag schon«, drängt sie mich, »würdest du dann immer noch meine Freundin sein?«

»Hör auf, so einen Blödsinn zu erzählen. Das bringt Unglück.«

»Beantworte meine Frage.«

In der Schule habe ich die Fakten gelernt. HIV wird nur durch Blut und Samen übertragen. Trotzdem – wenn behauptet wird, man hätte AIDS, gehen einem die Leute aus dem Weg. Und den übrigen Mitgliedern der Familie auch.

Esther springt von ihrer Schaukel und kommt auf mich zu. »Würdest du dann immer noch meine Freundin sein oder nicht?«

Ich zucke zusammen und weiche zurück. Ihre Augen füllen sich mit Tränen. Sie dreht sich um und rennt weg.

»Warte!« Ich hole sie ein, drehe sie zu mir herum, umarme sie und drücke ihr auf beide Wangen einen Kuss.

»Natürlich werde ich trotzdem deine Freundin sein. Deine beste Freundin.«

Esther drückt mich fest. »Ich wusste, dass du das sagen würdest«, lacht sie. »Wir sind für immer Freundinnen. Egal, was kommt, du lässt mich nicht im Stich. Ich wusste es.«

Aber das stimmt nicht, sie hat es nicht gewusst.

Und bis eben wusste ich es auch nicht.

9

Mama steht an der Straße, als Esther und ich zurückkommen. Sie flüstert mir zu, dass Iris und Soly nicht da sein sollen, wenn Mr Bateman kommt. Esther bietet an, mit ihnen ins Zentrum zum Mittagstisch vom YMCA zu fahren, wo sie warmes Essen und Cola bekommen.

Iris und Soly überschlagen sich fast, als sie das hören. Busfahren ist für sie das größte Abenteuer der Welt. Und sie lieben Esther. Sie lässt sie ihren Schmuck anprobieren. Dass er nicht echt ist, macht ihnen nichts. Das Zeug ist bunt und glitzert und die beiden können den ganzen Tag damit zubringen, König oder Königin zu sein oder die Legenden nachzuspielen, die ich aus Mr Selalames Englischunterricht kenne und ihnen erzählt habe.

Ich gebe Esther ein bisschen Kleingeld und sage ihr, sie soll hinterher mit den Kindern auf den Markt gehen; vielleicht finden sie bei einem der Händler ein kleines Spielzeug, das die beiden in den nächsten Tagen beschäftigt, oder ein paar Ringe, so dass sie eigenen Schmuck haben.

Sobald die drei fort sind, geht Mama zurück zu Sara und ich mache mich daran, die Suppe für den Abend zuzubereiten. Ich stelle zwei Eimer auf die Schubkarre und gehe Wasser holen. Die Schlange ist nicht sehr lang. Die Leute haben von Saras Tod gehört und schenken mir ein paar mitfühlende Worte.

Als ich zurück bin, mache ich ein kleines Feuer, kippe Wasser in den Topf, werfe Knochen und Wurzelgemüse hinein, füge etwas von dem getrockneten Hühnchen hinzu, das an einem Draht am Küchenfenster hängt, und setze den Topf aufs Feuer, damit das Ganze den Nachmittag über köcheln kann. Dann fege ich vor der Eingangstür, so dass alles sauber ist, wenn Mr Bateman kommt. Danach gibt es weiter nichts zu tun, als auf einem Hocker zu sitzen und zu warten.

Mr Bateman kommt um halb zwei. Ich laufe zum Auto und drücke ihm das Geld in die Hand. »Tut mir Leid, dass ich so spät dran bin«, sagt er. »Mir ist plötzlich noch ein Kunde dazwischengekommen.«

Er ist nicht der Einzige, der spät dran ist. Jonah ist noch nicht da. Überrascht mich das?

Mama begrüßt Mr Bateman an der Tür und führt ihn

in den Schlafraum. Dort liegt Sara. Sie hat ihr gutes Kleid an und hält eine Blume aus dem Garten in der Hand. Meine Schwester sieht winzig und kalt aus.

»Was für ein liebes, süßes Ding«, sagt Mr Bateman. »Wie traurig.«

Er wickelt Sara in ein dünnes Baumwolltuch, näht es mit losen Stichen an den Seiten zusammen und schreibt mit grauer Kreide eine Nummer darauf. »Wir werden sie mit äußerster Sorgfalt behandeln«, verspricht er. »Übermorgen um drei können Sie sie abholen.«

Mama nickt schweigend. Sie küsst das Bündel und schaut zu, wie Mr Bateman es auf den Rücksitz seines Autos legt. Als er losfährt, winkt sie zum Abschied. Nachdem das Auto um die Ecke gebogen ist, steht sie ganz verloren da.

»Mama?«, flüstere ich. Ich möchte sie in den Arm nehmen, aber sie hebt eine Hand und schließt die Augen. Ein tiefer Atemzug und ihre Augen öffnen sich. Sie starrt ins Nichts, geht langsam ins Haus und schließt die Tür. Dann höre ich sie laut schluchzen.

Iris und Soly kommen mit gelben Blechringen und einem neuen Spielzeug nach Hause. Ein viereckig gebogener Kleiderbügel mit vier Getränkedosen als Rädern. Soly besteht darauf, dass es ein Lastwagen ist. Iris sagt, es ist ein Bus.

Ich lade Esther zum Abendessen ein, aber sie sagt, sie will lieber nach Hause zu ihrer Tante, weil sie sonst Prügel riskiert. Wir umarmen uns und sie radelt davon.

Am Mittwoch will sie wiederkommen, um uns beim Kochen für das Trauerfest zu helfen.

Sobald sie fort ist, schöpfe ich Suppe in unsere Schalen und wir setzen uns an den Tisch zum Essen. Mamas Augen sind geschlossen. Iris und Soly tun so, als würden sie das nicht merken. Beide sind sehr still.

»Was ist los?«, frage ich.

Iris starrt auf ihren Löffel. »Wo ist Sara?«

Ich blicke Mama an. Sie rührt sich nicht.

»Sara macht einen Ausflug«, sage ich vorsichtig. Ich sehe wie Mama leise nickt.

Stille.

Iris runzelt die Stirn. »Warum durften wir nicht mit?«

»Ihr habt mit Esther einen Ausflug gemacht.«

»Oh.«

Wieder Stille.

Soly: »Wann kommt sie zurück?«

»Ihr seid ganz schön neugierig«, sage ich. »Hat euch die Busfahrt Spaß gemacht?«

»War okay.« Sie zappeln nervös herum, voller Fragen, aber es ist klar, dass ihnen niemand eine Antwort geben wird. Es ist auch klar, dass sie sich nicht so sicher sind, ob sie eine Antwort *wollen*.

Wir gucken zu, wie die Suppe kalt wird. Schließlich stehe ich auf und kippe den Inhalt unserer Schalen zurück in den Topf. »Ihr könnt aufstehen«, sage ich.

Iris und Soly verziehen sich in eine Ecke und spielen mit ihrem Spielzeug. Ich spüle das Geschirr, zünde die Lampen an und wechsele das Bettzeug der Matratze, auf der Sara lag. Dann setze ich mich und versuche den Text für den Englischunterricht zu lesen. Aber die Wörter lassen sich nicht einfangen, sie schwimmen auf der Seite herum, bis ich ganz durcheinander bin.

Iris zupft an meinem Ellbogen, Soly steht neben ihr. »Was ist mit Mama los?«, flüstert sie. Ich blicke hinüber. Mama sitzt immer noch mit geschlossenen Augen am Tisch.

»Nichts ist mit Mama los«, flüstere ich. »Sie denkt bloß nach, das ist alles.« Das überzeugt Iris nicht. »Du hast Mama doch schon oft nachdenken sehen.«

»Aber nicht so.«

»Heute Abend hat sie eben ein bisschen mehr nachzudenken als sonst.«

»Worüber denn?«

»Zum Beispiel über Sachen, die dich nichts angehen.« Ich streichele ihr die Wange. »Keine Bange. Es ist alles in Ordnung. Mama wird nicht mehr lange nachdenken.«

Das stimmt sogar. Plötzlich klopft es an der Tür.

»Ich bin's!«, ruft Mrs Tafa von draußen.

Mama öffnet schlagartig die Augen. Sie klopft sich auf die Wangen, strafft die Schultern und macht die Tür auf.

Mrs Tafa schließt Mama in ihre Arme. »Bist du also endlich bereit Besuch zu empfangen!« Sie wölbt eine Hand vor Mamas Ohr. »Oh, Lilian, ich weiß, wie das ist, wenn man ein Kind verliert. Als mein Emmanuel von uns gegangen ist, hätte ich mich am liebsten zu ihm ins Grab geworfen.« Sie tritt zurück. »Wie dem auch sei, ich möchte dich nicht weiter aufhalten. Ich wollte dir nur sagen, dass deine Verwandten aus Tiro angerufen haben.«

»Ich komme gleich rüber«, sagt Mama.

»Nicht nötig. Ich habe die Nachricht entgegengenommen«, strahlt Mrs Tafa. »Ich meine, wofür sind Freundinnen denn da?« Sie watschelt an Mama vorbei und lässt sich auf einen Stuhl fallen. »Deine Schwester Lizbet wird die Familie vertreten. Sie kommt morgen mit dem Bus. Deine anderen Geschwister lassen dir alles Liebe ausrichten und ihr Beileid, aber sie schaffen es nicht herzukommen, nicht so kurzfristig, sie haben niemanden, der nach dem Vieh guckt. Habe ich noch was vergessen?« Sie klopft sich an den Kopf. »Oh, ja, deine Tochter Lily und ihr Mann wollten kommen, aber Lily hat einen dicken Bauch – Glückwunsch – und sie hat Angst, sie könnte unterwegs gebären, so wie die Straßen sind. Und deine Mama muss deinen Papa versorgen. Er liegt im Bett, er hat's mit den Knochen, du sollst dir aber keine Sorgen machen.«

Sie gießt sich ein Glas Wasser ein. »Auf alle Fälle«, fährt sie fort, »wollen sie ihren Beitrag zum Trauerfest leisten. Sie wollen Lizbet ein paar Säcke mit Maismehl, Zwiebeln, Mohrrüben und Kartoffeln mitgeben. Und Salz. Die Kuh soll dann dein Mann besorgen. Ach, und wer ist eigentlich Tuelo Malunga?«

»Ein Freund der Familie«, sagt Mama mit gepresster Stimme.

»Also, dein Papa sagt: ›Sag Lilian herzliches Beileid von Tuelo Malunga. Und sag ihr, dass er und seine Frau gerade den achten Jungen bekommen haben.‹ Sind alles Jungs in der Familie, sagt dein Papa. Das muss ein prächtiger Kerl sein, dieser Tuelo Malunga.«

»So hat Papa das auch immer gesehen.«

Mrs Tafa wirft einen Blick auf Iris und Soly. »Übrigens«, flüstert sie, »wisst ihr schon, wohin mit den Kleinen während der Du-weißt-schon?«

»Jonahs Schwester Ruth wird sie nehmen, denke ich mal.«

»Gut.« Sie zögert. »Ich will dir ja nicht zu nahe treten, aber wo ist Jonah?«

Als Mrs Tafa endlich geht, haben wir alle Kopfschmerzen. Aber durch ihren Besuch ist Mama wenigstens wieder wie immer geworden. Sie tätschelt Iris und Soly den Kopf und sagt, sie sollen sich bettfertig machen. Nachdem sie die Zähne geputzt haben, auf dem Klo waren und sich die Hände gewaschen haben, deckt sie die beiden sorgfältig zu.

Iris lässt ihren Arm nicht los. Sie ist nicht mehr so aufgedreht.

»Was ist los?«, fragt Mama.

»Nichts«, antwortet Iris.

Mama reibt ihre Nase an der von Iris. »Kannst du mir sagen, was dieses Nichts bedeutet?«

Iris zittert. »Hast du Sara weggegeben?«

»Ja«, sagt Soly und wiederholt: »Hast du Sara weggegeben?«

»Wie kommt ihr denn auf so etwas?«

66

»W-weil du Mrs Tafa gesagt hast, wir kommen zu Tante Ruth.«

Mama schüttelt den Kopf. »Das war nicht für eure Ohren bestimmt.«

»Wir haben es aber gehört«, weinen sie. »Bitte, gib uns nicht weg! Bitte, Mama!«

»Niemand gibt irgendjemanden weg«, sagt Mama bestimmt. Sie umarmt beide ganz fest. »Sara ist auf einem Ausflug, weiter nichts. Tante Ruth nimmt euch nur für zwei Tage, weil uns eine Menge Erwachsene besuchen werden. Da würdet ihr euch nur langweilen.«

»Nein, würden wir nicht.«

»Doch, würdet ihr wohl. Bei Tante Ruth sind Cousins und Cousinen, mit denen ihr spielen könnt, und eh ihr euch verseht, seid ihr schon wieder zu Hause bei Chanda und mir.« Pause. »Einverstanden?«

Das Jammern lässt nach. Iris sagt: »Schläfst du heute Nacht bei uns, Mama? Bitte!«

»Natürlich.« Sie küsst beide Kinder aufs Haar. »Ich habe euch lieb. Vergesst das nie.«

Als Mama aufsteht, guckt Iris ihr in die Augen. Mit klarer, ruhiger Stimme sagt sie: »Macht Sara denselben Ausflug wie der Papa von Soly?«

Mama holt tief Luft. »Ja.«

Es folgt eine lange Stille. Niemand weint. Mama und ich gehen still hinaus. Als ich an der Tür bin, höre ich Soly flüstern: »Iris ... werden wir Sara wiedersehen?«

»Ja«, flüstert Iris ernst. »Eines Tages, eines Tages wird die Welt verschwinden und dann werden wir alle wieder zusammen sein. Sara und dein Papa und Chandas Papa und alle. Sie reservieren schon jetzt einen Platz für uns.«

»Wo?«

»Das ist ein Geheimnis.«

»Aber wo?«

»An dem schönsten Ort, den du dir vorstellen kannst.«

»Wo ist das?«

»Das erfährst du, wenn du älter bist«, flüstert Iris wie eine Mama.

»Ich will es jetzt wissen.«

»Pech gehabt.« Die Mama-Stimme ist verschwunden. »Schlaf jetzt.«

»Erst wenn du mir sagst, wo. Woooo? Wo-wo-wo-wo-wo?«

»Schlaf jetzt oder . . .«

»Oder was?«

Iris knufft ihn. Er kichert. Sie knufft doller.

»Au.«

»Was ist da los?«, frage ich in meiner strengen Große-Schwester-Stimme.

»Nichts«, kommt von beiden. Einen Moment sind sie ruhig, bis sie denken, dass ich weg bin. Dann Kichern, dann »Pssst« und kurz darauf ist alles still.

Ich wache mitten in der Nacht auf. Vor dem Haus wird gelärmt, lautes Singen, Fluchen, jemand kickt eine Dose gegen die Schubkarre. Jonahs Freunde liefern Jonah zu Hause ab. Sie schieben ihn Richtung Haus und rennen weg.

Jonah torkelt auf die Tür zu. Er ist zu betrunken, um den Riegel zu öffnen. Er nuschelt ein paar Worte, dann sinkt er bewusstlos zu Boden. Im Mondlicht sehe ich Mama in der anderen Ecke des Zimmers, neben Iris und Soly. Sie hat die Augen auf. Sie starrt an die Decke.

Meistens helfe ich ihr, Jonah nachts ins Haus zu zerren. Ich lasse ihn auf die Matratze fallen und überlasse es ihr, ihm die Schuhe auszuziehen.

Mama sagt, ich solle Jonah nicht verurteilen, es gebe Gründe, warum er trinkt. Kann ja sein. Aber im Augenblick ist mir das völlig egal. Mama auch. Wir liegen im Bett und hören ihn schnarchen.

10

Der Bus aus Tiro ist ein Pritschenwagen. Er hält überall an, wo die Leute auf der Straße ihn heranwinken oder wo sie aussteigen wollen. Dienstag ist normalerweise ein ruhiger Reisetag, daher erwarten wir Tante Lizbet am frühen Nachmittag. Sie kommt nach Einbruch der Dunkelheit mit einer Tasche und drei Säcken voll Gemüse.

»Das Benzin war alle. Der Fahrer ist mit einem Maultierkarren zur nächsten Tankstelle gefahren, wir mussten stundenlang warten. Mein Gott, dabei war ich schon seekrank von dem ewigen Geschuckel und Geruckel auf euren Zwiebeln.« Sie bricht zusammen. »Ich kann nicht laufen. Ihr müsst mich tragen. Und ich brauche Eis für meinen Rücken.«

Mama und ich kreuzen die Arme und fassen uns an den Händen. Tante Lizbet hievt sich hinauf. Sie krallt sich an unseren Schultern fest und wir schleppen sie ins Haus, bis zum Schaukelstuhl. Während sie immer noch jammert, hole ich die Säcke und ihre Tasche rein und Mama macht sich mit dem Hammer an den Eisblock aus unserer Gefrierbox. Die Eisstücke wickelt sie in ein Geschirrtuch, das Handtuch legt sie in eine Plastiktüte und die schiebt sie der Tante ins Kreuz.

»Aiih! Aihh!«, jammert die Tante.

Jemand anders würde mir Leid tun. Aber bei ihr möchte ich nur lachen.

Iris und Soly sind klug genug im Schlafzimmer zu bleiben und so zu tun, als schliefen sie, aber Jonah schiebt seinen Kopf durch die Schlafzimmertür. Er hat den ganzen Tag einen Kater gehabt und heftigen Brechreiz. Mama will ihn zurück ins Bett schieben, aber er besteht darauf, sie öffentlich um Verzeihung zu bitten. »Ich schwöre, ich rühre nie wieder einen Tropfen an.«

Tante Lizbet hebt eine Augenbraue. »Du bist also der Neue.«

Wir gehen ins Bett. Außer der Tante schläft niemand. »Aufwachen! Aufwachen«, kräht sie fröhlich und früh am Morgen. Wer braucht einen Hahn, wenn sie da ist?

Ich reibe mir die Augen. Es ist Mittwoch. Vor zwei

Tagen war Sara noch am Leben. Heute wird sie zu Hause aufgebahrt. Morgen wird sie beerdigt.

Um neun kommt Tante Ruth und holt Iris und Soly ab. Jonah und sie unterhalten sich angeregt, was ganz erstaunlich ist, denn als er sie das letzte Mal besucht hat, hat er versucht ihren Schmuck zu stehlen. Tante Ruth kümmert sich nicht nur um die Kleinen, sondern hat auch das Fleisch für das Trauerfest besorgt. Jonahs Familie war nicht bereit eine Kuh zu bezahlen, aber Tante Ruth hat sie dazu gebracht, wenigstens zwei Ziegen zu spendieren. Ich hoffe, es reicht.

Als Iris und Soly gehen, taucht Esther auf. Mir fällt ein Stein von Herzen. Wir fangen an zu arbeiten.

Die Firma Bateman hat für die Gäste, die über Nacht bleiben, ein Zelt zur Verfügung gestellt. Mr Tafa und seine männlichen Untermieter stellen es neben der Feuerstelle vor dem Haus auf. Derweil fangen Mama, Esther, Mrs Tafa, Tante Lizbet und ich an zu putzen. Das Haus muss blitzsauber sein, wenn Sara ihren letzten Besuch macht. Zunächst räumen wir alle Möbel und sonstigen Dinge nach hinten raus.

Nach zweimal Gehen ist Mrs Tafa schweißgebadet und Tante Lizbet hält sich den Rücken. Beide machen erstmal Pause, trinken Limonade und verbringen den restlichen Vormittag mit Schwatzen. Das Gespräch dreht sich hauptsächlich um Esther. Zunächst flüstern sie sich gegenseitig ins Ohr, aber schon bald sprechen sie rücksichtslos laut.

»Das sind vielleicht Armringe«, ruft Tante Lizbet Mrs

Tafa zu, als Esther gerade einen Stuhl an ihnen vorbeischleppt. »Sie sind so groß, dass das Mädchen eigentlich blaue Flecke kriegen müsste.«

»Das ist noch ihre kleinste Sorge«, röhrt Mrs Tafa. »Wenn die sich bückt, kann die ganze Nachbarschaft ihren Schlüpfer sehen.« Die beiden lachen so sehr, dass sie fast vom Stuhl kippen.

Esther bleibt stehen. Sie stellt den Stuhl ab, guckt die Frauen an und schiebt eine Hüfte raus. »Keine Sorge, Mrs Tafa«, sagt sie süß lächelnd. »Meinen Schlüpfer kriegt niemand zu sehen. Ich habe nämlich gar keinen an.«

»So was darfst du nicht sagen«, flüstere ich Esther hinter dem Haus zu. »Die glauben dir das noch und tratschen es rum.«

Und wirklich, als ich wieder an den beiden vorbeigehe, höre ich, wie sie sich die Mäuler zerreißen.

»Das war schon immer eine ganz Wilde, diese da«, höre ich Mrs Tafa geifern. »Ein schlechter Umgang. Ich habe Lilian gewarnt.«

»Wo ist ihre Mama?«, fragt Tante Lizbet.

»Tot.« Mrs Tafa tippt sich an die Nase.

Tante Lizbet kneift die Augen zusammen. »Das erklärt alles.«

Ich will etwas sagen, aber was? Ich würde alles nur schlimmer machen. Zum Glück ist das Haus jetzt leer. Esther und ich können drinnen putzen und so tun, als existierten die beiden nicht.

Gemeinsam mit Mama scheuern wir Fußböden und

Wände. Wir spülen auch alles Besteck, alle Teller und Tassen, die die Nachbarn uns für das Fest geliehen haben. Die Sachen kamen sauber, aber Vorsicht hat noch nie geschadet. Dann zerren wir so viel Holz zur Feuerstelle, dass wir die ganze Nacht Glut unter den Fleischtöpfen haben werden.

Mrs Tafa und Tante Lizbet essen mit uns zu Mittag.

»Nicht schlecht«, sagt Mrs Tafa, nachdem sie sich umgeguckt hat. »Ich will ja nicht kritisieren, aber an der Küchenwand habt ihr ein paar Stellen ausgelassen. Aber das wird sicher sonst niemand bemerken.«

»Doch, ich hab's gesehen«, sagt Tante Lizbet. »Und wenn ihr mich fragt – die Möbel da hinten könnten auch ein bisschen ordentlicher aufgereiht sein. Aber ich habe, weiß Gott, schon Schlimmeres gesehen.«

Wir kümmern uns nicht um die beiden und ziehen uns um. Mama schlägt vor, ich soll mir den langen Rock von Esther borgen. Mir ist es peinlich, darum zu bitten, aber Esther macht das nichts aus. Sie nimmt sogar freiwillig einige ihrer Armbänder ab und eine Bergkristall-Brosche.

Dann gehen wir zum *Ewigen Licht*.

Tante Lizbet fallen sofort die Betonmischer nebenan auf. »Wie praktisch«, sagt sie und deutet mit dem Kopf in die Richtung von Mr Batemans Hof, der mit rosafarbenen und grauen Steinen gepflastert ist.

Der Hof ist mit Klappstühlen voll gestellt. Wir setzen uns in den Schatten einer Plastikplane. Um uns herum sitzen andere trauernde Familien. Sie gehören allen möglichen Kirchen an. Die meisten tragen bunte Gewänder, leuchtende Baumwollkleider und dazu Tamburine. Manchmal fallen wir in die Lieder ein, die sie singen, aber meistens sitzen wir ganz still in unseren schwarzen und dunkelblauen Sachen, wie schäbige Krähen in einem festlichen Umzug.

Ab drei gibt Mr Bateman die Leichen frei. Sobald er einen Namen aufgerufen hat, klappern Stühle und es wird geklatscht und gesungen.

Schließlich wird Saras Name aufgerufen. Esther drückt meine Hand. Ich halte den Atem an und versuche, nicht an das zu denken, was hier geschieht.

Mr Bateman führt Mama, Jonah, mich und unseren Priester den Korridor entlang, am Ausstellungsraum der Särge vorbei, zu einer kleinen Kapelle. Als er uns Sara in ihrem Sarg vorführt, bin ich irgendwo außerhalb meines Körpers. Sara sieht seltsam aus. Die Stelle mit dem Ausschlag an der Nase ist glatt gepudert, das Leichentuch liegt so, dass es die Ausschläge an den Ohren und die kahlen Stellen auf dem Kopf bedeckt. Und sie haben ihr die Wangen ausgestopft, bevor sie die Lippen zugenäht haben. Mir wird plötzlich klar, wie dünn Sara geworden ist.

Jetzt kommen die anderen dazu: Esther, Tante Lizbet, Mrs Tafa und Jonahs Verwandte. Ich höre religiöse Musik vom Band, der Priester spricht ein Gebet – und bevor ich alles richtig begreife, wird Saras Sarg schon aus dem Raum gerollt und wir alle gehen hinterher. Wir kommen an dem Einbalsamierungsraum vorbei und biegen nach rechts ab. Eine schwere Doppeltür schlägt auf und wir stehen draußen auf dem Parkplatz. Saras Sarg wird auf einen sargförmigen Mini-Anhänger gelegt, der an einem Chevy hängt.

Mr Bateman schiebt mich, Mama und Jonah in den Chevy. In meinen Ohren dröhnen die Gesänge und die Tamburine der Kirchendamen. Als wir losfahren, sehe ich Gesichter wie im Nebel vorüberziehen: die Gesichter derer, die wegen Sara gekommen sind, und die Gesichter der Angehörigen und Freunde von anderen Verstorbenen.

Ich stelle mir vor, wie sich hier eines Tages Gesichter versammeln, die wegen Mama und mir und wegen Esther und Soly und Iris und allen, die ich liebe, gekommen sind. Am liebsten würde ich meinen Kopf an Mamas Brust schmiegen und schreien: »Ich will nicht sterben! Warum werden wir geboren?«

11

Der Chevy fährt vor unserem Haus vor, als Erster des Konvois der Trauernden. Zwei von Jonahs Schwagern tragen Saras Sarg ins Haus. Sie stellen ihn im großen Zimmer auf einem Bügelbrett ab, über das wir ein sauberes, weißes Bettlaken geworfen haben. Auf dem Fußboden darunter liegen Saras Spielsachen.

Mr Bateman hat zwei Plastikkränze mitgebracht. Mrs Tafa besteht darauf, dass sie in ihrer Zellophanverpackung bleiben, damit sie nicht schmutzig werden. Sie sagt, so wird es auf dem Friedhof der Weißen gemacht. Das ist schwachsinnig, aber Mama widerspricht nicht. Sie wartet einfach, bis Mrs Tafa draußen ist, und wickelt dann die Kränze aus. Von jetzt an bis morgen früh dürfen nur noch die nächsten Verwandten hier herein; wenn Mrs Tafa die Kränze das nächste Mal zu sehen bekommt, wird sie ihren Vorschlag vergessen haben. Sie will sich bloß wichtig tun, wie Mama gesagt hat.

Mr Bateman geht herum, schüttelt Hände und verteilt seine Visitenkarten. Nachbarn kommen dazu und stellen ihm Fragen. »Wir erledigen alles«, vertraut er ihnen an. »Sie brauchen sich keine Gedanken zu machen. Wir drucken sogar ein Foto ihres geliebten Verstorbenen in die Traueranzeige. Wenn sie keins haben, machen wir ein Polaroidfoto.« Er verteilt noch mehr Karten, die die Leute an ihre Freunde weitergeben sollen. »Es zahlt sich aus, wenn man Vorsorge trifft. Das nimmt den Stress, im letzten Moment Entscheidungen treffen zu müssen.«

Esther macht Feuer und Jonahs Schwestern schneiden Gemüse. Die Ziegen werden vom Schlachten gebracht. Sie sind schon ausgeblutet. Darüber bin ich froh. Ich hasse die Schreie, das Tropfen und den Geruch des Blutes, das am Bottich vorbeiläuft und wochenlang im Boden klebt.

Mama und ich gehen nach drinnen zu Sara. Als Mama vor dem Bügelbrett steht, krümmt sie sich plötzlich und fällt schluchzend zu Boden. Ich bekomme Angst. Es ist das erste Mal, dass Mama vor mir weint.

»Tut mir Leid«, sagt sie.

»Schon gut. Ich bin kein Baby mehr.« Und schon liege ich neben ihr auf dem Boden und weine auch. Wir halten einander und ringen um Luft. Als wir beide wieder atmen können, wischen wir uns die Augen trocken.

»Ich denke, hier drinnen können wir ruhig weinen, nur wir beide«, sagt Mama. »Aber reiß dich zusammen, wenn wir unsere Gäste begrüßen.«

Ich nicke und tue, was sie sagt. Den ganzen Nachmittag über zeigen wir draußen ein ruhiges Gesicht und gehen zum Weinen nach drinnen.

Die meisten unserer Freunde und Nachbarn haben einen Pullover mitgebracht, ein Kissen und eine Matte. Sie werden draußen schlafen. Esther hilft mir die Sachen zu verstauen. Meine Schulfreundinnen sagen freundliche Worte über Sara. Wenn Esther sieht, dass meine Lippen zu zittern beginnen, wechselt sie das Thema, bringt zum Beispiel die neuesten Gerüchte über unsere Lehrer ins Gespräch. »Dass Mr Joy zwei Jahre lang jede Nacht alleine mit Geschichtsaufsätzen verbracht haben soll, kommt mir ganz schön lange vor«, zwinkert sie.

Einen Augenblick vergesse ich, dass morgen die Beerdigung ist, und lache. Dann kommen neue Leute. »Es tut mir so Leid«, sagen sie und wieder schlägt mir das Herz bis zum Hals. Ich nicke, gebe ihnen die Hand, sage: »Danke, dass ihr gekommen seid«, und renne ins Haus.

Wenn jemand sagt: »Es tut mir Leid«, klingt das nett. Aber ich hasse Sätze wie: »Es ist am besten so. Sara ist bei Gott.« Ich möchte sagen: »Wenn es so am besten ist, warum bringt ihr euch dann nicht um?« Was ich auch hasse, ist: »Vertraue auf Gott. Er wird seinen Grund haben.« Ich möchte sagen: »Ach ja? Ist das derselbe Grund, warum er dich blöde und hässlich gemacht hat?«

Wenn ich solche Sachen denke, bekomme ich ein schlechtes Gewissen. Ich möchte, dass Sara bei Gott ist. Ich möchte glauben, dass es einen Grund gibt. Aber mehr als alles andere möchte ich, dass Sara lebt. Ich kann nicht ertragen, dass sie tot ist. Und ich hasse Leute, die versuchen mir einzureden, es könnte etwas Gutes haben.

Am schlimmsten ist Mrs Tafa. Als wir bei Bateman warteten, beugte sie sich zu Mama und sagte: »Tröste dich, Lilian. Das arme Ding hat das Elend hinter sich gebracht.«

»Das arme Ding?« Ich hatte Lust, sie zu schlagen.

Dann ein entsetzlicher Gedanke. Wenn sie nun Recht hatte? Sara hat von Geburt an gelitten. Sie hat so oft geweint. Manchmal habe ich vergessen, dass sie meine Schwester ist. Dann war sie für mich nur noch ein schreckliches, kreischendes Wesen. Sie hatte Koliken, Ausschlag und wunde Stellen. Jede Bewegung tat ihr weh, also bewegte sie sich nicht: Sie ist nie gelaufen, kaum gekrabbelt – gelegentlich ein schwaches Strampeln, weiter nichts. Mama und ich haben ihr vorgesungen und ihr Geschichten erzählt. Sie hat selten zugehört.

Auch kaum geredet. Hat das Fieber ihr Gehirn geschädigt? Oder tat ihr das Sprechen nur weh, weil sie im Mund und in der Kehle Blasen hatte?

Ich weiß es nicht. Niemand wusste es. Nicht mal die Ärzte. Jedenfalls hat Mama das gesagt. Sie hat Sara schon bald nach der Geburt ins Krankenhaus gebracht. Als Mama nach Hause kam, sah sie aus wie ein Geist. Sie sagte, die Ärzte könnten nicht helfen, sie wüssten nichts. Sie ist nie wieder hingegangen.

Es war schrecklich. Manchmal habe ich darum gebetet, dass Sara stirbt, damit das Schreien aufhört. Dann habe ich mir ins Gesicht geschlagen, um die bösen Gedanken zu verscheuchen. Jetzt überlege ich, ob Gott meine Gebete erhört hat. Ist Saras Tod meine Schuld? Ich weiß nicht, was ich denken soll – oder was ich dachte – oder was ich hätte denken sollen. Ich weiß noch nicht mal, was ich fühle.

Ich laufe ziellos umher, durcheinander und einsam.

Esther zieht mich am Ellbogen. »Mr Selalame ist hier.«

Mr Selalame? Ich blicke hoch. Er kommt auf mich zu. Nicht im Traum hätte ich gedacht, dass er käme. Er ist ein bedeutender Mensch, ein Lehrer; ich bin bloß eine Schülerin.

Mr Selalame umarmt mich, dann kommt seine Frau dazu. Auch sie umarmt mich. Es ist, als würden wir uns kennen, obwohl wir uns nie begegnet sind.

Die Selalames bleiben bei mir, während die Sonne untergeht. Mama stellt sich zu uns. Die beiden sprechen ihr Beileid aus und Mama bedankt sich für ihr Kommen.

»Chanda ist eine meiner Lieblingsschülerinnen«, sagt Mr Selalame. »Sie müssen sehr stolz auf sie sein.«

Mama strahlt. Mein Herz schwillt und wird so groß wie die ganze Welt.

Der Himmel färbt sich orange und purpurrot. Im Vorgarten werden Fackeln angezündet, die gedrückte Stimmung löst sich. In einer Kühlbox stehen alkoholfreie Getränke bereit, einige Gäste gehen mal kurz zu Sibandas Shebeen rüber. Gegen zehn fangen die Leute an zu singen und zu tanzen. Alte Männer spielen Lieder aus den Dörfern auf der Segaba. Und das Schönste ist: Reggae und Hiphop schallen aus der Boombox von den Lesoles.

Die Boombox hat sich Mr Lesole von den Trinkgeldern gekauft, die er als Koch in einem Safari-Camp oben im Norden bekommt. Alle Nachbarn wissen, wann er zu Hause ist, denn dann dröhnt seine Boombox bis zum frühen Morgen und auf der Straße vor seinem Haus ist Party. Zwar hält mich der Lärm manchmal wach, aber andererseits bringt die Musik so viel Freude. Und genau das brauchen wir heute.

Überall im Vorgarten finden sich Gruppen von Freunden zusammen und wiegen sich im Takt der Musik. Sie erzählen sich die neuesten Geschichten oder verbreiten Mrs Tafas Klatsch oder streiten sich mit Mr Nylo, dem Lumpensammler, darüber, aus welchem Material man die besten Matten flicht.

Gegen Mitternacht sind die Ziegen vom Spieß und köcheln in großen Töpfen. Etwa zu der Zeit sehe ich

Mary auf der Straße, die Wollmütze extra tief ins Gesicht gezogen, als wollte sie sich verstecken. Sie sucht Halt an der Hecke, ist so betrunken, dass sie die Kaktusstacheln nicht spürt. Mit einem Flachmann winkt sie Jonah zu. Er schiebt sich in ihre Richtung.

Ich sage zwei von Jonahs Schwagern, sie sollen ein Auge auf ihn halten, aber sie sind auch schon betrunken. Mary läuft mit allen dreien davon. Jonahs Schwestern bilden einen Suchtrupp. Sie finden die drei bei den Sibandas und ziehen sie an den Ohren nach Hause zurück.

Gegen zwei Uhr morgens wird es ruhiger. Einige Leute schlafen unter der Zeltplane, aber die meisten liegen draußen unter dem Sternenhimmel. Jonah wurde unter Androhung von Prügel ins Haus gesperrt, seine Schwestern halten an der Haustür Wache. Er bleibt alleine im Schlafraum, während Mama und ich im großen Zimmer bei Sara wachen.

Doch leider schieben Jonahs Freunde ihm noch mehr Alkohol durchs Fenster. Kurz vor dem Morgengrauen finden wir Jonah ohnmächtig in seinem Erbrochenen liegen, neben sich fünf leere Bierkartons. Als Mr Bateman und der Priester kommen, haben wir Jonah gerade so einigermaßen gesäubert.

Draußen ist die Luft so frisch wie der Sonnenaufgang. Die meisten Gäste haben gut geschlafen. Sie reiben sich den Schlaf aus den Augen und sagen Guten Morgen. Nun öffnet der Priester unser Haus und alle gehen der Reihe nach am offenen Sarg vorbei.

Als sie wieder draußen sind, suchen sie sich einen Platz

auf einem der Lieferwagen. Tante Lizbet und Mrs Tafa bleiben da, um das Brot zu backen. Esther bietet an, ihnen zu helfen, aber Mrs Tafa sagt, sie würde nur im Weg sein. Dabei will Mrs Tafa nur verhindern, dass Esther den Teig anfasst und die Krankheit ihrer Eltern verbreitet.

Mama und ich werfen einen letzten Blick auf Sara. Wir legen ihr Lieblingsspielzeug neben sie, eine gestreifte Stoffpuppe mit losen Knopfaugen. Dann nimmt mich Mama in den Arm und Mr Bateman nagelt den Sarg zu.

Der Sarg wird auf den Anhänger geschoben. Mama, Jonah und ich setzen uns in den Chevy und die Prozession bricht zum Friedhof auf.

12

Der Friedhof liegt auf einer steinigen Wiese vor der Stadt. Er wurde erst im letzten Jahr eröffnet, ist aber schon fast voll. Sara wird in der nordöstlichen Ecke beerdigt, zu Fuß etwa zehn Minuten von Esthers Eltern entfernt.

Wir fahren durch ein Tor im Stacheldrahtzaun, vorbei an einem Blechschild mit der Friedhofsordnung: SCHREIEN, RUFEN UND UNANSTÄNDIGES BENEHMEN SIND UNTERSAGT; DESGLEICHEN RANDALIEREN, DAS STEHLEN VON GRABMALEN, DAS WEIDEN VON VIEH.

Die gewundenen Erdstraßen sind voller Schlaglöcher. In der letzten Regenzeit sind Leichenwagen darin stecken geblieben. Und auch die Laster, die sie rausziehen wollten. Heute habe ich eher Angst, dass von dem Gerüttel Saras Sarg kaputtgeht.

An der Grabstelle halten wir an. Wir sind nicht alleine hier. In der Reihe gibt es acht frisch ausgehobene Gräber, neben jeder Grube liegt ein Haufen Erde. Mr Bateman sagt, unseres ist das dritte. Rechts und links davon sind schon Beerdigungen im Gange. In der Ferne sehe ich weitere Trauerzüge durchs Tor fahren. Trauergäste springen von den Ladeflächen der Lieferwagen und suchen nach ihren Toten. Es gibt Streit um die Belegung der Gräber fünf und sechs.

Derweil steigt unser Priester auf den Erdhügel neben Saras Grab und hält eine Predigt über das ewige Leben. Ich möchte an Gott glauben, ich möchte glauben, dass Sara bei ihren Ahnen ist. Aber plötzlich fürchte ich, dass das nur etwas ist, was sich die Priester ausgedacht haben, um uns von unseren Alpträumen zu befreien. (Tut mir Leid, Gott, vergib mir. Tut mir Leid, Gott, vergib mir. Tut mir Leid, Gott, vergib mir.)

Der Priester betet das Vaterunser. Alle beugen die Köpfe, nur ich nicht. Während wir ins Gebet einstimmen, starre ich über die Wiese, die mit Ziegelsteinen übersät ist. Jeder Ziegelstein steht für ein Grab. Ein Datum steht darauf, mit schwarzer Farbe geschrieben. Für einen Namen ist kein Platz. Die Toten sind verschwunden, als hätten sie nie gelebt.

So wird es Sara ergehen.

»Sara«, flüstere ich, »vergib uns.« Ich weiß, dass wir uns keinen Grabstein leisten können, aber ich möchte wenigstens für einen Grabschmuck sparen; ich möchte, dass man Saras Grab erkennen kann durch ein Rechteck aus einem kleinen Zaun mit einer Plane darüber und einer aus Draht gelöteten Inschrift. Im Zaun soll ein kleines Tor mit einem Schloss sein, so dass ich Spielzeug für Sara dort lassen kann ohne Angst vor Dieben haben zu müssen.

Mama sagt, so ein Grabschmuck würde bloß die Bestatter reich machen. Die Planen der Gräber von Papa und meinen Brüdern sind längst verschwunden und die Zäune verbogen, als in der Regenzeit die Erde über den Gräbern einsackte. Aber das ändert nichts an meinem Wunsch.

Bei den Viehweideplätzen sind die Gräber meiner Ur-Ur-Urgroßeltern mit großen Steinen aus dem Fluss markiert. Da ist das aber nicht so wichtig, weil die Familien zusammen sind und alle wissen, wer wo beerdigt ist, auch wenn es Urzeiten her ist. Aber hier werden die Toten so Hals über Kopf begraben, dass sie in Vergessenheit geraten. Die Erinnerung an sie verweht wie die Samen der Seidenpflanzen im Wind.

Der Priester beendet sein Gebet und schlägt ein Kreuz. Mr Batemans Männer lassen Saras Sarg an Seilen hinunter. Wir stellen uns hintereinander auf und werfen der Reihe nach Blumen hinterher. Dann gehen alle außer Mama, Jonah, seinen Schwagern und mir zurück zu uns nach Hause zum Totenmahl.

Jonahs Schwager schaufeln das Grab zu. Als sie fertig sind, bricht Jonah auf dem Grabhügel zusammen. Er heult wie ein Baby. Mama streicht ihm übers Haar. Ich hasse ihn. Er hat sich betrunken, als Sara krank war. Wenn sie ihm damals egal war, warum tut er jetzt so? Und warum tröstet Mama ihn?

Ich gucke hoch zu den Wolken, bis Jonah sich beruhigt hat. Er steht auf und trocknet sich seine Augen mit dem Schlips. Mama bürstet ihm die Erde vom Jackett und den Hosen, und wir machen uns auf den Weg nach Hause.

Der Garten vor unserem Haus ist voller Menschen, alle unterhalten sich und essen dabei Ziegengulasch mit Maisbrot. Mr Bateman hat Traueranzeigen ausgeteilt. Vorne drauf ist ein Foto von Sara in ihrem Sarg, darunter ein Bibelvers: »Lasst die Kindlein zu mir kommen und wehret ihnen nicht; denn solchen gehört das Reich Gottes.«

Der Priester ruft die Menschen zusammen. Er hält eine kurze Predigt und gibt das Wort dann an Mama, die sich bei allen für ihr Kommen bedankt. Danach folgen unzählige Kirchenlieder, angestimmt von Mrs Tafa, die sich aufführt, als stünde sie auf einer Bühne. Der Vorgarten bebt vom Singen und Tanzen. Wir werden in die Arme genommen, gehalten und gewiegt. Dann verwischt alles, und auf einmal sind alle Besucher weg außer Esther, die uns beim Saubermachen hilft, und Mr Bateman, der sein Zelt abbaut.

Alle sind weitergegangen. Nur Sara nicht. Sie ist im Augenblick erstarrt, allein in der Erde, für immer anderthalb Jahre alt.

13

Am frühen Nachmittag ist es selbst zum Atmen zu heiß. Der Tag sollte zu Ende sein, ist es aber nicht. Und Mama und ich sollten unter einem Baum sitzen, tun es aber nicht. Wir stehen mit Tante Lizbet an der Straße und warten auf den Lastwagen, der sie zurück nach Tiro bringt. Mama und Tante Lizbet tragen große Strohhüte und sitzen auf Küchenstühlen, die draußen stehen gelassen wurden. Ich sitze im Schneidersitz auf der Erde und schütze meinen Kopf mit einem Stück alter Zeitung.

Manche sagen: »Ein Unglück kommt selten allein«; ich sage, manchmal ist es ein Unglück, nicht alleine zu sein. Keiner von uns spricht, alle wedeln sich mit übrig gebliebenen Papptellern Luft zu und lauschen dem ohrenbetäubenden Zetern der Zikaden. Jede Sekunde dauert ewig. Wir unterdrücken das Gähnen. Die Stille lastet schwerer als die Hitze.

Immer wieder seufzt Tante Lizbet und klopft mit dem Fuß auf den Boden. »Ihr braucht doch meinetwegen nicht zu warten.«

»Ach, das machen wir doch gerne«, antwortet Mama schnell. Ich wünschte, sie wäre nicht so höflich.

Gerade als ich denke, ich muss so gewaltig gähnen, dass sich mein Kopf nach außen stülpt, biegt der Lastwagen um die Ecke.

»Ich bin froh, dass du die Fahrt auf dich genommen hast«, sagt Mama.

»Ich kenne meine Pflichten«, antwortet Tante Lizbet steif. Sie wartet, bis der Fahrer sie auf die Ladefläche gehievt hat und der Laster schwankend losfährt. Dann lehnt sie sich über die offene Seite. »Es ist ein schrecklicher Preis, den Sara zahlen musste.«

»Was?«, fragt Mama.

»Wie du säst, so wirst du ernten, Schwester. Die Kinder und Kindeskinder büßen für die Sünden der Eltern. Höre auf die Geister deiner Ahnen. Bereue. Bitte die um Vergebung, denen du Unrecht getan und denen du Schande bereitet hast.«

Der Laster wirbelt Staub und Steine auf. Er verschwindet hinter der Kurve. Mama steht an der Straße, als hätte ihr jemand in den Bauch getreten. Sie schwankt zu einem Hocker. Ich weiß, ich sollte sie in Ruhe lassen, tue es aber nicht. Ich laufe zu ihr und knie mich neben sie.

»Alles in Ordnung?«

»Ja, alles in Ordnung«, flüstert sie.

»Was hat die Tante gemeint?«

»Nichts.« Sie schließt die Augen und hebt eine Hand.

»Bitte, Mama, mach die Augen auf. Tu nicht so, als gäbe es mich nicht.« Sie reißt die Augen kurz auf und meine Stimme strömt wie ein Fluss. Die Worte fließen aus meinem Herzen. »Warum hasst sie uns? Warum hasst unsere *Familie* uns?«

»Das tut sie nicht.«

»Tut sie wohl. Sie sind nicht zur Beerdigung gekommen. Warum? Ich habe ihre Ausreden gehört, aber *wa-*

rum? Und als Papa gestorben ist – warum sind wir hier geblieben? Warum sind wir nicht nach Tiro gegangen?«

»Ich bin zu müde zum Streiten.«

»Ich will überhaupt nicht streiten. Ich muss das einfach wissen. Wem wurde Schande bereitet? Welche Sünde war das?«

»Du stellst zu viele Fragen.«

»Ich habe ein Recht, das zu erfahren.«

»Ich sag es dir, wenn du älter bist.«

»Das hast du gesagt, als Papa gestorben ist. Und – jetzt bin ich älter. Sechzehn. Mit sechzehn warst du verheiratet und hattest Kinder.«

Mama guckt zur Seite. Ich lege meine Arme um ihre Taille. Sie nimmt meinen Kopf in ihren Schoß und wiegt mich sanft. Ich halte mich ganz fest. Endlich, als ich zur Ruhe gekommen bin, sagt sie mir die Wahrheit. »Sie hassen uns, weil sie behaupten, ich bringe ihnen Unglück. Sie sagen, dass dein Papa und ich ihnen Schande gemacht haben.«

Ihre Stimme ist zwar leise, aber die Worte sind kräftig und klar – als sei die Geschichte schon so lange in ihrem Kopf herumgerollt, dass sie zu einem glatten, harten Stein geworden ist.

Sie sagt, der Fluch reiche fünfundzwanzig Jahre zurück. Ihre Eltern – meine Granny und mein Grampa Thela – waren gute Freunde der Malungas, denen der benachbarte Viehweideplatz gehörte. Die Familien machten aus, dass Mama den ältesten Sohn der Malungas, Tuelo, heiraten sollte.

Tuelo war hübsch und kräftig. Aber das war Mama egal. Sie liebte Papa. Bei einem Erntefest brannten beide durch und liefen zum Viehweideplatz von Papas Familie. Mein Mama-Grampa und die Malunga-Männer rüsteten sich mit Fackeln und Macheten, in der festen Absicht, Papas Familie zu töten und Mama nach Hause zu holen.

Beinahe kam es zu einem Blutbad. Aber Mr Malunga fand einen Weg, sein Gesicht zu wahren. Mama hatte zwei jüngere Schwestern. Tuelo sollte eine wählen dürfen. Und der Brautpreis sollte verdoppelt und von Papas Familie bezahlt werden – mit Rindern.

Leben wurden gerettet; aber auch verändert. Papa musste seiner Familie die Rinder ersetzen. Das war schwer, denn Mama besaß nichts. Also machten seine Brüder ihn zu einer Art Diener. Nach sechzehn Jahren hatte er genug. Er sagte, nun habe er seine Schuld bezahlt und verlangte seinen Teil der Ernte. Das wurde ihm verweigert. Deshalb sind wir nach Bonang gezogen.

Auch in Mamas Familie gab es Probleme.

Mama hatte zwei jüngere Schwestern, meine Tanten Lizbet und Amanthe. Tante Lizbet war älter, also erwartete sie, Tuelos Frau zu werden. Das war ihr sehr recht, denn sie war heimlich in ihn verliebt. Aber Tuelo wählte Tante Amanthe.

Tante Lizbet ist der Meinung, dass das der Grund ist, warum sie nie geheiratet hat. (Mama ist zu höflich, um es zu sagen, aber der wahre Grund ist Tante Lizbets Klumpfuß. Gerade auf den Viehweideplätzen müssen Frauen immer gut zu Fuß sein, beim Hüttenbauen, Wasserholen und Kinderversorgen. Die Männer aus Tiro waren einfach praktisch. Oder hatten keine Lust, eine Kröte zu schlucken. Das war schwer auszuhalten für Tante Lizbet. Und daher hat sie Mama die Schuld in die Schuhe geschoben. Macht Unglück Menschen böse? Oder bringen böse Menschen Unglück?)

Wie dem auch sei, Tante Amanthe wurde gleich nach der Hochzeit schwanger. Bei der Geburt blieb das Kind stecken. Sie mussten Tante Amanthes Bauch aufschneiden, um es rauszuholen. Tante Amanthe verblutete; das Kind wurde tot geboren. Bei der Beerdigung wurde Mama gemieden. Tante Lizbet sagte, was andere dachten: »Das hätte dir geschehen sollen.«

Danach bekam Mama immer die Schuld, wenn etwas schief ging: Sie war die Schande ihrer Eltern und hatte die Ehre ihrer Ahnen verletzt. Um das Böse zu vertreiben, wurden traditionelle Heiler zum Viehweideplatz von Granny und Grampa Thela gerufen. Aber egal, wie oft sie kamen – Mamas Sünde war zu groß. Sobald es wieder ein Problem gab, war Mama schuld.

Mama streicht mir übers Haar. »Deshalb sind wir nicht nach Tiro zurückgegangen. Ich möchte nicht an einem Ort leben, wo die Leute bei allem, was geschieht, sagen, wir bekommen, was wir verdient haben.«

Lange bleiben wir still sitzen. Dann sage ich: »Granny und Grampa glauben doch nicht wirklich an Geisterheiler, oder?«

Mama denkt eine ganze Weile nach. »Es gibt Dinge, die die Leute glauben«, sagt sie und tippt sich an den

Kopf. »Und es gibt Dinge, die sie *glauben*.« Sie klopft an die Stelle ihres Herzens. Ich lasse den Kopf hängen.

Mama hebt meinen Kopf und legt ihre Hände drum herum. »Alle glauben an etwas«, sagt sie. »Und ich sage dir, was ich glaube. Liebe ist keine Sünde. Was dein Papa und ich taten, war gut. Es brachte dich zur Welt. Und das würde ich um nichts in der Welt rückgängig machen wollen.«

Teil Zwei

~~~

14

Es ist kurz vor Tagesanbruch. Ich sitze am Fußende von Mamas Bett auf dem Boden. Das tue ich jetzt jede Nacht, seit drei Monaten, seit Saras Beerdigung.

Drei Monate. Es fühlt sich so an, als sei Saras Beerdigung gestern gewesen, und gleichzeitig scheint es Ewigkeiten her zu sein. Wenn ich von der Schule nach Hause komme, erwarte ich immer noch Sara zu sehen. Im Kopf weiß ich, dass sie gestorben ist. Aber im Herzen, da ist es anders.

Alles ist anders. Früher kannte ich jede Pore in Saras Gesicht. Jetzt weiß ich nichts mehr. Ich schaue Mr Batemans Polaroidfoto von Sara in ihrem Sarg an. Da sieht sie nicht aus wie Sara. Oder doch? Ich bin mir nicht sicher. Warum kann ich mich nicht erinnern? Was mache ich verkehrt?

Freunde sind keine Hilfe. Sobald ich denke, das Leben verläuft wieder normal, fragt jemand: »Wie geht es dir?«, und schon überfällt mich wieder der Schmerz. Das ist genauso wie damals, als ich im Norden beim Delta war und lernte, einen Einbaum durchs Schilf zu staken; sobald meine Anspannung nachließ, stieß ich in ein Wurzelgeflecht und kenterte.

»Leute, die immer fragen, wie es einem geht, sind keine Freunde«, sagt Esther. »Das sind Schorfpuler. Kleine, neugierige Schorfpuler. Die wollen bloß hören, dass es dir schlecht geht, damit sie sich dir überlegen fühlen können.«

»Das ist gemein.«

»Stimmt.«

Am schlimmsten sind die Nächte. Ich habe schreckliche Träume. Zum Beispiel: Sara droht zu sterben, aber wenn ich sie sofort ins Krankenhaus bringen würde, könnte ich sie retten. Ich will sie in meinem Fahrradkorb festbinden, aber sie fällt immer wieder raus, und wenn ich sie aufheben will, rutscht sie mir durch die Hände. Die Zeit verrinnt, Sara stirbt, alles ist meine Schuld.

Ich wache schweißgebadet auf, aber wach sein ist auch nicht besser. Ich werfe mich hin und her, voller panischer Gedanken über die Zeit und das Leben und über die Sinnlosigkeit von allem. Meistens jedoch mache ich mir Vorwürfe. Warum habe ich Sara wegen ihres ewigen Schreiens so gehasst? Warum habe ich mir gewünscht, dass sie still sein soll? Warum habe ich sie nicht öfter auf den Arm genommen? Hat sie gedacht, ich würde sie nicht lieben? Hat sie gedacht, sie wäre mir egal? Ist sie deswegen gestorben? Ist es meine Schuld? Mein Hirn verkrampft so sehr, dass ich mir am liebsten den Kopf abreißen würde. Dann stehe ich auf und gehe zu Mama.

Als ich das zum ersten Mal gemacht habe, gleich nach der Beerdigung, war sie auch wach und saß in ihrem Schaukelstuhl. »Geh wieder ins Bett«, sagte sie. »Wenn du ordentlich schläfst, geht's dir besser.«

»Und warum gehst du dann nicht zurück ins Bett?«, fragte ich.

»Ich warte auf Jonah.«

»Wieso glaubst du, dass er kommt?«

»Sag nicht so was.«

»Was denn?«

»Du weißt, was ich meine.«

Ich sagte kein Wort mehr. Aber ich hatte Recht gehabt. Jonah kam weder in der Nacht noch in der danach. In den ersten drei Monaten nach der Beerdigung kam er überhaupt nur drei Mal nach Hause. Jedes Mal war er so betrunken, dass ich dachte, er wäre nur zufällig vorbeigetorkelt. Mama fragte nie, wo er gewesen war – ich glaube auch nicht, dass er sich erinnert hätte –, sie schob ihn nur ins Schlafzimmer.

Manchmal sah ich ihn, wenn ich unterwegs war. Er saß auf dem Bürgersteig und würfelte oder lag mit dem Gesicht nach unten in der Gosse. Ich ignorierte ihn immer. Ich war froh, dass wir seinen Gestank los waren, selbst wenn Mama ihn vermisste.

Als ich ihn das letzte Mal sah, war es anders. Ich hatte bei Mister Happys Lebensmittelstand Eier und Gemüse gegen Milch und Zucker eingetauscht und fuhr am Eisenbahngelände entlang nach Hause. Das Gelände ist mit Maschendraht und Stacheldraht eingezäunt – Betreten verboten. Aber die Leute kriechen einfach drunter durch. Sie schlüpfen in die Güterwagen auf den Nebengleisen und haben dort Sex. Zwar werden sie regelmäßig von der Polizei verjagt, aber schon eine Stunde danach läuft alles wieder wie gehabt.

Jedenfalls wollte ich gerade abbiegen, als ich Jonah sah, den Arm um Marys Schulter gelegt, auf dem Weg zu den Güterwagen. Dass die beiden sich zusammen im Shebeen betranken, war eine Sache. Aber Mama so öffentlich zu demütigen – das ging zu weit.

Ich kroch unter dem Zaun durch. »Bleibt sofort stehen!«

Als die beiden mich sahen, drehten sie sich um und wollten mir aus dem Weg gehen. Nur wussten sie nicht, wohin sie rennen sollten. Ihre Beine verhedderten sich. Beide fielen übereinander.

Wie ein Schakal stürzte ich mich auf Jonah. »Hör mir gut zu. Wenn du meine Mama verlassen willst, bitte sehr. Aber dann hab wenigstens den Mumm, es ihr zu sagen.«

»Wie redest du mit deinem Stiefvater!«, stammelte Mary.

»Ich rede so mit ihm, wie es mir passt, verdammt noch mal«, schrie ich. Ich nahm mir wieder Jonah vor. »Du denkst, du kannst einfach abhauen. Dass Mama wissen will, warum, dass du ihr wehtust, juckt dich überhaupt nicht, du, du, Stück Kuhscheiße.«

»Was nimmst du dir da raus, Mädchen!«, bebte Jonah.

»Ich nehme mir was raus? Du treibst dich am helllichten Tag mit deiner Schlampe rum und ich soll mir was rausnehmen? Papa hätte Mama nie verlassen – niemals –, aber wenn, dann wäre er nicht verschwunden, als hätte er sie nie gekannt. Das ist der Unterschied zwischen dir und ihm. Papa war ein Mann, du bist ein Schwein.«

»Das muss ich mir nicht anhören!«, brüllte er. »Ich tue, was ich will.«

»Ha! Du tust, was dein Schwanz will!« Ich zeigte ihm den Finger und stiefelte davon, voller Scham über das, was ich gerade getan hatte.

Wie gesagt, das war das letzte Mal, dass ich ihn sah. Es ist das letzte Mal, dass ihn überhaupt jemand sah. Er ist wirklich verschwunden. Sogar Mary weiß nicht, wo er ist. Ich denke, wir hätten erfahren, wenn er tot ist, also wird er noch am Leben sein. Vielleicht ist er bei seiner Familie auf dem Viehweideplatz oder handelt irgendwo außerhalb der Stadt mit Alkohol. Wer weiß?

Es gibt allerdings Gerüchte. Eine Woche nach seinem Verschwinden waren Mama und ich im Vorgarten und hängten Wäsche auf.

»Wo versteckt sich eigentlich dein Mann?«, rief Mrs Tafa über die Hecke. Ihre Stimme war wie Honig – jeder Dreck konnte dran kleben bleiben. Sie ist die Königin der Schorfpuler, wirklich wahr.

»Oh, er hat dies und das zu erledigen«, antwortete Mama, so ruhig, dass sie nicht einmal eine Wäscheklammer fallen ließ.

»Na, da bin ich aber froh, das zu hören«, sagte Mrs Tafa. »Ich mochte die Gerüchte gar nicht glauben.«

Was für Gerüchte?, fragte ich mich. Ich bin sicher, dass auch Mama sich das fragte, aber sie war zu stolz, um es sich anmerken zu lassen. »Ach, die Gerüchte«, lachte sie. »Gerüchte, Gerüchte, Gerüchte. Ein paar Dummköpfe haben nichts Besseres zu tun, als zu klatschen.«

»O ja, weiß der Himmel«, stimmte Mrs Tafa zu, als wäre hier nicht die Rede von ihr. Dann murmelte sie was vom Kessel auf dem Feuer und eilte ins Haus. Ich war so stolz auf Mama, wie sie Mrs Tafa in die Schranken gewiesen hatte, dass ich ihr zuzwinkerte. Mama tat so, als merkte sie nichts.

»Meine Gelenke tun mir heute besonders weh«, sagte sie und rieb sich die Ellbogen. »Könntest du den Rest alleine machen? Ich muss mich hinlegen. Vielleicht nehme ich ein bisschen Teufelskralle.« Ihre Stimme klang irgendwie verloren. Als hätte sie tief im Innern endlich verstanden, dass Jonah nicht mehr zurückkommen würde.

Seitdem bleibt Mama nachts nicht mehr auf, um auf Jonah zu warten. Sie läuft zwar manchmal noch im großen Zimmer auf und ab oder geht im Garten herum. Meist aber rollt sie sich auf ihrer Matratze zusammen, mit dem Kissen im Arm. Manchmal steht sie ein oder zwei Tage gar nicht auf. Sie liegt nur da, die Augen geschlossen, und reibt sich die Schläfen.

Als ich sie das erste Mal so sah, fürchtete ich mich. Ich sagte, ich würde einen Arzt holen, aber sie hielt mich am Handgelenk fest. »Untersteh dich!« Ihre Augen funkelten. »Mit mir ist alles in Ordnung, ich habe bloß Kopfschmerzen.« Dann fiel sie auf ihre Matratze zurück.

Inzwischen habe ich mich an ihre Kopfschmerzen gewöhnt. Sie hat ja Recht. Das ist wirklich kein Grund, sich Sorgen zu machen. Wenn ich all das im Kopf haben müsste, was sie im Kopf hat, würde ich auch Kopfschmerzen haben. Also versuche ich lieber fröhlich zu sein und ihr die Arbeit abzunehmen, die sie nicht schafft, statt sie mit Arzt-Gerede zu beunruhigen.

Sobald der Hahn kräht, gehe ich in den Hühnerstall, füttere die Hühner und sammle die Eier ein. Dann mache ich Frühstück, sorge dafür, dass Iris und Soly sich anziehen und lege was fürs Mittagessen raus. Es bleibt mir noch eine Stunde für die Gartenarbeit, bevor ich zur Schule muss. Wenn es Mama am Nachmittag noch nicht gut geht, hole ich Wasser und mache Abendessen. Wäsche, Hausaufgaben und Holzhacken erledige ich am Wochenende.

Wenn ich jetzt nachts bei Mama sitze, schickt sie mich nicht zurück ins Bett. Sie ignoriert mich einfach. Das macht sie bei vielem so. Sie tut zum Beispiel so, als wäre alles normal. Wenn Iris oder Soly dabei sind, spricht sie nie über Sara. Auch Jonah und ihre Kopfschmerzen erwähnt sie nie. Es ist, als dächte sie, wenn sie nur so tut, als wäre alles in Ordnung, könnte sie uns vormachen, dass wir glücklich wären.

Nun, da irrt sie sich.

Soly hat angefangen ins Bett zu machen. Seitdem wickele ich ihm abends ein altes Handtuch um und schiebe seine Beine durch eine Plastiktüte. Er hält sich jedes Mal vor Scham die Augen zu. Iris bleibt erstaunlich gelassen, obwohl es ja auch ihr Bett ist. Sie hat erst ein Mal ›Baby‹ zu ihm gesagt.

Aber sie kann auch gemein sein. Soly wartet den ganzen Morgen darauf, dass er mit ihr spielen kann. Aber wenn sie dann endlich aus der Schule nach Hause kommt, trickst sie ihn aus. »Lass uns Verstecken spielen«, sagt sie. Doch dann sucht sie ihn gar nicht, sondern schleicht sich weg und stromert durch unser Viertel. Irgendwann kommt Soly weinend aus seinem Versteck gekrochen. Wenn ich aus der Schule komme, gehe ich los, um Iris zu finden.

Es ist nicht leicht. Iris kann überall sein. Auf dem Spielplatz, an der Kiesgrube, auf der Müllhalde am Ende der Straße ...

»Bist du verrückt, Kind?«, schimpft Mama, wenn ich Iris nach Hause gezerrt habe. »Diese Müllhalde ist gefährlich. Die ganzen Kühlschränke und die Kofferräume der Schrottautos. Kleine Kinder wie du können sich da aus Versehen einsperren und jämmerlich ersticken. Und was die Kiesgrube betrifft – da kannst du dir den Hals brechen.«

Das geht in ein Ohr rein und aus dem anderen wieder raus. Am nächsten Tag ist Iris wieder unterwegs.

Gestern fand ich sie im hintersten Teil der Müllhalde, hinter einem Haufen alter Fahrradreifen. Sie schaute über den Rand eines versiegten Brunnens. Ich griff nach ihrem Arm. »Was tust du hier?«

»Ich spiele mit Sara.«

»Das ist eine freche Lüge!«, sagte ich. »Sara ist nicht hier auf dem Müllplatz!«

»Ist sie wohl. Sie wohnt hier.«

»Wo?«

»Das darf ich nicht sagen«, sagte Sara. »Das ist ein Geheimnis.«

Ich packte sie an den Schultern. »Wen und was auch immer du hier auf der Müllhalde gesehen hast, das ist nicht Sara. Sara ist ein Engel. Sie will nicht, dass du dir wehtust.«

»Du weißt nicht, was sie will. Du und Mama, ihr habt sie ja gar nicht mehr lieb. Ihr wollt sie nur weghaben.«

»Nein, das stimmt nicht.«

Iris steckte sich die Finger in die Ohren. »Doch. Doch. Doch. Doch. Doch. Doch. Doch«, weinte sie. »Und wenn Sara wegmuss, dann gehe ich eben mit.«

Wenn ich es nicht besser wüsste, würde ich denken, Iris wäre besessen. Im Englischunterricht spricht Mr Selalame oft über das Übernatürliche, vergleicht Geschichten von Zauberern aus den Überlieferungen westlicher Gesellschaften mit unseren Geschichten über traditionelle Heiler. Er sagt, Aberglauben gibt es auf der ganzen Welt. Im Westen zum Beispiel setzten manche Leute bei der Lotterie auf Glückszahlen – sie glauben, eine magische Zahl kann sie reich machen.

»Menschen hängen am Aberglauben, weil sie den Dingen, die sie nicht verstehen, einen Sinn geben wollen.«

Ich weiß, dass er Recht hat. Doch als Iris mir von ihrer imaginären Spielkameradin erzählt, sage ich trotzdem ein Gebet gegen böse Geister. Ich komme mir albern vor, aber warum ein unnötiges Risiko eingehen? Wenn das hier ein böser Geist ist, dann mag ich mir gar nicht ausmalen, wozu er Iris sonst noch bringen kann. Vor allem, wenn er sich entscheidet, in der Nacht zu kommen.

15

Wenn Mama es möchte, was meistens der Fall ist, verbringen wir den Sonntagmorgen mit einem Ausflug zum ›Ring der Toten‹. So nennt Esther die Friedhöfe, die sich kreisförmig um Bonang ziehen.

Bei Sonnenaufgang brechen wir auf, im Lieferwagen der Tafas. Mrs Tafa fährt, Mr Tafa bleibt bei Iris und Soly. Er lässt die beiden mit Lehm spielen und tut so, als würden sie ihm helfen, die Löcher in den Wänden der Zimmer seiner Untermieter zu verputzen. Soly sagt, wenn er groß ist, möchte er Häuser bauen wie Mr Tafa. Iris verdreht die Augen; sie möchte Vorarbeiterin werden und Befehle erteilen.

Mama hat ein schlechtes Gewissen, weil sie Mr Tafa die Kleinen anhängt.

»Aber er liebt sie doch«, sage ich. »Außerdem ist er wahrscheinlich froh, Mrs Tafa los zu sein. Und noch froher, dass er nicht sehen muss, wie sie fährt.«

»Chanda«, lacht Mama, »so was darfst du nicht sagen!«

»Warum nicht?« Ich lache auch. »Wenn es doch die Wahrheit ist. Wenn er wüsste, wie sie mit seinem Firmenauto fährt, würde er einen Herzschlag kriegen.«

Und das stimmt auch. Mrs Tafas Fahrweise ist zum Fürchten. Sie ist so damit beschäftigt, irgendwelchen Knabberkram aus der Tüte auf ihrem Schoß zu fischen, dass sie kaum auf die Straße guckt. Und wenn, dann steckt sie den Kopf aus dem Fenster und schreit die Leute an, die sie beinahe umgefahren hätte. Derweil schießen wir so scharf um die Kurven, dass ich mich nicht wundern würde, wenn wir auf dem Mond landeten.

Trotzdem sollte ich mich nicht beschweren. Mama und ich können froh sein, dass wir zum gleichen Friedhof müssen wie Mrs Tafa und dass sie bereit ist zu fahren. Sonst kämen wir nie dorthin. Ein Taxi können wir uns nicht leisten, Busse fahren sehr selten und Mamas Beine sind fürs Radfahren nicht geeignet. (Bei solchen Gelegenheiten beneide ich die weißen Familien, die die Diamantbergwerke leiten. Sie können sich Gräber auf dem Friedhof in der Stadt leisten, mit Grabsteinen aus Marmor, einem Gärtner, der alles hübsch in Ordnung hält, und Grabstellen, die groß genug für alle Verwandten sind.)

Unsere erste Station ist der Friedhof, wo Papa und meine Brüder begraben sind, an der Seite von Mrs Tafas erstem Mann. Der Friedhof ist in der Nähe des Bergwerks. Ein paar Jahre nach dem Unfall sind wir andauernd dort gewesen. Aber dann haben wir mal eine Woche ausgelassen, dann wieder eine und irgendwann fuhren wir nur noch zu besonderen Gelegenheiten dorthin. Ich bin froh, dass wir die Gräber jetzt wieder regelmäßig besuchen. Alle sagen: »Das Leben geht weiter«, aber es ist schrecklich, die Menschen zu verlassen, die einen geliebt haben, selbst wenn man sich nur noch über Geschichten an sie erinnert.

Papa und meine Brüder sind ein Stück abseits der Straße begraben. In der ersten Zeit hielt sich Mama an meinem Arm fest, wenn wir über den unebenen Boden liefen. Jetzt benutzt sie einen Stock, den ihr Mrs Tafa gegeben hat. Ein Mieter hat ihn dagelassen. Der Griff ist zu einem Adlerkopf geschnitzt. Mama findet den Stock so schön, dass sie ihn andauernd benutzt, selbst zum Einkaufen. »Pass bloß auf«, sage ich. »Die Leute werden denken, du bist eine alte Frau.« Sie sagt, ich soll nicht albern sein.

An den Gräbern sprechen wir ein paar Gebete. Dann harke ich den Boden, bis alles schön ordentlich ist, während Mama und Mrs Tafa sich Geschichten vom Bergwerk erzählen. Mama ist zu erschöpft, um so herzhaft zu lachen wie früher, selbst bei der Geschichte mit den schwarzen Bohnen. Aber sie bringt ein Lächeln zustande.

Auf dem nächsten Friedhof, den wir besuchen, liegen Mr Dube und eine Schwester von Mrs Tafa. Auch dort beten wir und schaffen Ordnung. Dann fahren wir zu dem Friedhof, auf dem Sara begraben ist und Mrs Tafas Sohn Emmanuel. Sobald wir das Tor hinter uns haben, straffen sich Mrs Tafas Wangen. Sie wischt sich die Krümel vom Mund, biegt nach rechts ab und summt ein Gedenklied aus ihrem Dorf.

Emmanuels Grab können wir schon von weitem sehen. Mrs Tafa hat ihm einen Grabschmuck aus Ziegelsteinen und Zement bauen lassen. Jede Woche öffnet Mrs Tafa das Schloss vorne an dem Mini-Tor und stellt eine neue, in Zellophan gewickelte Plastikblume auf. Es wäre langsam eng unter dem Nylondach geworden, wenn nicht ein paar Grabschänder im vergangenen Monat mit einer Machete die Plane aufgeschlitzt und alle Blumen gestohlen hätten.

Als Mrs Tafa das sah, konnte sie gar nicht aus dem Wagen steigen. Schluchzend blieb sie hinter dem Steuer sitzen. »Warum? Warum?« Als ich ihr Gesicht sah, schämte ich mich für all die grässlichen Dinge, die ich je über sie gedacht hatte.

Mama nahm sie in die Arme, wie ich Esther in die Arme genommen hatte. »Ist ja gut, Rose«, tröstete sie. »Emmanuel macht das nichts. Er war doch immer so großzügig. Seine Blumen sind jetzt bei den armen Seelen, die keine hatten.«

Nachdem wir für Emmanuel gebetet haben, gehen wir zu Sara. Vor kurzem hat sich der Grabhügel gesenkt. Die Grabstellennummer auf dem Ziegelstein ist noch frisch. Mama und ich können uns keine künstlichen Blumen leisten, aber wenn irgendwo eine wilde Hecke blüht, brechen wir einen Zweig für Sara ab. Oder wir schreiben ein Gedicht auf einen Zettel und legen es unter einen Stein. Es ist nicht viel, aber besser als nichts.

Wenn Mama fertig ist, steigt sie mit Mrs Tafa in den Lieferwagen und ich hebe mein Fahrrad von der Ladefläche. Die beiden fahren nach Hause, um die Kinder für die Kirche fertig zu machen, und ich radele zwanzig Reihen weiter zu dem Grab von Esthers Eltern. Dort erwartet mich Esther. Da sie nicht oft zur Schule geht, ist dies der einzige Ort, an dem wir uns sicher treffen. (Natürlich könnte ich mit dem Rad zu ihr nach Hause fahren, aber ich musste ihr versprechen, das nicht zu tun. Sie sagt, sie schämt sich wegen ihrer Tante und ihrem Onkel.)

Früher hat mich Mrs Tafa zum Grab der Macholos gefahren. Dann wartete sie mit Mama auf der anderen Seite der Straße, während Esther und ich unsere Gebete sprachen. Allerdings machte Mrs Tafa immer abfällige Bemerkungen über Esthers Kleidung. »Kein Respekt. Nicht mal für die eigenen, toten Eltern«, sagte sie. »Man könnte meinen, das kleine Flittchen will tanzen gehen.«

Eines Tages hatte ich genug davon. Als Mama und ich nach Hause kamen, sagte ich: »Mrs Tafa braucht mich nicht mehr zum Grab der Macholos zu fahren. Ich nehme mein Rad mit und fahre alleine hin.«

Mama runzelte die Stirn. »Dann bist du nicht rechtzeitig zur Kirche da.«

»Esther ist mir wichtiger.«

Mama guckte besorgt und deutete dann auf den Waschtrog, damit ich mich hinsetzte. »Ich weiß, dass Esther und du gute Freundinnen seid«, sagte sie. »Ihr kennt euch, seit wir nach Bonang gezogen sind. Trotzdem denke ich, du solltest dich nicht mehr so oft mit ihr treffen.«

Mein Herz klopfte mir bis zum Hals. »Ich seh sie doch fast gar nicht.«

Mama ging nicht darauf ein. »Ich mag Esther. Sie ist ein nettes Mädchen. Aber die Leute fangen an zu reden.«

»Du meinst, Mrs Tafa hat angefangen zu reden.«

»Ich meine, *die Leute*.«

Ich blickte auf meine Füße. »Worüber reden sie denn?« Ich fragte, als wüsste ich das nicht.

»Über Jungs.«

»Esther flirtet, weiter nichts.«

Mama hielt inne. »Chanda, Menschen beurteilen andere Menschen nach dem Umgang, den sie haben. Ich möchte nicht, dass du weiterhin Esthers Freundin bist. Ich fände es entsetzlich, wenn die Leute anfingen, über dich zu reden.«

Ich schwitzte am ganzen Körper. Selbst an den Handgelenken und in den Kniekehlen. »Mama«, beschwor ich sie, »das bist nicht du, die das sagt, das weiß ich. Dich interessiert doch nicht, was die Leute sagen. Sonst wärst du nie mit Papa weggelaufen.«

Mama nahm meine Hände. »Das hier ist was anderes«, sagte sie sanft. »Du bist mein Kind. Ich mache mir Sorgen um dich.«

»Mama. Esther hat niemanden. Wenn ich sie im Stich lassen würde, was für ein Mensch wäre ich dann?«

Mama wusste keine Antwort. Sie machte einen tiefen Atemzug und umarmte mich so fest und lange, dass ich dachte, sie würde mich nie wieder loslassen. Natürlich wusste sie, dass ich Recht hatte. Ich kann Esther nicht verlassen. Sie ist jetzt ganz alleine. Alle ihre Geschwister sind weg.

Daran hat keiner Schuld. Trotzdem macht Esther ihren Tanten und Onkeln Vorwürfe. Sie hat sie um Hilfe gebeten, nachdem der Arzt bei ihrer Mutter gewesen war. Der älteste Bruder ihres Vaters, ihr Onkel Kagiso Macholo, sprach für die Familie. Er sagte, sie würden Lebensmittel und andere Dinge schicken, so viel wie möglich, aber mehr könnten sie nicht tun, da sie alle weit weg wohnen. Die einzige Ausnahme waren Tante und Onkel Poloko, Verwandte von Esthers Mutter. Sie leben in der Nähe, in einem Viertel von Bonang, das noch ärmer ist als unseres.

Als ich die Polokos zum ersten Mal sah, merkte ich sofort, dass sie Esthers Familie nicht leiden konnten. Esther sagt, sie wären neidisch gewesen, weil ihr Papa Arbeit im Bergwerk hatte. Die Krankheit machte sie nicht freundlicher. Der Onkel hackte ein bisschen Holz; die Tante machte was zu essen. Aber beide fürchteten sich vor den Gummihandschuhen, daher kamen sie nie ins Haus. Sie setzten sich vors Haus und beteten.

Bis zur Beerdigung war es Esther, die sich um alles kümmerte. Dann kamen die Verwandten von außerhalb. Nach dem Trauerfest versammelten sie sich im großen Zimmer, um zu klären, wer Esther und ihre Geschwister aufnehmen könnte. Es dauerte Stunden.

Ich wartete draußen mit Esther, bis ihr Onkel sie

hereinrief. Sobald die Eingangstür zu war, setzte ich mich unters Fenster und lauschte durch die heruntergelassenen Jalousien. Esthers Onkel und Tanten bemühten sich freundlich zu sein, aber die Wahrheit war hart. »Niemand kann es sich leisten, euch alle aufzunehmen«, sagte ihr Onkel Kagiso. »Wir können kaum unsere eigenen Kinder ernähren. Aber es gibt eine Tante und einen Onkel für jeden von euch.«

»Nein«, sagte Esther. »Wir müssen zusammenbleiben. Wir sind eine Familie.«

»Wir *alle* sind eine Familie«, erwiderte ihr Onkel Kagiso.

»Ich weiß, Onkel. Aber meine Brüder und meine Schwester und ich, wir brauchen uns. Wenn niemand für uns alle sorgen kann, dann übernehme ich das selber.«

»Wie? Das Bergwerk wird euer Haus zurückfordern, die Krankheit und die Beerdigungen haben eure Ersparnisse verbraucht und außer Geschirr und alten Möbeln gibt es nichts, was ihr verkaufen könntet. Wo wollt ihr wohnen? Was wollt ihr essen? Woher willst du das Geld nehmen für Kleider, Schuhe, Medikamente, Schule …?«

Esther wusste keine Antwort. Es gab keine. Und so wurden die Geschwister auseinander gerissen.

Ein Bruder ging zu Onkel Kagiso, der andere zu einem Onkel, der einen Hütejungen suchte. Ihre kleine Schwester kam zu einer Tante, die grauen Star hat und Hilfe beim Nähen brauchte. Esthers Eltern hatten gewollt, dass Esther die Schule beendet, das wussten alle. Da es die beste Schule in Bonang gibt und da die Chance zu heiraten größer ist, wenn die infrage kommenden Familien Esther bereits kennen, wurde Esther bei ihrer Tante und ihrem Onkel Poloko untergebracht. Es war offensichtlich, dass die beiden Esther nicht wollten, aber Nein sagen konnten sie nicht.

An dem Abend, als Esthers Geschwister weggebracht wurden, war ich bei ihr. Die Kinder klammerten sich an sie. Sie hörten nicht auf zu schreien. Die Tanten und Onkel mussten sie regelrecht wegzerren. Wenn man mir Soly oder Iris auf die Art wegnähme, würde ich sterben.

Und ich könnte verrückt werden, wenn ich nur daran denke, wie es Esther bei den Polokos geht. Eigentlich sollte sie zur Schule gehen, sie wird aber, so sagt sie jedenfalls, wie ein Hausmädchen gehalten. Abgesehen vom Kochen, Putzen und den Gartenarbeiten muss sie auf ihre Nichten und Neffen aufpassen. Sechs sind jünger als zehn. Sie schlagen sie und kratzen und beschimpfen sie, und wenn sie sich dagegen zur Wehr setzt, schreien sie lauthals, sie würde ihnen wehtun, und dann verprügelt die Tante Esther mit der Bratpfanne.

Wenn Esther sich beschwert, wird der Onkel wütend. »Du denkst wohl, du bist was Besonderes, wie deine Mama und dein Papa mit ihrer Wasserleitung im Haus und ihrem Wasserklosett!«, schreit er. »Aber jetzt bist du genauso wenig was Besonderes wie wir. Solange du unter unserem Dach lebst, tust du, was wir sagen.«

Esther verdrückt sich so oft sie kann. In der Woche ist es schwierig. Ihr Onkel repariert halbtags auf dem Bürgersteig vor dem Quality-Fashion-Geschäft Schuhe, ihre

Tante arbeitet bei Kentucky Fried Chicken im Schichtdienst. Wenn Esther wegwill, muss sie warten, bis beide aus dem Haus sind, und hoffen, dass die kleinen Monster sie nicht verraten.

Sonntags ist es leichter. Da geht die ganze Familie in die Kirche, zur Bethel Gospel Hall. In der ersten Zeit musste Esther mitgehen. Aber da sie weder gesungen noch gebetet hat, muss sie nun wegen ihrer Sünden – Stolz und Gotteslästerung – sonntags zu Hause bleiben und das Klohäuschen schrubben. Natürlich tut sie das nicht. Stattdessen geht sie zum Friedhof, zu ihrer Mama und ihrem Papa. Und um mich zu treffen.

Zum Glück haben wir viel Zeit, denn die Bethel-Gospel-Gemeinde hat die längsten Gottesdienste der Stadt. Vom frühen Morgen bis zum späten Nachmittag singen und tanzen sie und reden in Zungen. Manchmal brechen sie zusammen und sind »Gefallene im Namen des Herrn«.

Einmal, als Esthers Mama krank war, haben sie so eine Vorstellung in Esthers Vorgarten gegeben. Die Polokos versammelten ihre Gemeinde zu einer Teufelsaustreibung. Ich war gerade dort, um Esther zu helfen, da kamen sie mit wehenden Gewändern, Tamburin trommelnd die Straße entlanggetanzt. Das sah aus wie eine Mischung aus Prozession und Zirkusvorstellung.

Der Priester ereiferte sich ausführlich über den Zusammenhang von Sünde und Krankheit. »Es ist Satan, der diese Krankheit über dieses Haus gebracht hat!« Er segnete eine Blechtasse, in der sich heiliges Wasser und

111

Mopaneholz-Asche befand, und sagte, Satan könne vertrieben und Mrs Macholo gerettet werden, wenn sie an die Tür käme und dies tränke. Esther sagte, ihre Mama könne sich nicht rühren und schon gar nicht an die Tür kommen; sie liege auf dem Sterbebett.

»So spricht der Teufel«, rief der Priester. »Mit Gott ist alles möglich.« Kaum hatte er diese Worte gesprochen, da wurde er vom Heiligen Geist ergriffen. Er drang ins Haus ein und versuchte Mrs Macholo das heilige Wasser einzuflößen. Esther fühlte sich schmutzig. Ich mag mir nicht vorstellen, was ihre Mama empfand. Es war, als gäbe der Priester ihr die Schuld daran, dass sie starb.

Seitdem betet Esther nicht mehr und singt keine Kirchenlieder mehr. Einmal rief sie am Grab ihrer Mutter aus: »Wenn Gott Mama und Papa hätte retten können und es nicht tat, dann hasse ich ihn. Und wenn er sie *nicht* hätte retten können, ist er nutzlos. Sollen sie in die Hölle fahren, der Priester und seine Gemeinde.«

»Sag das nicht! Das darfst du noch nicht mal denken!«, sagte ich. »Nicht alle Kirchen sind so wie die von deinem Onkel und deiner Tante. Bei uns reden die Priester von Freude und Frieden und ewig währender Liebe.«

»Bla, bla, bla.« Esther zog ein Gesicht. »Das Gottesgerede ist bloß abergläubischer Humbug.«

»Das stimmt nicht.«

»Doch. Priester sind auch nicht besser als Geisterheiler. Der einzige Unterschied ist der, dass du an die einen glaubst und an die anderen nicht.«

Ich wünschte, Esther würde das nicht so sehen, aber

ich versuche sie nicht zu verurteilen. Ich glaube auch nicht, dass Gott sie verurteilt, nicht nach dem, was sie durchgemacht hat. Sie hat kein Zuhause, keine Familie oder irgendwas, an das sie glauben könnte. Kein Wunder, dass sie sich gerne fotografieren lässt, an der Freiheitsstatue. Nur dort bekommt sie das Gefühl, wichtig zu sein.

16

Wie jeden Sonntag wartet Esther auch heute schon auf mich, als ich angeradelt komme. Sie liegt träumend auf dem Grab ihrer Mama. Ihre limettengelben Caprihosen aus der Einkaufspassage sind schmutzig und zerrissen. Aber als Erstes fällt mir etwas anderes auf. Ihr rechtes Auge ist zugeschwollen und lila verfärbt.

Ich springe von meinem Rad. »Was ist passiert?«

Esther blickt auf und grinst mich schief an. »Gestern Abend hat mir meine Tante das Bügeleisen an den Kopf geworfen.«

»Warum?«

Sie brüllt vor Lachen. »Sie hat gesagt, ich soll die Wäsche waschen. Ich habe ihr gesagt, sie soll sich ihre Wäsche in den Arsch stecken.«

»Das ist nicht komisch. Sie hat dich schon öfter geschlagen. Nächstes Mal musst du die Polizei rufen.«

»Bist du blöd!« Esther streckt sich. »Dann sagt die Tante, ich lüge, und ich krieg von meinem Onkel noch eine Tracht Prügel. Entweder das oder sie schmeißen mich raus. Und was mache ich dann?«

»Du könntest bei uns wohnen.«

Esther stöhnt. »Deine Mama will das nicht.«

»Das stimmt nicht«, lüge ich.

»Doch. Außerdem, ich will nicht drüber reden.« Sie schlägt ein Rad auf mich zu.

Ich springe aus dem Weg. »Du bist schlimmer als Soly und Iris zusammen.«

»Das will ich hoffen«, zwinkert sie. Oder versucht es zumindest.

Wir gehen zu unserem Lieblingsplatz, einem entwurzelten Baumstumpf an einer Kurve der Straße. Auf dem Weg dorthin sammeln wir flache, glatte Steine. Wenn wir da sind, klettern wir auf den Stumpf und werfen abwechselnd Steine in das Schlagloch am anderen Ende der Kurve. Mit diesem Spiel haben wir vor einigen Wochen begonnen. Anfangs dachten wir, wir würden das Loch bis zum Beginn der Regenzeit aufgefüllt haben, aber bei dem Tempo wird das wohl nichts werden.

Ich erzähle Esther von gestern und dass Iris behauptet hat, sie würde mit Sara spielen.

»Wenn du mich fragst«, sagt Esther, »solltest du sie zu Saras Grab bringen.« Sie wirft einen Stein direkt ins Loch. »Im Ernst. Wenn sie sieht, wo Sara beerdigt ist, dann wird das für sie wirklich. Vielleicht geht die ausgedachte Freundin dann weg.« Ihr nächster Wurf trifft auch.

»Mama sagt, sie ist nicht alt genug.«

»Wenn's nach den Erwachsenen geht, sind wir nie alt genug. Für gar nichts.« Auch ihr dritter Wurf trifft. »Wenn ich nicht wäre, würden meine Geschwister immer noch fragen, wann sie nach Hause dürfen.«

Esther runzelt die Stirn. Sie ist körperlich anwesend, aber mit ihren Gedanken ist sie ganz weit weg. Lange bleiben wir so sitzen, Esther denkt nach und ich schaue zu, wie sie nachdenkt. Schließlich frage ich: »Hast du was von deinen Brüdern gehört?«

Esther schüttelt den Kopf. »Auf Viehweideplätzen gibt es kein Telefon.« Sie blickt zur Seite. »Ist vielleicht besser, wenn ich nichts von ihnen höre. Ist schon schlimm genug, wenn meine blinde Tante mit meiner Schwester in die Stadt kommt. Wenn sie wieder wegfahren wollen, hängt sich meine Schwester mir an den Hals und schreit: ›Ich will bei dir bleiben!‹ Ich sage ihr, das geht nicht, aber das versteht sie nicht.« Esther steht auf und wirft einen Stein so weit sie kann. »Egal. Es wird sich was ändern. Ich habe einen Plan. Nächstes Jahr um diese Zeit sind wir wieder alle zusammen.«

»Wie das?«

»Das ist ein Geheimnis.«

»Verrate es mir.« Aber bevor ich sie weiter löchern kann, stößt sie einen Schrei aus und rennt zurück zum Grab ihrer Eltern. »Wer zuerst bei den Fahrrädern ist!«

»He, das gilt nicht«, rufe ich. »Du hast Vorsprung!«

Wir verabschieden uns von ihren Eltern und machen uns auf den langen Weg nach Hause. An der Kreuzung zu Esthers Viertel bleiben wir noch einmal stehen, schaukeln auf unseren Fahrradsatteln hin und her und stützen uns dabei mit den Zehenspitzen am Boden ab. Wir plaudern so vor uns hin, da sagt Esther: »Tut mir Leid, dass es deiner Mutter nicht gut geht.«

»Wer sagt denn das?«

»Niemand«, sagt Esther vorsichtig. »Ich hab nur gesehen, dass sie am Stock geht.«

»Das ist bloß ein Spazierstock.«

»Egal wie du das nennst. Jedenfalls nimmt sie den immer.«

»Na und? Sie will sich nicht den Knöchel verstauchen. Ist ganz schön steinig hier. Außerdem gefällt er ihr.«

Esther macht eine lange Pause. »Ich werde dich das nur ein Mal fragen«, sagt sie, »und bitte versteh mich nicht falsch. Aber du bist meine beste Freundin und ich habe dich wirklich gern und ich will nicht, dass dir irgendwas Böses zustößt und ...«

»Und und und. Was willst du sagen?«

Esther guckt nach unten. Sie dreht an ihren Ringen. »Hat deine Mutter ein Testament gemacht?«

Für eine Sekunde stockt mir der Atem.

»Was nun, hat sie eins gemacht?«

»Warum fragst du so was?«

»Einfach so.«

»Mit Mama ist alles in Ordnung.« Meine Hände am Lenker sind schweißnass.

»Schon gut, ich glaube dir«, drängt Esther. »Aber – wenn sie nun einen Unfall hat oder so? Wer kriegt das Haus? Wer kriegt das Grundstück?«

»Hör auf. Es bringt Unglück, wenn man über Tod und Testamente redet.«

»Das haben Mama und Papa auch gesagt.«

»Was haben denn die mit *meiner* Mama zu tun?« Ich wische mir meine Hände am Rock ab.

»Nichts«, sagt sie. »Nur, ich habe bei Saras Beerdigung deine Tante Lizbet gesehen. Ich hoffe, der Rest deiner Verwandtschaft ist netter.«

»Hör auf damit, Esther! Ich hasse dich!!« Ich schlage zu. Esther stürzt vom Rad.

Ich kann nicht glauben, was ich da getan habe. »Tut mir Leid«, heule ich. Ich helfe ihr auf. Ihre Hände sind aufgeschürft. Jetzt wird sie zurückschlagen, denke ich, aber das tut sie nicht. Sie guckt sich ihre Ellbogen an. Sie bluten ein bisschen.

Ich ziehe ein Tuch aus der Tasche, aber Esther schlägt es aus. Sie steigt auf ihr Rad und fährt los ohne ein Wort zu sagen.

»Warte, Esther!«, schreie ich. Ich trete wild in die Pedalen, um sie einzuholen. »Fahr nicht weg, ohne mir zu sagen, dass zwischen uns alles in Ordnung ist.«

Sie bremst scharf. Ihr Hinterrad rutscht über den Schotter und sie bleibt seitwärts stehen. »Schön«, sagt sie. »Alles in Ordnung, Chanda. Alles bestens. Zufrieden? Jetzt lass mich in Ruhe.«

17

Ich hasse es, mich mit Esther zu streiten. Wenn sie sauer wird, kann sie ewig sauer bleiben. Und sie kann es überhaupt nicht ertragen, sich entschuldigen zu müssen – selbst wenn sie Schuld hat.

Früher haben wir uns nie gestritten. Jedenfalls nicht über irgendetwas Wichtiges. Höchstens wegen Kleinigkeiten. Zum Beispiel, als ich ihr einmal gesagt habe, sie solle ihre Energie nicht auf ihr Aussehen verschwenden, sondern sich lieber auf ihre Bücher konzentrieren. Sie zog ein Gesicht und sagte, wenn ich nicht bald aufhören würde mit dem Lesen, würde ich blind werden.

»Gut. Dann brauche ich deine blöden Klamotten nicht mehr zu sehen«, schoss ich zurück. »Diese klotzigen Absätze und knappen Tops. Du könntest ja wenigstens deinen Bauchnabel bedecken. Du kriegst einen schlechten Ruf.«

»Umso besser, wenn man geküsst werden will.«

Ich sagte, sie sei eine Schlampe, sie sagte, ich sei eine Nonne, und damit hatte es sich.

Seit wir auf der Oberschule sind, sind unsere Auseinandersetzungen ernster. Ein paar Monate nach Saras Geburt gab es eine Tanzveranstaltung. Am nächsten Tag kam Esther ganz aufgeregt angerannt und erzählte mir, was sie im Gebüsch hinter dem Fußballplatz mit einem Jungen gemacht hatte. Ich war entsetzt, aber auch neugierig: »Ich hoffe, du denkst dir das bloß aus.«

»Warum sollte ich?«, sagte sie. »So'n bisschen Fummeln ist doch nicht schlimm. Bloß weil dein Stiefvater ein Perversling war, muss man Männer doch nicht hassen.«

Ich bin ausgerastet. Ich habe ihr Schimpfworte an den Kopf geworfen, bin auf sie losgegangen und hab ihr die Kämme aus dem Haar gerissen. »Ich hätte dir das nie erzählen dürfen!«, schrie ich.

»Tut mir Leid«, sagte sie. »Tut mir Leid. Tut mir Leid. Ich hab's nicht so gemeint.« Es war das einzige Mal, dass sie sich sofort entschuldigt hat.

»Und Recht hast du auch nicht«, sagte ich, als wir uns beruhigt hatten. »Klar, wegen dem, was Isaac gemacht hat, habe ich Alpträume. Aber Papa habe ich über alles geliebt und Mr Dube auch und meine großen Brüder. Und dann gibt's noch Soly, Mr Tafa, Joseph und Pako aus dem Mathe-Kurs – und natürlich Mr Selalame. Es gibt viele Männer, die ich gerne habe.«

Esther überlegte. »Und – warum gehst du dann nicht mit einem Jungen?«

»Weil ich zu tun habe. Ist dir das nicht aufgefallen? Meine kleine Schwester ist krank und Mama braucht Hilfe. Iris und Soly machen nichts, Jonah rührt keinen Finger, also muss ich einspringen.«

Seit ich das gesagt habe, sind zwei Jahre vergangen und es hat sich nichts verändert. Ich mag lieber nicht darüber nachdenken, aber manchmal ärgert es mich schon, dass Mama immer so müde ist und mir alles überlässt. Und prompt bekomme ich ein schlechtes Gewissen, weil ich so selbstsüchtig bin. Was ist bloß los mit mir?

Jedenfalls, solange Esther noch in die Schule kam, war es leicht, die Dinge wieder zurechtzubiegen. Da wir uns jeden Tag sahen, wusste ich, wann ich wieder mit ihr reden konnte. Jetzt muss ich raten. Aber wenn ich mich nun irre? Ich habe versprochen, dass ich nie zum Haus ihrer Tante und ihres Onkels kommen werde. Wenn sie mir immer noch böse ist und ich trotzdem dort auftauche, wird sie mir den Kopf abreißen. Und wenn ich sie an der Freiheitsstatue suche, wird sie behaupten, ich spioniere ihr nach.

Das bedeutet, dass ich auf *sie* warten muss ohne zu wissen, ob sie mir schon verziehen hat. Das macht mich nervös. Und das wiederum regt mich auf. Und schon bin ich wieder sauer auf sie.

Inzwischen bin ich *richtig* sauer. Es ist fast eine Woche her, dass ich sie vom Fahrrad geschubst habe. Montag und Dienstag habe ich sie nicht erwartet, ich habe auch verstanden, dass sie Mittwoch und Donnerstag nicht kam. Sogar Freitag. Aber jetzt ist es Sonnabendvormittag. Ist sie mir wirklich böse oder will sie mich nur bestrafen? Wie auch immer – es ist ungerecht. Ich hätte sie nicht schubsen dürfen, aber sie hätte nicht über Mama reden dürfen, als würde die bald sterben.

Über all das denke ich nach, während ich im Garten Bohnen pflanze. Für wen hält sich Esther eigentlich? Für eine Ärztin? Seit wann ist jemand krank, wenn er einen Stock benutzt? Meine Güte, Esther macht mich so zornig, dass ich wünschte, sie wäre hier und ich könnte sie zum Teufel jagen.

Ich lasse Bohnen in die Furchen fallen und mir meine Lage durch den Kopf gehen. Am Donnerstag hat Mama die üblichen Kopfschmerzen bekommen und sie liegt immer noch im Bett. *Das* braucht Esther nun wirklich nicht zu wissen. Wenn Esther schon beim Krückstock den Tod wittert, was wird sie erst bei Kopfschmerzen fantasieren? Gibt es auf der Welt nicht schon genug Probleme, ohne dass Esther noch ein paar neue dazu erfindet?

Vielleicht hat Mama Recht. Vielleicht sollte ich Esther nicht zur Freundin haben. Ich ramme den Spaten in den Boden, immer und immer wieder. ABCDEFG. ABCDEFG. ABCDEFG.

»Chanda!«

Ich habe den Spaten neben Mrs Tafas Fuß in den Boden gerammt. Ich blicke auf. Über mir wölbt sich Mrs Tafa wie ein Ballon. In ihrem Kleid sieht sie aus wie ein bunter Fallschirm mit Beinen.

»Was bist du nur für ein fleißiger Wirbelwind«, sagt sie. Ich erstarre. Wenn Mrs Tafa ein Kompliment ausspricht, sollte man sich vorsehen. »Kein Wunder, dass deine Mama nicht mehr im Garten zu arbeiten braucht, so schnell, wie du gräbst.«

»Danke, Tante«, sage ich. »Aber Mama schafft viel mehr als ich.« Ich mache mich wieder an die Arbeit.

Mrs Tafa kümmert das nicht. Eine Viertelreihe lang schaut sie mir zu, dann sagt sie: »Sie hat mal wieder einen Schlaftag, was?«

»Nein«, lüge ich. »Sie ist im Haus und näht.«

»Na, wenn sie auf ist, dann werde ich ihr mal Guten Tag sagen.« Mrs Tafa will zur Haustür.

Ich stelle mich ihr in den Weg. »Entschuldigung, Tante, aber Mama möchte heute keinen Besuch.«

Früher hätte Mrs Tafa mir über den Kopf gestrichen und mich zur Seite geschoben, aber jetzt bin ich größer. Sie tritt zurück. »Doch nichts Ernstes, will ich hoffen.«

»Bloß Kopfschmerzen.«

Mrs Tafa tippt sich langsam an die Nase. »Ich möchte ja nicht aufdringlich sein«, flüstert sie. »Aber diese Kopfschmerzen müssen aufhören.«

»Die kriegt sie doch nicht mit Absicht. Das kommt vom Trauern.«

»Trauer hin oder her, die Leute reden.«

Mir läuft es eiskalt den Rücken runter. »Niemand hat das Recht, über Mama zu tratschen.«

»Die Leute reden nun mal, egal ob sie das Recht dazu haben oder nicht.« Mrs Tafa senkt ihre Stimme. »Schluss mit dem albernen Geplänkel, Mädchen. Ich weiß, wer die Kopfschmerzen deiner Mama kurieren kann. Jetzt lass mich rein.«

Mir dreht sich der Magen um. Mama braucht ihre Ruhe, aber wenn Mrs Tafa jemanden kennt, der ihr die Schmerzen nehmen kann, dann ... Ich lasse sie durch. Sie marschiert direkt in Mamas Schlafzimmer. Mama hat sich unter einer Decke zusammengerollt, den Kopf mit einem Kissen bedeckt.

»Du brauchst nicht so zu tun, als ob du schläfst«, bellt Mrs Tafa. Sie setzt sich auf die Bettkante. »Als Emmanuel bei dem Unfall ums Leben kam, hab ich mich genau wie du im Bett verkrochen. Ich bin durch etwas geheilt worden, das besser hilft als Teufelskralle. Das hat mir ein Arzt gegeben, der auf der anderen Seite von Kawkee lebt. Das ist weit genug von hier – niemand hat je erfahren, dass ich Hilfe brauchte.«

Mama dreht sich langsam auf den Rücken. Sie hört genau zu.

»Er heißt Dr Chilume«, fährt Mrs Tafa fort, »und weiß alles. Als ich zum ersten Mal in seiner Praxis war, hat er mir seine Diplome gezeigt. Sechs Stück hat er, alle eingerahmt, mit goldenen Siegeln, roten Kordeln und der hübschesten Schrift, die man sich nur vorstellen kann. Morgen fahren wir nicht auf den Friedhof, sondern zu ihm.«

Mama ist zu müde, um etwas zu sagen, aber ihre Augen glänzen. Sie nickt.

Mrs Tafa tätschelt Mamas Schulter. »Keine Sorge, Lilian. Dr Chilume bringt dich im Nu wieder auf die Beine. Er kann Wunder vollbringen.«

18

Der Ort Kawkee liegt etwa eine Autostunde von Bonang entfernt. Für Mrs Tafa vierzig Minuten. Ich fragte Mama, ob sie sich die Fahrt zutraut. »Ja«, sagte sie. »Der Tag im Bett gestern hat mir sehr gut getan.« Trotzdem hat sie eine Plastiktüte mitgenommen, falls ihr schlecht wird.

Ich bin froh, dass sie zum Arzt geht, doch als wir in Mrs Tafas Wagen einsteigen, wünschte ich, wir würden erst zum Friedhof fahren. Damit ich mit Esther ins Reine kommen kann. Ich stelle mir vor, dass sie auf mich wartet und sich Sorgen macht, wenn ich nicht komme. Einerseits habe ich ein schlechtes Gewissen, sie so hängen zu lassen. Anderseits denke ich, geschieht ihr ganz recht, schließlich hat sie sich auch eine Woche lang nicht gemeldet.

Mrs Tafa rast los und schon denke ich an was anderes. So was wie – habe ich wirklich gesagt, ich wünschte, wir würden zum Friedhof fahren? So wie Mrs Tafa braust, könnten wir letztlich doch dort enden. Aber für immer. Sie kurvt mit Höchstgeschwindigkeit um Ochsengespanne herum, sogar bergauf. Sie geht nur einmal vom Gas – als die Straße eine rechtwinklige Kurve macht und ich schreie: »Pass auf! Ein Baum!« Da stampft sie auf die Bremse und ich halte Mama, damit sie nicht durch die Windschutzscheibe fliegt.

Es wird nicht besser, als wir von der asphaltierten Straße abbiegen. Die Erdstraße nach Kawkee ist so bucklig, dass unsere Köpfe fast durchs Dach stoßen. Und dazu wird die Straße auch noch einspurig. Das kümmert Mrs Tafa nicht weiter. Sie drückt nur noch mehr aufs Gas. Kinder auf Fahrrädern flüchten sich in den Graben, damit sie nicht überfahren werden. Ich kreische, aber Mrs Tafa lacht bloß und stopft sich Bananenchips in den Mund.

Mama schließt die Augen und hält sich den Magen.

»Dr Chilume ist der jüngere Bruder vom Ortsvorsteher«, plappert Mrs Tafa zwischen zwei Happen. »Habt ihr schon mal von CHILUME-GEMÜSE gehört?«

»Natürlich«, sage ich. Hält sie mich für blöd? Jeder kennt CHILUME-GEMÜSE. Das ist die Firma, die Spinat für die Supermarktketten anbaut.

»Tja«, zwinkert Mrs Tafa, »und die gehört Dr Chilumes Familie. Dr Chilume hat früher die Farmen seiner Brüder verwaltet. Aber weil er so klug war, hat ihn die Familie nach Johannesburg geschickt, wo er Kräuterheilkunde studiert hat. Da hat er auch seine Diplome bekommen. Krebs, Darmentzündungen, Tbc – es gibt nichts, was er nicht heilen kann. Er hat sogar Leute von diesem *du weißt schon* geheilt.«

Mir klappt der Unterkiefer runter. »Du meinst AIDS?«

Mrs Tafa verschluckt sich an ihren Bananenchips. »Das habe ich doch gesagt«, bringt sie schließlich heraus. »Er hat ein geheimes Mittel dagegen.«

Kann das wirklich wahr sein? Ich weiß, dass es Pflanzen gibt, die helfen: Nelken gegen Zahnschmerzen, Pfefferminztee gegen Verstopfung, Knoblauch gegen Erkältungen und Teufelskralle ist gut für die Haut und gegen Arthritis. Aber ein Mittel gegen AIDS? Wenn Mrs Tafa Recht hat, *ist* Mr Chilume ein Genie. Ich denke an Esthers Eltern. Und stelle mir vor, sie lebten noch.

Wir kommen zur Schule, die am Rand von Kawkee liegt. Mrs Tafa wirft ihre leere Bananenchipstüte aus dem Fenster und biegt nach links ab. Wir fahren durch einen

Wald von Jackalberry- und Mopanebäumen bis zu einem Staudamm, der von Betonmauern und Schilf umrahmt ist. Gruppen von Männern sitzen auf den Mauern oder stehen bis zum Bauch im Wasser und angeln. Auf der anderen Seite des Damms strecken sich bis zum Horizont saftige grüne Felder, übersät mit flachen, weiß gestrichenen Gebäuden.

Ich staune, dass in der Trockenzeit was wächst. Dann sehe ich überall kleine Regenbogen glitzern. Der Stausee speist ein gewaltiges Sprinklersystem.

Mrs Tafa macht eine weit ausholende Handbewegung. »All die Felder hier gehören den Chilumes. Sie verwalten das Wasser für den ganzen Ort. Da drüben wohnt der Arzt.« Sie zeigt über den Damm hinweg auf ein modernes, zweistöckiges verputztes Haus mit einem Ziegeldach. »Dummheit macht nicht reich«, sagt sie.

»Ich habe gedacht, wir fahren zu einem Krankenhaus oder einem Gesundheitszentrum«, sage ich.

»Für so was ist Dr Chilume viel zu gut.« Mrs Tafa rümpft die Nase.

Wir fahren zur schmalsten Stelle des Dammes. Dort ist eine Holzbrücke ohne Geländer. Der Wasserstand ist niedrig. Trotz der Algen kann ich erkennen, was im Schlamm liegt. Am weitesten heraus ragt ein Lieferwagen, der von der Brücke gefallen ist. Die Antenne glitzert in der Sonne.

»Vielleicht sollten wir den Rest des Wegs lieber laufen«, sage ich.

Diesen Vorschlag betrachtet Mrs Tafa als Herausforderung. Sie lässt den Motor aufheulen. Mama und ich klammern uns fest, während wir über die Brücke poltern. Die klappernden Bretter schrecken Schwärme von Vögeln auf, die im Gerüst nisten. Von allen Seiten fliegen sie hoch. Die Männer am Ufer strecken uns wütend ihre Fäuste entgegen, weil wir ihnen die Fische vertreiben. Mrs Tafa findet das lustig. Sie kurbelt das Fenster runter und winkt ihnen zu, dabei johlt sie und drückt auf die Hupe. Ich ducke mich.

Als wir endlich sicher auf der anderen Seite sind, fahren wir auf einen Schotterparkplatz neben dem Farmhaus und stellen uns neben einen Traktor, drei Pritschenwagen mit der Aufschrift CHILUME-GEMÜSE und einen Toyota Corolla.

Bevor wir aussteigen, wirft Mrs Tafa einen Blick in den Rückspiegel und zieht sich die Lippen nach. »Du solltest dir die Haare kämmen, Lilian«, sagt sie zu Mama. »Und was dich betrifft«, wendet sie sich an mich, »du hast auf der Wange einen so großen Dreckfleck, dass ich schwören würde, du hättest dich auf dem Weg von Bonang bis hier im Dreck gewälzt.«

Ich wische mir den Fleck ab, aber das reicht Mrs Tafa nicht. Sie zupft sich ihr Taschentuch aus dem Ärmel, spuckt drauf und putzt mir mein Gesicht. Das hat seit meiner Babyzeit niemand mehr mit mir gemacht; mir wird beinahe übel.

»Stell dich nicht so an«, sagt Mrs Tafa. »Ich bin schließlich deine Tante.«

Ein paar Hunde kommen auf uns zugerannt. Ein großer, glatzköpfiger Mann in einem weißen Hemd mit offenem Kragen, in Arbeitsstiefeln und Jeans pfeift sie zurück. Der Mann hat große Ohren und noch größere Hände.

»Dr Chilume!«, ruft Mrs Tafa.

»Rose. Was für eine Überraschung«, erwidert der Arzt. Er zieht sich die Jeans bis zum Bauch hoch und kommt auf uns zu. »Ihr habt den Hintereingang genommen.«

»Ich wollte meinen Freundinnen Ihren Staudamm zeigen.«

»Sie meinen den Kawkee-Damm«, grinst er. »Was kann ich für Sie tun?«

»Ich bräuchte neue Tabletten für meine Blase«, sagt sie. »Aber eigentlich bin ich wegen meiner Freundin hier.« Mrs Tafa stellt uns vor und erklärt, wie schlecht es Mama geht, seit Sara gestorben ist.

»Der Verlust eines Kindes ist etwas ganz Furchtbares«, nickt Dr Chilume. »Dennoch, liebe Schwester: Das Leben gehört den Lebenden. Wollen mal sehen, was wir tun können.«

Er führt uns zu einem Gebäude in der Nähe des Farmhauses. Es ist aus Betonblöcken gebaut und hat ein Dach aus Wellblech, ein Haus, wie man es auch in unserem Viertel finden könnte, allerdings hat dieses ein Fenster mit Glasscheiben. An der seitlichen Wand steht in Großbuchstaben: KRÄUTER-KLINIK. Darunter lese ich die Worte: »Spezialisiert auf die Heilung von . . .« und dann eine lange Liste von Krankheiten. Auch AIDS ist dabei, wie Mrs Tafa gesagt hat.

Ich spüre ein Kribbeln auf der Stirn. Ich deute auf das Schild. »Wie viele AIDS-Patienten haben Sie?«

Mrs Tafa schnappt nach Luft, als wäre ich unhöflich, aber Dr Chilume lehnt sich nur an den Türpfosten und lächelt. »Mehr als ich zählen kann«, sagt er.

»Und wie viele heilen Sie?«

»Alle.« Er kratzt sich Matsch von den Schuhen. »Jedenfalls alle, die rechtzeitig zu mir kommen. Es gibt Leute, die wegen der Kosten zögern. Sie kommen erst, wenn es zu spät ist. Mein Mittel ist teuer, aber wenn es früh genug eingenommen wird, hilft es garantiert.«

»Woraus besteht es?«

»Tut mir Leid. Das kann ich nicht sagen, bevor ich mein Patent habe.«

»Bitte nehmen Sie Chandas Fragen nicht übel«, entschuldigt sich Mama. »Sie will immer alles ganz genau wissen.«

»Das macht sie richtig«, lacht Dr Chilume. Er führt uns in sein Haus.

Trotz des Fensters ist es drinnen düster und viel Platz ist auch nicht. Ein Schreibtisch, ein Aktenschrank und zwei verchromte Stühle mit plastikbezogenen Kissen nehmen den halben Raum ein. In der anderen Hälfte stehen zwei kleine Tische und ein Wandregal aus Holz. Die Regalbretter sind mit halb vollen Pillenflaschen, zerbeulten Kisten mit Verbandszeug, Spritzennadeln und Baumwolltupfern voll gestellt. Auf den Tischen drängen sich prall gefüllte braune Papiertüten, die mit den Namen von Heilkräutern beschriftet sind. Unter den Tischen lagern Stapel verstaubter Broschüren, Bierkisten und eine Personenwaage.

Mama und Mrs Tafa setzen sich auf die Stühle, während Dr Chilume sich den Kittel überwirft, der auf seinem Schreibtisch lag. Er beginnt seine Untersuchung, indem er Mamas Personalien aufnimmt und sie bittet sich auf die Waage zu stellen. Dann zieht er eine Schreibtischschublade auf und fischt aus einem Wust von Kathetern ein Stethoskop heraus. Erst nimmt er Mamas Puls, dann leuchtet er ihr mit einer Taschenlampe in Ohren und Nase und schaut hinein.

Inzwischen haben sich meine Augen an das Dämmerlicht gewöhnt. Ich betrachte die Dinge, die an der Wand hängen. Ein Poster des menschlichen Körpers, so eines, wie bei uns in der Schule im Naturkunderaum. Dann sehe ich einen veralteten Kalender mit einem Foto der Victoria-Fälle. Und schließlich die sechs Diplome, von denen Mrs Tafa gesprochen hat.

Selbst von weitem sehen sie eindruckvoll aus in ihren schwarzen Metallrahmen. Schade nur, dass das Glas mit Staub überzogen ist, man kann schlecht lesen, was draufsteht. Dennoch ist unverkennbar, wie elegant die Schrift, wie reichhaltig die Verzierung ist. Jedes Dokument hat schwungvolle Schnörkel, goldene Siegel und rote Kordeln, so wie Mrs Tafa es uns beschrieben hat. Während Dr Chilume Mamas Blutdruck misst, gehe ich näher heran.

Zuerst denke ich, dass der Text auf Lateinisch sein muss, weil die Buchstaben so pompös sind. Aber als ich genauer hinsehe, merke ich, dass es Englisch ist. Auf dem Dokument ganz links steht: »Hiermit wird bestätigt, dass Mr Charles Chilume vom 8.–10. August 1995 an der 4. jährlichen Präsentation des Herbatex Unternehmens im Holiday Inn Conference Centre in Johannesburg, Südafrika teilgenommen hat.« Unterschrieben von einem »Mr Peter Ashbridge, Leiter der Verkaufsabteilung von Herbatex, S. A.«

Mit klopfendem Herzen überprüfe ich die anderen ›Diplome‹. Auf allen steht: »Hiermit wird bestätigt, dass Mr Charles Chilume offizieller Handelsvertreter für die Produkte der Firma Herbatex ist.« Und dann stelle ich noch fest, dass das alles Fotokopien sind. Die Goldsiegel in den Ecken sind weiter nichts als glänzende Aufkleber. Und die roten Kordeln sind nur billige Schnüre, die mit den Aufklebern am Papier befestigt wurden.

›Doktor‹ Chilume in Johannesburg als Arzt ausgebildet? Ha! Er war auf einem Arzneimittelkongress. Er ist kein Arzt. Er ist ein Vertreter. Ein Lügner! Der mit der Angst vor Krankheit und Tod Geschäfte macht. Leute ausnimmt, die nicht lesen und schreiben können – wie Mrs Tafa.

»Meine Diagnose lautet: Schlaflosigkeit, Depression und eine Schwellung der Gelenke«, sagt er zu Mama. »Aber machen Sie sich keine Sorgen. Ich habe die Mittel dagegen. Sie werden sich im Nu besser fühlen.«

Ich drehe mich um, will ihn entlarven, aber ich bringe es nicht fertig. Mamas Augen sind voller Hoffnung – zum ersten Mal seit Ewigkeiten.

»Zur Beruhigung Ihres Nervensystems verschreibe ich *Lactura virosa* und *Passiflora*«, fährt Mr Chilume fort. »Die gibt es als Tabletten, zweimal am Tag einzunehmen. Für die geschwollenen Gelenke verschreibe ich: morgens eine Tablette aus Kermesbeere, Fieberklee und Selleriesamen; und für die Reinigung des Darms eine abführende Tablette aus Kreuzdorn, Holunder und Sennesblättern.«

»Wie viel wird das alles kosten?«, fragt Mama.

»Zunächst einmal 30 Dollar.«

Mama senkt ihren Blick. »Das kann ich mir nicht leisten.«

»Du kannst es dir nicht leisten, dir das nicht zu leisten«, flüstert Mrs Tafa und stößt ihr den Ellbogen in die Seite.

Ich habe eine Idee. »Dr Chilume«, unterbreche ich ihn und deute auf seine Herbatex-Kongress-Souvernirs, »sind das Ihre medizinischen Diplome?«

Mr Chilumes Augen zucken. »Ja.«

»Sie sind sehr eindrucksvoll.« Ich lächele süß. »Sagen Sie, beziehen Sie Ihre Tabletten von Herbatex?«

Mr Chilume verschluckt sich. »Ja, es sind Herbatex-Tabletten, aus der Schweiz importiert. Die besten Medikamente, die man mit Geld kaufen kann.«

»Das glaube ich gerne«, sage ich. »Aber wenn Sie eine so gute Ausbildung haben, könnten Sie Mama doch auch aus den Kräutern auf Ihren Tischen ein Medikament mischen?«

Mr Chilume räuspert sich. »Die Tabletten von Herbatex haben eine besondere Schicht, die dafür sorgt, dass sich die Tabletten erst im Darm auflösen. Aber selbstverständlich«, fügt er schnell hinzu, »kann ich ein alternatives Präparat herstellen.«

»Was genauso gut wirkt?«

»Natürlich.«

»Und bezahlbar ist?«

»Aber sicher.« Er wendet sich an Mama. »Das Verantwortungsbewusstsein Ihrer Tochter rührt mich sehr. So sehr, dass ich Sie einen Monat lang umsonst behandeln werde.«

»Da ich eine so treue Patientin bin«, mischt sich Mrs Tafa ein, »könnten Sie mir vielleicht auch einen Rabatt auf meine Blasentabletten geben?«

»Nur dieses eine Mal«, sagt Mr Chilume grimmig. »Aber verraten Sie das bloß nicht weiter, sonst kann ich mein Geschäft gleich zumachen.« Er nimmt ein paar kleine Plastiktüten aus seiner Schreibtischschublade und bittet uns, draußen zu warten, während er seine Kräuter mischt. Beim Rausgehen achte ich darauf, Mama den Blick auf die ›Diplome‹ zu verstellen. Denn sie kann lesen, im Gegensatz zu Mrs Tafa.

Draußen watschelt Mrs Tafa rastlos herum. Ihr ist beim Sitzen auf dem Chromstuhl die Unterwäsche hochgerutscht. »Woher weißt du das mit Herbatex?«, will sie von mir wissen und wackelt mit dem Po, um den Schlüpfer zurechtzurücken.

»Aus der Schule«, lüge ich. »Ich habe für ein Projekt über Kräuterheilmittel in der Bibliothek recherchiert. In einem Reader's-Digest-Artikel stand was über Herbatex.«

»Tatsächlich? Aber trotzdem finde ich es ganz schön unverfroren«, schimpft Mrs Tafa, während sie sich dreht und wendet, »einen Arzt mitten in einer medizinischen Untersuchung nach dem Lieferanten seiner Medikamente zu fragen. Ich möchte dir ja nicht zu nahe treten, Lilian, aber meinst du, so ein Benehmen gehört sich für deine Tochter?«

»Sei still«, sagt Mama. »Ich denke, Chanda hat das Richtige getan.«

»So, meinst du?« Mrs Tafa gibt es auf, den Anstand bewahren zu wollen. Sie lehnt sich an einen Baum, greift sich unters Kleid und zieht mit einem Ruck ihren Schlüpfer zurecht.

Mama platzt bald vor Lachen. Es ist ein riesiges Lachen, ihr Lachen aus der Zeit, als sie gesund war. Mrs Tafa und ich gucken sie staunend an. Dann fangen auch wir beide zu lachen an. Die Luft tanzt!

19

Als wir nach Hause kommen, sind wir bester Stimmung. Iris und Soly kommen zum Wagen gelaufen. Mama umarmt sie, dann geht sie zu Mrs Tafa Tee trinken. Die Tüten mit den Kräutermischungen hält sie fest an sich gedrückt.

Sobald sie weg ist, zieht Iris einen Zettel aus der

Tasche. »Das ist für dich. Von Esther. Sie ist gerade weg.«

Ich greife nach dem Zettel.

»Soly hat das Blatt aus einem Heft von dir gerissen. Ich habe gesagt, er soll das nicht, aber er hat es trotzdem getan.« Sie grinst breit. »Wirst du ihn jetzt verhauen?«

»Nicht«, bettelt Soly. »Iris hat mich angestiftet.«

»Keine Bange«, sage ich.

Esthers Nachricht steht auf der Rückseite einer alten Mathe-Hausarbeit. »Chanda, wo warst du? Ich habe auf dem Friedhof gewartet. Ich komme noch in dieser Woche mit dem Fahrrad vorbei. Muss mich jetzt beeilen, das Klohäuschen putzen. Will nicht noch eine Tracht Prügel. Esther.«

Ich runzele die Stirn.

»Ist was passiert?«, fragt Soly.

»Nein«, sage ich. »Alles in Ordnung«. Alles in Ordnung. Langsam klinge ich wie Mama. Ich sage ihnen, sie können spielen gehen, wir gehen heute nicht in die Kirche.

»Kann ich trotzdem mein Sonntagskleid anziehen?«, fragt Iris.

»Nein, du machst es bloß schmutzig.«

Sie stemmt die Hände auf die Hüften. »Nein, mache ich nicht. Außerdem muss ich es jetzt tragen. In ein paar Monaten ist es mir zu klein.«

Iris bringt mich zum Lachen. »Ist gut«, sage ich. »Aber nur für zehn Minuten. Und bleib drinnen. Wenn Mama erfährt, dass ich dir's erlaubt habe, bringt sie mich um.«

Iris rennt glücklich ins Haus. Ich lese noch einmal Esthers Zettel, dass sie Angst vor einer weiteren Tracht Prügel hat. Ich erinnere mich an das blaue Auge, das sie letzte Woche hatte. Wenn ich mich beeile, kann ich bei ihr sein, bevor ihr Onkel, ihre Tante und deren Brut aus der Bethel Gospel Hall zurück sind. Wir müssen reden. Wir müssen was tun. Ich weiß nicht, was, aber die Schläge müssen aufhören.

Mit dem Fahrrad sind es zehn Minuten bis zu Esther. Während ich die Straße entlangsause, höre ich über die Wände von Shebeens Flüche schallen, aus Betonblock-Kirchen Tamburinschlagen und Singen. Zweimal bleibe ich stehen und beuge den Kopf, weil ein Leichenzug vorbeizieht. Unter Bäumen sehe ich Grannys und Grampas mit ihren Tonpfeifen sitzen und vor den Häusern Mütter, die ihre Kinder in Blechwannen waschen.

Wie ich das Baden hasste, früher auf dem Viehweideplatz! Da ich die Kleinste war, musste ich warten, bis meine älteren Geschwister fertig waren. Wenn ich endlich ins Wasser konnte, war es immer schmutzig grau und die Wanne hatte einen seifigen Dreckrand. Ich erinnere mich daran, wie glücklich ich einmal war, weil das Wasser schön warm war. Aber als ich meinen Bruder, der gerade aus der Wanne gekommen war, grinsen sah, war ich nicht mehr glücklich. Aber jetzt Schluss mit den Erinnerungen. Ich bin da.

Wenn Esthers Onkel und Tante schon von der Kirche zurück wären, würden ihre Kinder draußen spielen. Aber es ist totenstill um das Haus. Ich mache die Pforte auf und schiebe mein Rad zum Schuppen. Hier haben sie Esther untergebracht, weil im Haus angeblich kein Platz war.

Der Schuppen sieht noch genauso aus wie an dem Tag, als Esther eingezogen ist. Auf dem Blechdach liegen kaputte Fässer und rostige Rohrstücke. Esther meint, nur das Gewicht von dem Krempel verhindert, dass das Dach davonfliegt. Das glaube ich gerne. An der Wand lehnen zwei Schaufeln, ein Rechen und eine Hacke. Neben dem Schuppen stehen eine umgedrehte Schubkarre und ein paar Eimer.

Ich klopfe an die Tür. »Esther?«

Ich bekomme eine Antwort. Aber nicht von Esther. Aus der Ecke des Abfallhaufens hinter dem Haus erschallt ein gewaltiges Bellen. Ich blicke auf. Die Hunde von Esthers Onkel kommen um die Ecke gestürmt. Direkt auf mich zu. Ich greife nach einer Schaufel. Ich stolpere. Bevor ich wieder auf den Beinen bin, sind die Hunde über mir. Ich lege meine Hände schützend über den Kopf. Ich rolle mich ganz zusammen.

Aber die Hunde beißen nicht. Sie schnüffeln. Sie wollen wissen, ob ich was zu essen habe. Ich streiche über ihre Köpfe. Sie wedeln mit den Schwänzen und ich stehe auf.

Das Bellen hätte Esther hören müssen, aber es rührt sich nichts. Wo mag sie sein? Ich gehe zum Haus und gucke durch die Fenstergitter. »Esther?« Wieder keine Antwort. Ich gehe hintenrum zum Klohäuschen. Schon zwanzig Schritt davor würgt es mich. Kein Wunder, dass Esthers Tante will, dass es geputzt wird. Kein Wunder, dass Esther es nicht getan hat.

Ich lese noch mal Esthers Zettel. Sie hat geschrieben, sie muss nach Hause, sonst würde es Prügel setzen. Aber wenn sie nicht im Schuppen, nicht im Haus, nicht im Klohäuschen ist – wo ist sie dann? Und wo ist ihr Fahrrad? Ich spüre, wie mir übel wird. Ist ihr was passiert auf dem Weg von mir hierher?

Mach dich nicht verrückt, sage ich mir. Wahrscheinlich hat Esther ihr Fahrrad in den Schuppen gestellt, weil es da sicherer ist. Wahrscheinlich ist sie Wasserholen gegangen. Nein, Moment – wenn sie Wasserholen gegangen ist, warum stehen dann die Schubkarre und die Eimer neben der Hütte?

Ich habe keine Zeit mehr zum Grübeln. Die Hunde haben die ganze Zeit um mich herumgetollt, jetzt hören sie ein Geräusch von der Pforte und rennen dorthin. Ich tue das auch, weil ich Esther erwarte. Stattdessen stehe ich vor ihrer Tante, ihrem Onkel, ihren Cousins und Cousinen.

Die Tante trägt ein grünes Gewand, grünen Kopfschmuck, um die Schultern ein weißes Tuch, vor der Brust eine weiße Schärpe. Auch das Gewand des Onkels ist grün, sein Kopf ist mit einem Bischofshut aus Stoff und Pappe geschmückt. Die Kinder stecken in gelben Kleidern mit grüner Borte. Sie sind zum Schuppen gelaufen und betrachten mein Fahrrad. Als ihre Eltern mich entdecken, verengen sich ihre Augen zu schmalen Schlitzen.

»Wer bist du?«, herrscht mich der Onkel an.

»Chanda Kabelo«, sage ich. »Wissen Sie nicht mehr? Wir haben uns bei der Aufbahrung von Mrs Macholo gesehen. Ich habe Esther beim Umziehen geholfen.«

»Was willst du?«, kommt von der Tante. Sie hat die Arme verschränkt.

Ich suche nach einer guten Ausrede, finde aber keine. »Ich suche Esther.«

»Und was willst du dann hier?«, schnaubt die Tante.

»Ich dachte, sie wohnt hier.«

»Ach ja?«

»Stimmt das nicht?« Ich verlagere mein Gewicht von einem Fuß auf den anderen.

»Esther kommt gelegentlich mal vorbei«, sagt die Tante kalt.

Ich möchte schreien – »Du lügst. Esther schuftet für euch, ihr schlagt sie.« –, aber das würde Esther büßen müssen, also halte ich den Mund. Es entsteht eine fürchterliche Stille.

»Wir mögen keine fremden Leute auf unserem Grundstück«, sagt der Onkel schließlich. »Und schon gar keine, die um unser Haus schleichen. Woher sollen wir wissen, dass du kein Dieb bist?«

»Ich habe es Ihnen doch gesagt – ich bin eine Freundin von Esther!«

»Du hast gehört, was ich gesagt habe«, antwortet er grimmig.

Ich werde rot.

»Du gehst jetzt besser«, sagt die Tante.

»Und komm ja nicht wieder«, fügt der Onkel hinzu. »Nächstes Mal rufen wir die Polizei.«

»Macht nur«, denke ich. »Dann sage ich, dass ihr meine Freundin schlagt.«

Esthers Cousins weichen von meinem Rad. Ich hebe es hoch und trage es zur Straße. Dann steige ich auf und drehe mich um. Ich räuspere mich. »Haben Sie eine Idee, wo Esther sein könnte?«

»Oh, ja«, sagt ihre Tante. »Aber es ist kein Ort dabei, den man aussprechen könnte.«

Der Onkel nimmt seinen Bischofshut ab und wischt sich über die Stirn. »Versuch's am Liberty Hotel, da in der Gegend.«

»Wenn du sie siehst, sag ihr, es reicht uns«, sagt ihre Tante. »Entweder sie führt ein anständiges Leben oder sie kann verschwinden. Es ist schwer, die Kleinen von der Sünde abzuhalten, wenn sie mit einer Hure unter einem Dach leben.«

20

Ich rase zum Liberty Hotel. Esther eine Hure? Das ist eine Lüge. Eine fiese Lüge. Sie lässt sich nur von Touristen fotografieren. Vielleicht ist das für die heiligen Pharisäer der Bethel Gospel Hall schon Hurerei?

Aber trotzdem – warum hat Esther gesagt, dass sie

nach Hause geht? Was ist der wirkliche Grund dafür, dass sie mich hat versprechen lassen, sie nie zu Hause zu besuchen?

Ich denke über die Polaroidfotos nach. Ich denke über die Männer nach, die die Fotos machen. Die Esthers Namen an ihre Freunde weitergeben. Die ihr über das Internet schreiben. Esther hat gelacht, als ich mich darüber aufgeregt habe. Aber ich habe Recht, Touristen können jeden fotografieren. Dazu brauchen sie keine E-Mails zu schicken.

Ich denke über die Gerüchte nach. Über das, was Mrs Tafa gesagt hat. Und Mama. Und die Jungs in der Schule. Auch die Mädchen. Ich habe Esther immer verteidigt. Aber wenn sie nun Recht haben? Wenn ich nun ein Trottel bin? Nein, Schluss damit, Schluss. Wenn ich so was denke, was für eine Freundin bin ich dann?

Ich fahre um die kreisförmige Auffahrt des Liberty Hotels herum. Keine Esther. Was für eine Erleichterung. Oder auch nicht.

Ich fahre in die Seitenstraßen. Nachts stehen hier überall Huren, sie tragen kurze Röcke und leuchtende Plastikstiefel und springen an Stoppschildern in haltende Autos. Aber tagsüber ist hier alles ruhig. Die Freier scheuen das Tageslicht, daher verlagern sich am Tag alle Aktivitäten in den Sir Cecil Rhodes Commemorative Garden. So heißt der Ort in den Reiseführern. Wir nennen ihn einfach Nuttenpark.

Der Park ist fünf Blocks lang und drei Blocks breit –

ein Ort, an dem Leute ermordet werden, an dem Vergewaltigungen passieren. Aber am Nachmittag ist es dort nicht gefährlich, zumindest solange man auf dem Hauptweg bleibt. Die Nutten hängen auf den Bänken rum, sonnen sich oder schlafen ein bisschen. Wenn ein Typ was will, gehen sie mit ihm in die Büsche. Oder, wenn er ein Lastwagenfahrer ist, in seinen Laster. Jedenfalls wird das in der Schule so erzählt.

Der Park ist von einer Steinmauer umgeben. Ich benutze das eiserne Tor am südlichen Eingang, fahre den Hauptweg entlang – er ist in der Form einer riesigen Acht angelegt – und werfe dabei schnelle Blicke in die Seitenwege. Am nördlichen Ende ist ein Graben, der Weg führt über in eine Brücke. Unter mir höre ich Geräusche, aber ich bin schlau genug, um nicht anzuhalten. Als ich das dritte Mal vorbeikomme, klettert ein Mann eilig die Böschung herauf. Unten wischt sich eine Frau mit einem Lappen die Innenseite ihrer Oberschenkel sauber.

Langsam werde ich ruhiger. Dreimal bin ich herumgefahren – von Esther keine Spur. Ich spreche ein Dankgebet aus. Was habe ich gedacht? Ich habe ein total schlechtes Gewissen. Ich habe eine gemeine Lüge gehört und mich umgehend in Mrs Tafa verwandelt.

Ich beschließe zum Red-Fishtail-Einkaufszentrum zu fahren. Erst zu Mr Mphos Elektronikladen, dann zum Internet-Café.

Jedenfalls hatte ich das vor, aber ich komme nicht sehr weit. Als ich den Park verlasse, hält vor mir eine Limousine mit getönten Fensterscheiben. Aus der hinteren Tür steigt jemand aus. Jemand sehr Bekanntes.

»Esther!«

»Chanda!«

Die Limousine fährt davon. Esther steht vor mir, eine Plastiktüte in der Hand. In der Tüte sehe ich ihre normalen Anziehsachen. Sie sind knallig wie immer, aber das ist gar nichts im Vergleich zu den Sachen, die sie jetzt anhat. Einen Fetzen von Rock aus orangefarbenem Vinyl und ein rosa Bikinioberteil. Ihr Gesicht ist mit billiger Schminke bedeckt. Der Lippenstift verschmiert.

»Was machst du denn hier?«, frage ich, als ob das nicht offensichtlich wäre.

»Geht dich gar nichts an«, faucht sie. »Wie kannst du es wagen, mir hinterherzuspionieren?«

»Tue ich ja gar nicht. Ich habe deine Nachricht bekommen. Ich war bei dir zu Hause.«

»Ich hab dir gesagt, du sollst da nicht hin!«

»Ich hab mir Sorgen gemacht.«

»Na und? Du hast versprochen, dass du da nicht hingehst. Also hast du mich angelogen.«

»*Ich* habe dich angelogen?« Mir fallen fast die Augen aus dem Kopf.

»Jedenfalls weiß ich nicht, warum du dich so aufregst«, sagt sie, abweisender denn je. »Ich mache überhaupt nichts. Ich führe Touristen rum. Ich zeige ihnen die Stadt. Zeige ihnen interessante Orte. Was ist denn dabei?«

»Nichts, wenn das stimmt. Aber es stimmt nicht.«

»Woher willst du das wissen? Ich dachte, wir wären Freundinnen. Freundinnen sollten einander vertrauen.«

»Vertrauen!« Meine Augen füllen sich mit Tränen. »Weißt du, wie blöde du klingst?«

»Ich? Blöde?« Esther langt in ihre Tasche und zieht ein Bündel Geldscheine raus. »Sieht das nach blöde aus? Mit euren Eiern und eurem Gemüse schaffst du in einem Monat nicht mal die Hälfte von dem hier. Das hier habe ich an einem Nachmittag verdient. Und du hältst *mich* für blöde?«

Ich blicke ihr in die Augen, auf das Geld und zurück. Aus meinem Körper weicht alle Luft. Ich schwanke. »Ich habe dir immer geglaubt«, flüstere ich. »Wenn die Leute dich beschimpft haben, war ich immer auf deiner Seite.«

Esther verzieht das Gesicht. »Du hast es leicht«, sagt sie. »Du hast deine Mama, deine Schwester, deinen Bruder. Meine Mama ist tot. Meine Geschwister sind überall verteilt. Ich will meine Familie wiederhaben. Dafür brauche ich das Geld.«

»Und das verdienst du *damit*?«

»Wie kann ich sonst genug für uns alle verdienen? Ein Zimmer mieten? Essen kaufen?« Sie wirft die Arme in die Luft, lässt sich auf eine Bank fallen und wendet den Kopf ab.

Ich lehne mein Fahrrad an einen Baum und setze mich zu ihr. Eine ganze Weile lang sagen wir gar nichts, sie reibt sich die Augen, ich starre auf den Boden.

»Wie lange gehst du schon auf den Strich?«, frage ich schließlich.

»Ein paar Monate.«

Ich schlucke.

»Nicht jeden Tag«, fügt sie schnell hinzu. Als ob mich das beruhigen würde.

»Warum hast du es mir nicht gesagt?«

Ihre Stimme wird ganz dünn. »Dann würdest du nicht mehr meine Freundin sein, habe ich gedacht.«

»Du müsstest mich besser kennen.«

Sie schnieft. »Wen kennt man schon?«

Wieder eine lange Pause. »Du hättest dir doch denken können, dass ich das rausfinde.«

»Warum?« Sie wischt sich einen kleinen Mascarabach aus dem Gesicht. »Über mich wird so viel getratscht, da hab ich gedacht, du wirst das auch für Tratsch halten. Außerdem, die Leute aus unserer Gegend kommen nicht oft hierher. Und wenn, dann wollen sie auch nicht gesehen werden. Und bei allen anderen, na, da verstecke ich mich eben einfach im Gebüsch, habe ich gedacht. Oder ich sage, ich wäre eine Touristenführerin. Oder . . .« Sie zuckt die Achseln, hoffnungslos. »Ich weiß nicht. Ich habe lieber nicht daran gedacht.«

Ich sehe ihr tief in die Augen. Eins ist schon wieder geschwollen. »Es war nicht deine Tante, die dich verprügelt hat. Das ist bei der ›Arbeit‹ passiert.«

Esther zuckt zusammen. Und nickt.

»Esther«, sage ich. »Ich möchte dich was ganz Persönliches fragen. Aber ich will die Wahrheit wissen.« Ich hole tief Luft. »Was ist mit Kondomen?«

Peinliche Stille. »Ich habe immer welche bei mir.«

»Das habe ich nicht gemeint.«

»Das ist nicht so einfach«, verteidigt sie sich. »Die Typen mögen sie nicht. Wenn ich darauf bestehe, dann nehmen sie eine andere.«

»Sollen sie. Das ist immer noch besser, als AIDS zu kriegen.«

»Was meinst du mit ›AIDS kriegen‹?« Sie steht auf, richtig aufgeregt. »Das klingt gerade so, als wäre ich eine Hure. Bin ich aber nicht. Das ist nur eine vorübergehende Sache. Sobald ich meine Geschwister zurückhabe, wird alles anders.«

»Wie denn?«

»Weiß ich nicht. Es wird einfach anders sein.«

Ich lache bitter. »Deine Geschwister haben gesehen, wie dein Papa und deine Mama gestorben sind. Jetzt werden sie auch dich sterben sehen. Das ist wirklich *anders*. Ich bin sicher, sie werden das zu schätzen wissen, wenn sie erfahren, dass du es für sie getan hast.«

»Scher dich zum Teufel!«

Ein Auto hält an. Der Fahrer beugt sich heraus. Er könnte Esthers Großvater sein. Er winkt uns zu sich.

Esther starrt mich an. »Angenommen, ich kriege AIDS. Angenommen, ich sterbe. Na und? Schlimmer als das hier kann es nicht sein. Jetzt geh mir aus dem Weg. Ich muss arbeiten.«

21

Die ganze Nacht lang habe ich fürchterliche Träume. Esther unter dieser Brücke im Hurenpark. Wird von alten Männern betatscht, die sich in Skelette verwandeln. Wird von diesen lebenden Toten verfolgt. Kriecht durch ein Abwasserrohr. Ihr Körper ist voller Wunden.

Ich wache entsetzt auf. Meine Freundin wird sich infizieren. Sie wird AIDS bekommen. Ich weiß es. Ich kann es nicht verhindern. Niemand kann das. Wahrscheinlich ist es bereits geschehen.

Wie verrückt sage ich das Alphabet auf – ABCDEFG – ABCDEFG. Es nützt nichts. Mein Kopf gibt keine Ruhe. Ich muss mit jemandem reden. Aber mit wem? Die Leute in der Schule würden es sofort weitererzählen. Mama würde mich zwingen den Kontakt zu Esther abzubrechen.

Ich bete um Hilfe, aber die Worte bleiben mir im Hals stecken. »Gott, wo bist du?«, weine ich. »Ich will an dich glauben, aber du machst es so schwer.«

Ich muss wieder eingeschlafen sein, denn ich komme erst zu mir, als Iris mich wachschüttelt: »Mama sagt, du sollst aufstehen, sonst kommst du zu spät zur Schule.«

Mama schon wach? Ich springe aus dem Bett. Mama ist nicht nur wach, sie ist sogar schon in der Küche und macht Haferbrei. Ist das wieder ein Traum?

Sie sieht meinen erstaunten Blick. »Du hast in letzter

Zeit viel zu viel tun müssen«, sagt sie. »Heute bin ich mal dran.«

»Mama?«

»Frag mich nicht warum, aber ich habe wie ein Baby geschlafen. Diese Kräuter. Das ist schon erstaunlich.«

Ich versuche nicht allzu viel Begeisterung zu zeigen. Vor dem Unterricht gehe ich in die Schulbibliothek und gucke ins Lexikon. Und da finde ich auch alle Kräuter, die Mr Chilume Mama verschrieben hat. Es sind traditionelle Medikamente gegen Verdauungsprobleme, Erschöpfung und Schlafstörungen. Vielleicht ist Mr Chilume doch kein Quacksalber.

Nach dem Unterricht beeile ich mich nach Hause zu kommen. Ich habe mich daran gewöhnt, dass Mama im Bett liegt. Heute aber ist sie draußen, zusammen mit Mrs Tafa. Mama trägt ein sauberes Kleid und ein buntes Kopftuch.

»Na, wie war dein Tag?«, fragt sie mich. Ihre Stimme klingt kräftig wie seit Wochen nicht mehr.

»Prima«, sage ich.

»Meiner auch«, lächelt sie. »Ich habe gerade zu Mrs Tafa gesagt, ein Tag Behandlung und schon fühle ich mich wie ein anderer Mensch.«

Mama ist immer noch nicht sicher auf den Beinen, aber sie hat viel mehr Energie. Am Abend schafft sie es, die Kartoffeln für die Suppe zu schälen, und danach erzählt sie Iris und Soly mit ihren Handpuppen aus Lumpen eine Geschichte.

Ich bin nicht die Einzige, die die Veränderung bemerkt. Am nächsten Tag, als ich auf dem Weg zum Wasserrohr bin, winkt mich Mrs Tafa heran. »Deiner Mama geht es so viel besser«, flüstert sie. »Gestern war sie draußen und hat geredet. Und heute Nachmittag, na, da habe ich sie sogar dazu gekriegt, mit mir zum Laden zu gehen.«

»Das ist fast zu schön, um wahr zu sein«, sage ich und schwebe wie auf Wolken.

»Oh, ihr Kleingläubigen«, nickt Mrs Tafa zufrieden. »Dr Chilume ist ein Genie.«

Ich beiße mir auf die Zunge. Ob Mama sich wegen der Kräuter erholt hat – oder weil sie an die Kräuter glaubt –, spielt keine Rolle. Sie wird langsam wieder Mama. Es ist ein Wunder.

Die ganze Woche lang macht sie Fortschritte. Sie verbringt immer mehr Zeit draußen, erledigt einige Sachen und vor allem hört sie nicht auf zu lächeln. Ich bin so froh, dass ich vor mich hin trällere.

Am Freitagabend ist Schluss mit dem Wunder.

Mama spült das Geschirr vom Abendessen. Da fährt sie plötzlich zusammen. Die Teller fliegen auf den Boden. Mama hält die Luft an und packt einen Stuhl, das Gesicht schmerzverzerrt. Ein paar Sekunden lang verharrt sie. Dann fällt sie um wie ein Stein.

»Bett. Bring mich ins Bett.« Sie presst sich die Hände an den Kopf.

Iris und Soly verstecken sich unter dem Tisch, während ich Mama ins Schlafzimmer bugsiere. Sie reißt sich das Tuch von der Stirn. Jetzt sehe ich, warum sie sich nicht mehr die Schläfen gerieben hat. Nicht wegen der Kräuter. Es liegt an der Binde. Sie ist unter dem Kopftuch versteckt. So straff gebunden, dass ich mich wundere, wie da der Kopf noch dranbleiben konnte.

Voller Entsetzen schaue ich zu, wie die magische Genesung vor meinen Augen verschwindet. Mamas Energie ist verpufft. Mama ist wieder klein. Schwach.

»Es hat keinen Sinn«, stöhnt sie. »Nichts hilft. Die Kräuter nicht. Gar nichts.«

»Das stimmt nicht«, schreie ich. »Du hast einen Anfall. Weiter nichts. Du wirst wieder gesund werden. Du musst. Für Iris. Und Soly. Und für mich. Bitte, Mama, bitte. Du musst es versuchen.«

»Ich versuche es doch«, weint sie. »Ich habe es mit aller Kraft versucht.«

22

Am nächsten Morgen sitzt Mama in ihrem Bett. Als ich draußen die Hühner füttere, sehe ich Mrs Tafa Limonade schlürfen. Wir nicken uns zu, sagen aber nichts. Sie weiß Bescheid.

Soly und Iris bleiben bei Mama. Ich, ich bleibe draußen und arbeite so hart, dass ich nicht zu denken brauche – weder an Mama noch an Esther oder an irgendwas. Am späten Nachmittag bin ich gerade beim Holzhacken, als Jonahs Schwester, Tante Ruth, mit ihrem Freund vorfährt. An ihrer rostigen Corvette hängt ein zweirädriger Holzkarren. Er stinkt.

Tante Ruths Freund hupt und ruft: »Endstation!«

Tante Ruth klopft ihm auf den Arm. »Lass mich das machen.« Sie steigt aus. »Chanda, ist deine Mama zu Hause?«

»Sie schläft.«

»Es geht um Jonah.«

»Was ist mit Jonah?«

Tante Ruth beißt sich auf die Lippen. »Er ist vor ungefähr einem Monat zu uns gekommen. Hat gesagt, er hätte deine Mama verlassen und braucht eine Unterkunft. Wir haben gedacht, er bleibt ein oder zwei Tage und geht dann wieder nach Hause. Aber nein, er hat sich aufgeführt wie ein Irrer.«

»Bestimmt war er betrunken.«

»Das lag nicht am Alkohol.«

Tante Ruths Freund steigt aus. »Wir haben nicht den ganzen Tag Zeit«, sagt er. Er nimmt eine Mistgabel vom Rücksitz seines Wagens und stößt damit so kräftig gegen den Holzkarren, dass die Bretter wackeln. »Du da drin. Raus jetzt – oder ich schaufle dich raus wie eine Garbe Hirse.«

Iris und Soly stecken ihre Köpfe aus der Tür.

»Geht ins Haus«, sage ich.

»Ja, und holt eure Mama«, ruft Tante Ruth.

Mrs Tafa steht von ihrem Liegestuhl auf. Sie guckt über die Hecke und ruft Mr Tafa zu sich. Die Lesothos drehen ihre Boombox leise und kommen gucken. Auch andere Nachbarn versammeln sich. Die Sibandas. Mr Nylo, der Lumpensammler. Eigentlich alle, die wir kennen.

Tante Ruths Freund fuchtelt mit der Forke über dem hinteren Teil des Holzkarrens. »Bist du taub?«, schreit er. »Ich habe gesagt: Raus!«

Aus dem Karren ertönt ein unmenschliches Jaulen. Ich blicke über die Seitenwand.

»Tut mir Leid«, sagt Tante Ruth. »Wir können ihn nicht bei uns behalten. Er muss gehen.«

Ich kann mich nicht vom Fleck rühren. Ich kann nicht sprechen. Ich kann die Augen nicht von der Kreatur wenden, die sich in der Ecke zusammenkauert. Es ist Jonah. Nein, was von Jonah übrig ist. Ein Skelett. Das Fleisch unter der Haut ist verschwunden. Am Kopf ist die Haut so vertrocknet, dass der Nasenhöcker durchgebrochen ist. Das gestreifte Stirnband ist heruntergerutscht. Es hängt wie eine Schlinge um den Hals. Der alte blaue Anzug fließt um die Knochen wie ein Fluss aus Stoff. Fliegen fressen ihn bei lebendigem Leibe.

Tante Ruths Freund pikt Jonah mit der Forke. »Ich habe gesagt: Raus!«

»Nein!«, kreischt Jonah. »Töte mich!« Er packt den Stiel der Forke und versucht sich die Zinken in die Brust zu jagen. »Lass mich nicht hier! Töte mich!«

Mama kommt aus dem Haus. Auf einen Stock gestützt schafft sie es bis zu dem Karren. Als Jonah sie sieht, lässt er vor Schreck die Forke los. Er stellt sich auf seine spindeldürren Beine und wendet sich unseren Nachbarn zu. »Zwei Kinder von mir sind in ihrem Bauch gestorben. Mein Kind Sara ist an ihrer Milch gestorben.« Ihm läuft Schweiß über das Gesicht. »Ich habe gutes Blut. Guten Samen. Sie hat einen Fluch über mich gebracht!«

Tante Ruths Freund löst den Anhänger. Der Karren kippt nach hinten. Jonah stürzt.

»Jonah, vergib mir«, weint Tante Ruth, als sie zurück ins Auto steigt. Mit den Augen bittet sie Mama um Vergebung. »Wir haben selber Kinder. Die sind in Gefahr.« Ihr Freund lässt den Motor an und die Corvette saust davon. Der Karren mit Jonah bleibt zurück.

»Hör mir zu, Jonah«, sagt Mama. »Wir besorgen dir einen Arzt.«

»Ich brauche keinen Arzt.« Er krabbelt über die Holzwand. »Das hast du mir angetan.« Er fällt mit dem Kopf voran auf den Boden, kommt mühsam auf die Beine und blickt mit zusammengekniffenen Augen in die Menge. Hinter einer Gruppe Nachbarn entdeckt er Mary, die sich ihre Kappe weit ins Gesicht gezogen hat. »Mary? Bist du das?« Er taumelt auf sie zu.

Die Menge hält die Luft an. Weicht zurück. Mary will hinter den Sibandas bleiben, aber die packen sie am Ellbogen und schieben sie nach vorne.

»Mary, hilf mir«, bettelt Jonah.

»Ich kenne dich nicht!«

»Oh, doch. Ich bin's, Jonah.«

»Nein! Du bist ein toter Mann! Eine Vogelscheuche!«

»Bitte Mary! Du und ich ...«

»Bleib mir vom Leib!«, schreit Mary entsetzt.

Jonah streckt seine Arme nach ihr aus.

»Ich warne dich!« Mary greift sich eine Hand voll Steine. »Bleib mir vom Leib!«

Aber Jonah hört nicht. Er stolpert vorwärts.

Mary schleudert ihm die Steine an den Kopf. »Bleib weg! Bleib weg!«

Die Steine prasseln auf Jonahs Gesicht. An seinem linken Auge blutet es. Er bleibt stehen. Wankt erschüttert hin und her. Lässt die Arme fallen. Sinkt zu Boden, die Augen voll blutiger Tränen. Dann legt er die Hände über den Kopf und schluchzt.

Die Nachbarn gucken weg. Alle sind entsetzlich still. Nur Jonahs Schluchzen ist zu hören. Und dann die Stimme von Mrs Tafa. »Komm ins Haus, Leo«, brüllt sie ihrem Mann zu. Sie ist schon drinnen und hat die Jalousien heruntergelassen.

Mr Tafa senkt den Kopf und schlurft leise davon. Kurz darauf tun das alle anderen auch. Einer nach dem anderen verkrümeln sie sich, verschwinden in ihren Häusern, bis die ganze Straße leer ist.

Mary ist die Letzte, die geht. »Tut mir Leid, alter Freund«, flüstert sie Jonah zu. »Das habe ich nicht so gemeint.« Jonah schluchzt und plötzlich rennt Mary die Straße entlang, als wäre ihr Leben in Gefahr.

Mama kniet neben Jonah. Er guckt sie nicht an, sagt nichts. »Du kannst hier draußen bleiben oder reinkommen«, sagt Mama. »In jedem Fall bringen wir dir eine Decke und eine Schüssel mit Wasser.«

Sie ergreift meinen Arm und ich bringe sie ins Haus. Sie geht sofort zu ihrem Bett. »Kann ich das alles dir überlassen?«

Ich weiß es nicht, aber ich nicke. Ich versuche mich an das zu erinnern, was der Arzt bei Esther gesagt hat. Als ich Jonah das Wasser bringe, stecken meine Hände in Plastiktüten. Jonah ist unter den Karren gekrochen. Er hat sich zu einer Kugel zusammengerollt, hat das Gesicht abgewendet. Ich stelle das Wasser neben seinen Kopf. Er zittert, als ich ihn in die Decke wickele.

»Ruh dich aus«, sage ich. Er antwortet nicht. Seine Augen sind glasig. Ich bin mir nicht sicher, ob er mich überhaupt bemerkt hat.

Ich renne zu Mrs Tafa rüber und klopfe an die Tür.

»Sei still. Dann wird sie denken, wir sind nicht zu Hause«, höre ich Mrs Tafa flüstern.

»Ich bin nicht taub«, schreie ich. »Ich weiß, dass ihr da seid. Jonah geht es schlecht. Kann ich euer Telefon benutzen und einen Arzt anrufen?«

»Halt uns da raus«, ruft Mrs Tafa von drinnen. »Wir haben damit nichts zu tun.«

»Das hat dich doch auch sonst nie gekümmert.«

Egal, denke ich. Bis zum Krankenhaus ist es nicht weit. Ich sage Mama, wo ich hingehe, dann springe ich auf mein Rad und fahre los. Der Fahrtwind im Gesicht fühlt sich gut an. Mein Kopf wird klar. Aber kaum ist das geschehen, da drängt sich die ganze Welt herein. Mein Körper zittert. Ich falle vom Rad und erbreche mich am Straßenrand.

Jonah hat AIDS. Und Jonah hat mit Mama geschlafen.

Ich denke an die Fehlgeburten.

Und an Mamas Kopfschmerzen. Ihre Müdigkeit. Ihre Gelenke. Wie dünn sie geworden ist. Kein Wunder, dass die Kräuter nicht geholfen haben. Mamas Problem ist nicht Schlaflosigkeit oder Arthritis oder Erschöpfung. Es ist viel größer. Es ist . . .

Mama! Bitte, Gott, nicht!

23

Ich radele immer weiter Richtung Krankenhaus und versuche, nicht in Panik zu geraten. Vielleicht hat sich Jonah nach Mamas letzter Fehlgeburt infiziert. Vielleicht hatten sie danach keinen Sex mehr. Vielleicht kommen Mamas Kopfschmerzen doch von der Trauer. Vielleicht ist mit ihr alles in Ordnung.

Vielleicht.

Ich schließe mein Rad an einen Maschendrahtzaun neben der Notaufnahme, renne hinein und stoße beinahe einen Mann um, der an Krücken läuft. Die Halle ist voller Menschen. Selbst die Fensterbretter sind besetzt. Frauen wiegen schreiende Babys, Männer drücken Lappen auf offene Wunden, alte Leute hocken auf dem Boden und Kinder rennen kreischend herum. Die Flure dahinter sind mit Tragen voll gestellt: Um einige stehen Angehörige herum, andere sind mit Leichentüchern bedeckt und stehen für den Abtransport ins Leichenhaus bereit.

»Nummer 148?« Die Stimme kommt hinter einem Schalter hervor. Ich sehe ein Schild, auf dem AUFNAHME steht. Davor drängen sich ein paar Dutzend Leute. Ich schiebe mich durch die Menge.

»Ich brauche einen Krankenwagen, sofort«, sage ich zu der Frau hinter dem Schalter.

»Hast du Nummer 148?«

»Nein. Aber es ist ein Notfall.«

»Dieser Fall auch«, sagt sie und wirft dem Wachmann einen Blick zu.

»Ich habe 148«, sagt die Frau hinter mir. Ihr Gesicht ist voller Blasen.

Ich trete zurück und ziehe von einem Haken an der Wand eine Nummer. 172. Ich werde eine Ewigkeit warten müssen.

Die Ewigkeit verstreicht in einem Gewirr von Pflegern, Patienten, Krankenschwestern, Schreien, Jammern, Summen, Klingeln und Klagen. Als ich dran bin, schickt mich die Frau in der Aufnahme durch die Tür neben ihrem Schalter in einen Raum, der mit Wandschirmen und Aktenschränken voll gestellt ist. Zwischen den Wandschirmen nehmen Krankenschwestern die Angaben der Patienten und ihrer Angehörigen auf, von denen manche völlig außer sich sind.

Ich werde von einer älteren Frau mit Nickelbrille empfangen. Auf dem Namensschild an ihrem Kittel steht »Schwester B. Viser«. Sie führt mich zu ihrem Schreibtisch. Darauf liegen Akten, Stapel mehrfarbiger Formulare und eine Schachtel mit Papiertüchern. Neben dem Tisch steht nur ein Stuhl, ein Klappstuhl. Den bietet die Schwester mir an, sie selber lehnt sich an den Schreibtisch.

»Ich brauche ein paar Angaben zur Person«, sagt sie und nimmt einen Stift und ein Klemmbrett zur Hand.

Ich nenne meinen Namen, mein Alter, meine Straße, die Nummer meines Bezirks.

»Gut«, lächelt sie und klopft sich mit dem Stift ans Kinn. »Nun, was kann ich für dich tun?«

Ich spüre, wie in mir Angst aufsteigt. Ich kann das nicht laut sagen. Ich will nicht, dass es aufgeschrieben und mit meiner Familie in Verbindung gebracht wird.

»Ein Mann ist zusammengeschlagen worden«, sage ich. »Er liegt blutend unter einem Karren vor unserem Haus.«

»Hast du die Polizei gerufen?«

»Nein. Er braucht keine Polizei. Er braucht einen Arzt.«

»Tut mir Leid«, sagt Schwester Viser, »für Hausbesuche haben wir nicht genügend Ärzte. Ruf die Polizei. Wenn er ernste Verletzungen hat, bringen sie ihn hierher.«

»Nein, das werden sie nicht tun«, sage ich. »Sie werden ihn nicht anrühren. Sie werden nicht mal in seine Nähe gehen. Niemand tut das.« Ich halte die Luft an und bete, dass mir niemand zuhört. »Er ist sehr dünn«, flüstere ich.

Schwester Viser versteht. Sie legt das Klemmbrett ab und nimmt meine Hand. »Ich schreibe ihn auf die Liste für die Einzelfallhilfe«, sagt sie. »Aber die Pflegerin kann frühestens am Montag kommen. Trotzdem wird dein Patient eine Unterkunft brauchen. Hier ist kein Platz. Wo sind seine Angehörigen?«

»Er hat niemanden mehr.« Meine Augen füllen sich mit Tränen. »Und er will nicht ins Haus kommen.«

Schwester Viser gibt mir ein Papiertuch. »Nein, danke«, sage ich. »Das brauche ich nicht.« Ich beschreibe, wie man zu unserem Haus kommt und wie unser Haus aussieht, damit die Pflegerin uns auch findet.

Sie notiert sich alles. »Sorg dafür, dass er immer gut zugedeckt ist und gib ihm reichlich Wasser zu trinken.«

»Das habe ich schon gemacht.«

»Gut. Die Pflegerin wird einen AIDS-Test machen, um deinen Verdacht zu überprüfen. Bis das Ergebnis da ist, sei bitte vorsichtig: Zieh das hier an, wenn du ihn sauber machst.« Sie nimmt eine Schachtel mit Gummihandschuhen aus dem Regal und gibt sie mir.

Ich blicke zu Boden.

»Es ist schwer, nicht wahr?«, sagt Schwester Viser sanft. Sie umarmt mich.

Die Sonne ist schon untergegangen, als ich das Krankenhaus verlasse. Die Einkaufsstraße ist von vielen Neonlampen hell erleuchtet, aber die Seitenstraßen sind dunkel, abgesehen von den Scheinwerfern der langsam rollenden Autos, deren Fahrer nach Huren Ausschau halten.

Die Einkaufsstraße führt bis zur Innenstadt. Ich bleibe auf den großen Straßen, wo mich zwischen den dunklen Schatten der Nacht immer wieder die Lichtflecken der Straßenlaternen streifen.

Die ganze Fahrt über frage ich mich: Hätte ich Schwester Viser von Mama erzählen sollen? Von ihren Problemen? Von meinen Ängsten? Ich weiß es nicht. Es ist zu verwirrend. Besser keine schlafenden Hunde wecken.

Ich komme zu unserem Bezirk. Irgendwas stimmt nicht. Es ist zu ruhig für einen Sonnabend. Wo wird gesungen? Wo sind Gartenpartys? Nirgends. Sogar die Boombox der Lesoles ist still. Zwei Blocks vor unserem Haus sehe ich ein Beerdigungszelt. Wenigstens da sind Leute. Ich komme näher und erwarte, dass dort ein wenig Leben zu spüren ist. Doch die Trauernden hocken leichenstarr am Feuer.

In meinem Magen bildet sich ein kaltes Knäuel. Es wird immer größer, je näher ich unserem Haus komme. Im großen Zimmer brennt eine Lampe. Soly und Iris stehen am Fenster und blicken durch die Ritzen der Jalousie nach draußen. Alles ist, wie es sein sollte. Aber trotzdem . . .

Bevor ich ins Haus gehe, gucke ich zu dem Karren. Jonahs Schüssel liegt umgekippt neben einem Rad. Ich knie mich hin und starre ins Dunkel unter dem Karren. »Jonah?«

Ich strenge die Ohren an, um ein Zähneklappern, einen Hauch von Atem, eine Bewegung der Decke zu hören. Nichts.

»Jonah?«, sage ich noch einmal.

Hinter mir ertönt eine Stimme aus der Nacht. »Jonah ist weg.«

Ich wirbele herum. Es ist Mama.

»Was machst du hier draußen?«, sage ich mit vor Schreck erstickter Stimme.

»Ich warte auf dich.«

»Wo ist Jonah?«

»Ich weiß es nicht.« Mamas Stimme ist weit weg. »Sie sagen, er wäre bei Sonnenuntergang weggegangen.«

»Wer ›sie‹?«

»Mrs Tafa.«

In meinem Kopf braust es. »Oh, mein Gott, Mama, er ist tot, oder? Jemand ist zurückgekommen und hat ihm was angetan.«

»Warum sollte jemand so etwas tun? Er ist von selber gegangen. Er wollte weg. Wollte allein sein. Das hat Mrs Tafa gesagt.« Mama stützt sich auf ihren Stock. »Jetzt komm rein«, sagt sie. »Wir haben Besuch.«

24

Der Besuch ist Mrs Gulubane. Die Geisterheilerin. Sie wohnt gegenüber der Müllhalde in einer Hütte aus Mopaneholz, zusammen mit ihrer alten Mutter und einer erwachsenen Tochter, die ohne Augen geboren wurde.

Mrs Gulubane trägt normalerweise ein buntes Baumwollkleid, ein Kopftuch, eine alte Strickjacke und Gummisandalen. Aber heute ist sie beruflich hier. Sie hat das weiße Gewand mit den Monden und Sternen an, dazu die rote Schärpe, die Halskette aus Tierzähnen und die Mütze aus Otterfell.

Unser Küchentisch und unsere Stühle stehen an der Wand. Mrs Gulubane sitzt mitten im Zimmer auf ihrer Strohmatte, im Schneidersitz. Rechts von ihr befinden sich ein Wedel aus Minzestängeln und ein Topf mit Wasser, links ein Korb und eine Hand voll blanker Knochen. So tritt Mrs Gulubane auch jedes Wochenende auf dem Markt auf, wo sie Touristen die Zukunft voraussagt. Dann hockt ihre Tochter neben ihr und flicht Hüte aus Gras.

Es macht Spaß, Mrs Gulubane zuzusehen, wie sie mit den Touristen spielt. Die meisten traditionellen Heiler wollen ihre Kunden glücklich machen. Aber nicht Mrs Gulubane. Wenn sie schlechte Laune hat, erzählt sie den Leuten, dass die Frau sie mit dem Nachbarn betrügt oder dass die Kinder wilden Hunden zum Opfer fallen werden. Wenn die Touristen ihr Geld zurückhaben wollen, reißt Mrs Gulubanes Tochter sich den Verband vor ihren leeren Augenhöhlen ab und droht mit ihrem Stock. Es ist erstaunlich, wie schnell Touristen rennen können – selbst wenn sie mit Souvenirs und Videokameras schwer beladen sind.

Das heute Abend wird sicher kein Spaß. Hier im Viertel nimmt Mrs Gulubane ihre Rituale ernst. Und das tun viele unserer Nachbarn auch – selbst die, die es besser wissen müssten. Ganz egal, was für Geräusche aus Mrs

Gulubanes Hütte kommen, niemand verliert je ein Wort darüber. Ich weiß nicht, wie viele Menschen an ihre Macht glauben, aber verderben mit ihr möchte es sich niemand.

Mrs Gulubane bleibt sitzen. »Guten Abend, Chanda.« In ihren beiden Goldzähnen spiegelt sich das Licht der Lampe.

Ich beuge respektvoll den Kopf, denke mir aber: Was will sie hier?

Sie liest meine Gedanken. »An diesem Ort gibt es einen Zauber. Ich bin gekommen, um zu sehen, was ich sehen kann.«

Ich blicke Mama unsicher an. Warum hat sie sie hierher gebeten? Sie glaubt doch nicht an Geisterheiler.

»Es war nicht deine Mama, die mich gerufen hat«, lächelt Mrs Gulubane. »Ich wurde von einer Freundin geschickt.«

»Guten Abend, Chanda«, sagt eine Stimme aus der Ecke hinter mir. Ich drehe mich um. Es ist Mrs Tafa. Sie macht die Fensterläden zu.

Mrs Gulubane zeigt vor sich auf den Boden. »Die Familie ist beisammen, können wir jetzt anfangen?«

Mama nickt. Sie gibt mir ihren Stock und nimmt meinen Arm. Ich helfe ihr auf den Boden und setze mich neben sie. Soly und Iris quetschen sich zwischen uns. Mrs Tafa sitzt auf einem Stuhl. Ich vermute, sie fürchtet, dass sie nicht wieder hochkommt, wenn sie sich auf den Boden plumpsen lässt.

Mrs Gulubane stellt die Flamme der Lampe kleiner. Schatten wandern die Wände rauf und runter. Sie nimmt eine alte Schuhcremebüchse aus dem Korb und macht sie auf. In der Dose ist ein wenig grün-braunes Pulver. Mrs Gulubane singt ein Gebet, reibt das Pulver zwischen ihren Fingern und gibt es in den Topf mit Wasser. Dann verrührt sie es mit dem Minzewedel, tanzt durchs Zimmer und spritzt mit dem Wedel Wasser in die Ecken, über und unter die Fenster und Türen.

Wie Mama das findet, weiß ich nicht so richtig, aber Soly und Iris fürchten sich. »Alles in Ordnung«, flüstere ich. »Das ist bloß Theater.« Sofort bleibt Mrs Gulubane stehen, richtet ihr Ohr in unsere Richtung und knurrt. Soly versteckt seinen Kopf in meinem Schoß.

Mrs Gulubane kehrt zu ihrer Matte zurück. Sie zieht ein rotes Springseil aus ihrem Korb, legt es doppelt und fängt an sich auszupeitschen. Aus ihrer Kehle kommen merkwürdige Laute. Von ihren Lippen sprüht Speichel. Ihre Augen rollen. »HEI–I-JA!« Sie wirft die Arme zurück, erstarrt und wirft sich auf den Boden.

Stille. Mrs Gulubane setzt sich langsam auf und greift nach den Knochen. Sie sind aus den Rippen eines großen Tieres geschnitzt, vom langen Gebrauch flach und abgenutzt. Mrs Gulubane nimmt drei in jede Hand. Singend klappert sie dreimal mit den Knochen, lässt sie fallen und betrachtet das Muster, das sich ergeben hat. Irgendetwas regt sie auf. Zwei der Knochen legt sie an die Seite. Wieder singt sie, während sie die übrigen vier Knochen in die Hand nimmt, schüttelt und fallen lässt. Ihre Stirn wird noch krauser. Mrs Gulubane legt ein zweites Paar Knochen an die Seite und nimmt nun die letzten beiden auf. Noch ein Gesang. Sie schüttelt die Knochen. Einer zerbricht in drei Stücke. Die Teile fallen auf die Matte. Mrs Gulubane betrachtet sie ausgiebig, murmelt erregt und schüttelt den Kopf.

Sie blickt auf. Im Lampenlicht verwandelt sich ihr Gesicht in das eines alten Mannes. Auch ihre Stimme verändert sich. Sie ist tief und kehlig. Mrs Gulubane schluckt Luft und rülpst Wörter heraus. »Ein böser Wind weht von Norden. Dort ist ein Dorf. Ich sehe den Buchstaben T.«

Stille. »Tiro«, sagt Mama. Ihre Stimme ist müde, ergeben.

»Ja, Tiro. Es ist Tiro. Jemand in Tiro wünscht dir Böses.«

»Nur einer?«, fragt Mama. Ich blicke zu ihr rüber. Ist da Spott in ihrer Stimme?

Mrs Gulubane guckt wütend. »Nein. Mehr als einer«, sagte sie. »Aber einer mehr als alle anderen.« Sie bewegt die Knochen, legt den Kopf zur Seite und gibt einen tiefen, heulenden Laut von sich. »Ich sehe eine Krähe. Sie hüpft auf einer Kralle.«

Mrs Tafa stockt der Atem. »Lilians Schwester hat einen Klumpfuß«, flüstert sie aus ihrer Ecke.

Mrs Gulubane klatscht triumphierend in die Hände. »Die Knochen irren sich nie. Diese Schwester«, sagt sie zu Mama, »hat sie dich jemals hier besucht?«

»Sie kam zu der Beerdigung meines Kindes«, antwortet Mama. »Und als ich meinen vorigen Mann begrub.«

»Tod. Sie kam wegen des Todes«, knurrt Mrs Gulubane. »Und um etwas für ihren Zauber zu stehlen.«

»Lizbet?«, schnauft Mrs Tafa.

Mrs Gulubane nickt düster. »Was hat gefehlt, als sie fort war?«

»Nichts«, sagt Mama.

»Nichts, was Ihnen aufgefallen ist. Aber vielleicht ein altes Kopftuch? Ein Taschentuch?«

»Nicht, dass ich wüsste.«

»Die Böse ist schlau!«, ruft Mrs Gulubane aus. »Jedes Mal, wenn sie hier war, hat sie ein Taschentuch oder ein Kopftuch mitgenommen, irgendetwas, das schon alt war und von niemandem vermisst wurde. Und sie hat eine Locke aus deinem Haar geschnitten – o ja, jedes Mal eine einzelne Locke –, während du schliefst. Diese Dinge hat sie gebraucht, um dich zu verhexen. Sie hat deine Gebärmutter verhext. Auch jetzt, während wir miteinander sprechen, steckt der Dämon in deinem Bauch.«

Mrs Gulubane macht einen Satz quer über ihre Matte und schlägt Mama mit der Faust in den Bauch. Mama heult auf vor Schmerzen. Die Geisterheilerin zieht ihren Arm zurück. In ihrer Hand windet sich eine Schlange. Mrs Gulubane wirft die Schlange an die Wand und geht mit Mamas Gehstock auf sie los.

Der Zauber ist allgegenwärtig. Aus jeder Ecke schallen Tierlaute, es plärrt, trompetet, kreischt. Mrs Gulubane wirbelt herum und schlägt auf die Schlange ein. Schließlich springt sie auf die Schlange drauf, packt sie am Kopf und am Schwanz und knotet die Enden zusammen. Hält sich den leblosen Körper über den Kopf. Der Schatten bedeckt die ganze Wand.

»Diesen Dämon habe ich getötet«, sagt sie. »Aber es wird andere geben. Die Teuflische hat deine Taschentücher, deine Kopftücher, deine Haarlocken, um mehr Zauber auszusprechen. Sie hat die Tücher zu Puppen vernäht, Augen und Münder draufgestickt und sie mit Cayennepfeffer gefüllt. Daher kommen die Schmerzen in deinem Körper. Nachts hat sie deine Locken angesengt. Daher kommen die Schmerzen im Kopf. Gib Acht. Du musst zurückholen, was sie gestohlen hat, oder du und deine Kinder werden sterben.«

In dumpfem Schweigen schauen wir zu, wie Mrs Gulubane die Schlange in den Topf fallen lässt, Topf, Kräuterbesen und Büchse in ihren Korb packt und ihre Matte zusammenrollt. Sie klemmt sich die Matte unter den Arm und verlässt das Haus.

Mrs Tafa eilt ihr hinterher. »Für Ihre Mühe.« Sie drückt ein paar Münzen in Mrs Gulubanes freie Hand. »Ich sorge dafür, dass die Familie Ihnen morgen zwei Hühner zum Opfern bringt.«

Mrs Gulubane nickt und verschwindet in der Nacht.

25

»Ein Zauber!«, sagt Mrs Tafa zu Mama. »Was hab ich dir gesagt? Wir müssen miteinander reden.«

Mama steht langsam auf und folgt Mrs Tafa nach

draußen. Sie hocken sich dicht nebeneinander auf zwei umgedrehte Eimer. Mrs Tafa wedelt mit den Armen und brabbelt unaufhörlich. Mama starrt in die Nacht.

Soly und Iris beobachten sie von der Tür aus. »Stimmt das?«, flüstern sie. »Müssen wir sterben?«

»Nein.« Ich ziehe sie zurück ins Haus. »Niemand von uns wird sterben.«

»Aber Mrs Gulubane hat gesagt ...«

»Mrs Gulubane hört sich gerne reden.«

»Nein«, japst Iris. »Sie redet mit den Geistern.«

»Sie ist eine Betrügerin. Zauberkraft gibt es nur in Geschichten. Mr Selalame hat uns in der Schule genau erzählt, wie traditionelle Heiler ihre so genannte Magie machen.«

»Aber die Tierlaute ...«

»Die macht Mrs Gulubane selbst. Das ist ein billiger Bauchrednertrick.«

»Aber die Schlange ...«

»War in einer Ärmeltasche versteckt.«

»Und warum hat ihr Ärmel dann nicht gewackelt?«

»Weil die Schlange von Anfang an tot war. Sie hat nur lebendig ausgesehen, weil Mrs Gulubane sie mit Mamas Stock angestupst hat.«

»Aber ...«

»Aber, aber, aber!« Ich explodiere. »Du wirst nicht sterben und damit hat es sich. Jetzt putz dir die Zähne und geh ins Bett.«

Während ich die beiden Kleinen ins Bett bringe, verfluche ich Mrs Gulubane. Und ich verfluche Mrs Tafa, weil die sie hierher gebracht hat. Wegen dieser alten Krähen wird Soly für immer ins Bett machen. Ich umarme beide Kinder und gebe jedem einen dicken Kuss. »Es tut mir Leid, dass ich euch angebrüllt habe.«

»Schon gut«, sagt Iris. Ausnahmsweise lässt sie die Arme um meinen Hals liegen. »Chanda, bitte nicht böse sein – wenn Mrs Gulubane eine Betrügerin ist, warum glaubt Mama an sie?«

»Mama glaubt nicht an sie«, sage ich. »Mama hat nur so getan, damit Mrs Gulubane schnell wieder geht.«

Iris überlegt. »Wenn Mama bloß so getan hat«, flüstert sie, »warum ist sie dann immer noch mit Mrs Tafa draußen?«

»Sie will nicht unhöflich sein.«

Iris runzelt die Stirn. Soly auch.

»Soll ich euch eine Lampe bringen?«

Sie nicken.

Als sie endlich still sind, ist Mama ins Haus gekommen und in ihr Zimmer gegangen. Sie hat den Vorhang vor den Eingang gezogen.

»Mama?«

Da sie nicht antwortet, gucke ich in ihr Zimmer. Sie liegt zusammengekrümmt auf ihrer Matratze. Neben ihr liegt ein Kopfkissen, das mit Kleidungsstücken gefüllt ist.

»Ich fahre morgen nach Tiro«, sagt sie.

Ich halte mich am Türrahmen fest. »Was?«

»Ich muss. Mrs Gulubane hat es in den Knochen gelesen.

169

»Hat sie nicht. Sie hat bloß Klatsch aufgetischt. Sachen, die sie von Mrs Tafa oder sonst wem gehört haben kann.«

Mama reibt sich die Schläfen. »Dieses Haus ist verhext.«

»Das glaubst du doch nicht.«

»Nicht?«, fordert mich Mama heraus. »Dann guck mir in die Augen und sag mir, warum meine Sara gestorben ist. Sag mir, warum mein Jonah stirbt. Sag mir, warum meine Gelenke schmerzen und mein Kopf zerplatzt.«

In mir brennt die Wahrheit, ich brenne darauf, die Herausforderung anzunehmen – aber wenn ich die Wahrheit ausspreche, wird sie wirklich. Hier. Jetzt.

»Mrs Tafa hat angeboten ein Auge auf euch zu werfen«, sagt Mama. »Sie wird dir mit Iris und Soly helfen.«

»Nein, Mama. Du gehst nirgendwohin. Dir geht es nicht gut genug.«

»Unsinn. Die frische Luft wird mir gut tun.«

Ich will gerade anfangen zu betteln, da rieche ich Rauch. Höre das Knacken von brennendem Holz. Es kommt von der Straße vor unserem Haus. Ich rase zum Fenster des großen Zimmers. Der Holzkarren steht in Flammen.

Ich renne in den Vorgarten, Mama neben mir und Soly und Iris auch. Die Straße ist leer. Wer immer das getan hat, ist in die Nacht geflohen. Ich blicke zu Mrs Tafas Haus. Die Jalousien sind heruntergelassen. Genau wie die Jalousien aller anderen Nachbarn. Sie schauen aus dem Dunkeln zu – ich kann es spüren –, aber niemand kommt heraus.

Mama strafft ihre Schultern, so wie an dem Tag, an dem wir Isaac Pheto verlassen haben. Sie wirft ihren Stock weg. »Lass den Karren brennen«, sagt sie. Im Angesicht des Feuers wird sie stark wie eine Königin und führt uns zurück ins Haus.

Sobald wir Iris und Soly beruhigt und zurück ins Bett gebracht haben, bricht Mama zusammen. Ich sitze an ihrem Bett und halte ihre Hand.

»Siehst du, Chanda?«, sagt sie. »Es spielt keine Rolle, was ich glaube. Mrs Gulubane hat uns besucht. Wenn ich nicht nach Tiro fahre, wie sie gesagt hat, wer weiß, auf was für Ideen irgendein Verrückter sonst noch kommen mag?«

26

Aus Sonnabendnacht wird Sonntagmorgen.

Wir sitzen am Küchentisch und essen schweigend unseren Haferbrei. Ich räume den Tisch ab und Mama erklärt Iris und Soly, dass sie ihnen etwas Wichtiges mitteilen muss. Bevor sie etwas sagen kann, meint Iris: »Du gehst weg, stimmt's?«

»Nur für eine kleine Weile«, nickt Mama.

Iris wendet sich an Soly. »Ich hab's dir doch gesagt.« Sie schiebt ihren Stuhl vom Tisch weg und geht zur Haustür.

»Iris, komm zurück, ich bin noch nicht fertig«, sagt Mama.

Iris hört nicht. Sie marschiert nach draußen und pflanzt sich im Schneidersitz auf den Boden.

Ich stehe auf. »Iris, Mama redet mit dir.«

Iris reagiert nicht. Sie redet mit den Hühnern, die um sie herum nach Nahrung picken. Ich will Iris zurück ins Haus zerren, aber Mama hält mich davon ab.

Inzwischen laufen Soly Tränen die Wangen herunter, tropfen ihm vom Kinn. Er macht sich nicht die Mühe, sie abzuwischen.

Mama legt ihre Arme um ihn. »Ist nur ein Ausflug«, tröstet sie.

Seine kleinen Schultern beben. »Wer einen Ausflug macht, kommt nie mehr zurück.«

»Nun, *ich* komme aber zurück. Ich muss nur nach Tiro, ein paar Verwandte besuchen. Stimmt's, Chanda?«

»Ja, das stimmt.«

Soly reißt seine Augen so weit auf, dass ich fürchte, sie fallen ihm aus dem Kopf. »Versprochen?«

»Versprochen.« Mama küsst seine Stirn. »Solange ich fort bin, ist Chanda für alles verantwortlich. Sie wird eure Hilfe brauchen. Willst du das für mich tun?«

Er nickt und holt dabei tief Luft, als wäre das alles viel zu viel für ihn.

»Du brauchst dir keine Sorgen zu machen«, fährt Mama fort. »Wenn irgendwas sein sollte, dann habt ihr ja Mrs Tafa mit ihrem Telefon nebenan.«

»Wie lange bist du weg?«, fragt er.

»Ein paar Tage. Vielleicht eine Woche.«

Eine Pause. »Und wann fährst du?«

»Heute Nachmittag. Nach dem Besuch auf dem Friedhof.«

»Kann ich mitkommen?«

»Tiro ist ganz schön weit weg für so einen kleinen Mann.«

»Nein, ich meine auf den Friedhof. Ich möchte so lange bei dir bleiben, wie es geht. Bitte. Chanda darf doch auch mit. Warum nicht Iris und ich?«

Mama guckt mich an.

»Sie sind alt genug.« Ich zucke die Achseln. »Außerdem könnte es jemandem helfen, mit S-a-r-a fertig zu werden.«

Mama geht Mrs Tafa abholen, während ich Soly und Iris fertig mache. Ich dachte, unser Ausflug auf den Friedhof würde für die beiden ein Abenteuer sein – ein Zeichen, dass sie schon richtig groß sind –, aber Iris nörgelt: »Ich will nicht auf irgendeinen Friedhof.«

»Wenn du mitkommst, darfst du dein Sonntagskleid anziehen.«

»Ich hasse mein Sonntagskleid.«

»Tust du gar nicht.«

»Tu ich wohl. Das ist ja gar nicht richtig meins. Das kommt aus der Kirchentonne. Es gehört einem anderen Kind, das es nicht mehr wollte. Ich will es auch nicht.«

Ich verschränke meine Arme. »Iris, du kommst jetzt mit und damit hat sich's. Jetzt steh auf und mach.«

Iris widerspricht nicht. Sie tut überhaupt nichts mehr. Sie steht einfach da und lässt sich von mir anziehen, als wäre sie eine Gliederpuppe, jeden Arm, jedes Bein einzeln. Ich muss ihr sogar die Ellbogen und die Knie umbiegen.

Auch unterwegs wird es nicht besser mit ihr. Mama sitzt vorne bei Mrs Tafa, die beiden reden leise miteinander. Iris, Soly und ich sitzen auf der Ladefläche. Mrs Tafa fährt ausnahmsweise mal vernünftig. Vielleicht ist sie wegen des Gesprächs mit Mama so ruhig oder wegen gestern Abend oder vielleicht will sie nicht, dass wir Kinder vom Wagen fliegen. Was immer der Grund sein mag – ich brauche nur zweimal ans Heckfenster zu klopfen, damit sie langsamer fährt.

Die Fahrt lenkt Soly ab. Er zeigt auf Vögel und winkt, wenn wir an Kindern vorbeifahren, die zu Fuß, auf dem Fahrrad oder im Kinderwagen unterwegs sind. Den Kopf über dem Wagenrand, den Wind im Gesicht, ist er der König der Landstraße. Iris hingegen ist die Königin der schlechten Laune. Nicht mal den dreibeinigen Hund, der ein Warzenschwein beschnüffelt, findet sie aufregend.

Auf dem Friedhof von Papa hebe ich Soly von der Ladefläche. Ich will auch Iris runterhelfen, aber sie will nicht. »Warum kann ich nicht hier bleiben? Er ist nicht *mein* Papa.«

»Tu's für Mama und mich.«

Sie verzieht ihr Gesicht. »Ich hab Bauchschmerzen.«

An Mr Dubes Grab führt sie sich genauso auf. Sogar an Saras Grab.

Mama versammelt uns um Saras Namenstafel. »Dies ist der Ort, an dem eure Schwester jetzt lebt«, sagt Mama. »Hierher gehen wir immer, um bei ihr zu sein und um uns an glücklichere Zeiten zu erinnern.«

Soly kopiert, was Mama macht, Iris benimmt sich, als ginge sie das alles nichts an. Sie schaukelt auf ihren Hacken. Ich zerre sie ein Stück weiter, außer Hörweite.

»Zeig ein bisschen Respekt«, sage ich. »Hier ruht Sara.«

»Tut sie nicht«, sagt Iris. »Sara ist woanders.« Mit leiser Singsang-Stimme trällert sie: »Ich weiß was, was du nicht weißt. Ich weiß was, was du nicht weißt.«

»Wenn Sara nicht hier ist«, sage ich, »was meinst denn du, wo sie ist?«

Sie legt den Finger an die Lippen. »Das ist ein Geheimnis. Ich habe ihr versprochen, dass ich es nicht verrate.«

Ich habe gedacht, Iris' ausgedachte Freundin wäre verschwunden, aber sie ist wieder da. Und wie. Ich will es Mama sagen. Ich sollte es. Aber ich kann nicht. Mama würde sich fürchterliche Sorgen machen. In meinem Bauch öffnet sich eine Grube. Ich stopfe meine Furcht hinein.

Am Nachmittag stellen Iris, Soly und ich uns mit Mama an die Straße und warten auf den Bus. Der Karren brennt nicht mehr, aber der Geruch nach verbranntem Holz hängt noch in der Luft.

Mama tut so, als merke sie das nicht. Sie erzählt

175

Geschichten, um uns zum Lachen zu bringen. Wir geben uns auch Mühe, ihr zuliebe, aber es ist zu schwer. Selbst das Atmen fällt schwer. Soly sieht aus, als würde er gleich weinen. Mama merkt es. »Soly, was habe ich dir gesagt?«

»Wenn du weinen musst, lass es niemanden sehen«, flüstert er.

»Genau«, sagt sie sanft und wischt ihm eine Träne aus dem Auge. »Du kannst im Haus weinen. Aber nicht draußen. Sonst denken die Leute, es wäre was nicht in Ordnung. Das wollen wir doch nicht, oder?«

Er schüttelt den Kopf.

»Gut.« Mama zupft seine Jacke zurecht. »Wenn du merkst, dass die Tränen kommen, mach einfach die Augen zu und denk dir eine Geschichte aus. Ein kleiner Traum kann die Welt gleich viel schöner machen.« Sie blickt uns ernst an. »Also, noch ein Mal, bevor ich fahre: Kann sein, dass die Leute euch aufziehen, weil ich weg bin. Wenn euch Nachbarn Fragen stellen, was sagt ihr dann?«

»Alles ist gut«, wiederholen wir dumpf. »Mrs Gulubane hat die Lösung gefunden. Sie hat dich nach Tiro geschickt, um einen Zauber zu brechen.«

»Und was sagt ihr den Leuten, die nicht an traditionelle Heiler glauben?«

»Du bist zu unserer Schwester Lily gefahren. Sie hat ein Kind bekommen und du willst ihr helfen.«

»Gut.«

Mit einem lauten Knall fällt die Fliegengittertür der

Tafas ins Schloss. Wir blicken hinüber und sehen Mrs Tafa auf uns zukommen. In einer Hand trägt sie einen Picknickkorb, in der anderen einen Einkaufsbeutel. »Lilian, ich weiß auch nicht, wo mir der Kopf steht«, keucht sie. »Du bist beinahe weg und ich habe vergessen, dir das hier zu geben.«

Sie stellt die Tasche und den Korb vor uns auf den Boden, hebt das karierte Tuch vom Korb und zeigt uns, was darin ist: lauter Sachen aus dem Touristenladen – Sachen, die wir uns nie leisten könnten: Marmelade, Wackelpudding, Schokoladenriegel, Fleischkonserven, eingemachte Äpfel, teure Hautcremes und Parfüm und eine Schachtel Aspirin.

»Du willst doch nicht mit leeren Händen zu deinen Verwandten fahren«, sagt Mrs Tafa. Sie greift in den Einkaufsbeutel und zieht ein nagelneues Kleid heraus. Es ist leuchtend gelb und mit blauen Sittichen bedruckt. »Ich möchte, dass du bei der letzten Rast das hier anziehst. Ich will dir ja nicht zu nahe treten, aber das Kleid, das du anhast, hat die beste Zeit hinter sich.«

»O Rose«, sagt Mama, »das kann ich nicht annehmen.«

»Unsinn. Dein Joshua hat immer gewollt, dass du neue Kleider trägst, weißt du das nicht mehr?«

Ich möchte Mrs Tafa umarmen. Ich möchte sie küssen dafür, dass sie so nett zu Mama ist. Aber dann, als Mama sich bedankt hat und nach fünf Minuten Plauderei, möchte ich, dass Mrs Tafa verschwindet. Sie nimmt uns die Zeit für unseren Abschied von Mama – Zeit, die mehr wert ist als alle Marmeladen und Puddings der Welt. Ich blicke Mrs Tafa scharf an, um meine Gedanken in ihren Kopf dringen zu lassen. Gedanken wie: »Hau ab, du dumme Kuh. Wir brauchen unsere Mama. Nur für uns.«

Mrs Tafa versteht die Botschaft nicht. Stattdessen macht sie es sich gemütlich. Mir wird übel, weil ich weiß, sie wird bleiben, bis Mama abfährt.

»Chanda hat die Verantwortung«, höre ich Mama sagen. »Aber ich habe ihr gesagt, wenn es ein Problem gibt, dann bist du ja gleich nebenan.«

»So ist es.« Mrs Tafa strahlt Soly und Iris an. »Eure Tante Rose wird sich um euch kümmern.«

»Danke, Mrs Tafa«, sage ich. »Aber ich bin mir sicher, dass ich das schon hinkriegen werde.« Dabei bin ich mir überhaupt nicht sicher. Im Gegenteil, mir ist schlecht vor Angst. Aber ich will nicht, dass Mrs Tafa andauernd ihre Nase in unsere Angelegenheiten steckt.

Mamas Bus kommt.

Wir stehen alle auf, nur Iris nicht. Mama kniet sich hin und umarmt sie. Iris erwidert die Umarmung nicht. Soly aber erdrückt Mama fast. »Du fehlst mir jetzt schon.« Er kneift ganz fest die Augen zu.

Ich helfe Mama hoch. Sie packt mich an den Armen. »Ich zähle auf dich«, sagt sie und blickt mir in die Augen. »Pass auf die beiden auf. Ich möchte mich auf dich verlassen können.«

»Das verspreche ich dir.«

Sie drückt mich. Der Fahrer und ich helfen ihr auf die

Ladefläche des Lasters. Mrs Tafa reicht ihr das Bündel, den Korb und den Beutel hoch.

»Mach dir keine Sorgen, Lilian«, sagt Mrs Tafa. »Ich habe ein Auge auf alles.«

Mama lächelt nur. »Ich bin bald zurück«, winkt sie uns zu. »Ich liebe euch.«

Und weg ist sie.

Teil Drei

〰

27

Der Rest des Tages verläuft seltsam. Wenn ich so tue, als wäre Mama im Haus und ruhte sich aus, kommt mir alles normal vor. Aber wenn ich mir vorstelle, dass sie auf einem Lastwagen sitzt, Hunderte von Kilometern entfernt, tut mir innen alles so weh, als müsste ich platzen.

Ich muss mit Iris reden. Über ihr Benehmen auf dem Friedhof. Aber was soll ich sagen? Was würde Mama sagen? Ich weiß es nicht. Ich fühle mich vollkommen hilflos. Das ist verrückt. Ich war doch in letzter Zeit für alles im Haus zuständig. Aber Mama war da, für den Fall, dass ich etwas falsch machte. Ohne sie kommt mir die kleinste Aufgabe riesig vor. Ich habe fast Angst, ich könnte nicht mal Wasser kochen. Was tue ich, wenn etwas ganz Wichtiges schief läuft?

Vor dem Abendbrot kommt Mrs Tafa und bringt eine Hühnerpastete vorbei. Sie tut ganz unbeschwert, aber es ist, als würde sie das Essen für eine Beerdigung bringen.

»Was hat Mama zu dir gesagt, kurz vor der Abfahrt?«, frage ich.

»Nichts, worüber du dir Sorgen machen musst«, sagt sie und verschwindet schnell wieder.

Die Pastete ist gut, aber wir essen nicht viel. Nach Sonnenuntergang bringe ich Soly und Iris ins Bett und erzähle ihnen die Geschichte von der Impala und dem Pavian. Dann gehe ich raus, setze mich mit dem Rücken an die Hauswand gelehnt auf den Boden. Die Sterne leuchten. Meistens denke ich, wie schön sie sind. Heute aber kommen sie mir nur kalt vor und weit weg.

Die Einsamkeit macht mir das Atmen schwer. Ich will aufstehen, aber meine Knie weigern sich. Ich wünschte, die Erde würde mich verschlucken. Erst da, als mir alles so vollkommen hoffnungslos erscheint, merke ich, dass ich nicht allein bin. Neben der Schubkarre steht ein Storch und guckt mich an. Die weißen Federn glänzen im Mondlicht.

Ich kann nicht glauben, was ich da sehe. Störche schlafen nachts. Und sie kommen nicht in die Stadt. Sie halten sich in der Nähe von Wasser auf, wo sie Fische fangen können. Wie weit ist dieser Storch geflogen? In dieser Jahreszeit sind die Störche meist auf den Wiesen um den Kawkee-Damm. Aber das ist meilenweit weg von hier!

Ich flüstere einen Gruß: »Hallo, lieber Storch.«

Der Storch neigt seinen Hals. Wenn ich es nicht besser wüsste, würde ich sagen, er lächelt.

»Was führt dich hierher?«

Der Storch legt den Kopf auf die Seite.

»Bist du ein Glücksengel?« Als ich die Worte aus meinem Mund höre, komme ich mir albern vor. Ich bin zu alt für solche Geschichten. Aber den Storch kümmert das nicht. Er macht zwei Schritte auf mich zu und verharrt dann mit einem Bein in der Luft, als erwäge er einen dritten Schritt.

Wir schauen einander an. Die Zeit bleibt stehen. Ich spüre, wie die Welt zur Ruhe kommt. Meine Schultern entspannen. Ich schließe die Augen. Ich sehe Mama, so kräftig, wie sie früher war. Ihre Arme umfangen mich. Ich höre ihr Lachen, so voll und rund. Ihre Wärme bringt mein Herz zum Glühen.

Als ich aufwache, ist der Storch verschwunden. Das macht nichts. Die Freude aus dem Traum leuchtet wie ein Glühwürmchen in mir. Ich lächle, reibe mir die Augen und strecke mich. Dann gehe ich ins Haus, auf Zehenspitzen, damit ich meine Kleinen nicht wecke. Meine Kleinen – das sind sie jetzt für mich, mein Bruder und meine Schwester. An der Schlafzimmertür höre ich die beiden unter der Decke flüstern.

»Chandas Papa ist tot«, sagt Iris. »Dein Papa auch. Aber mein Papa, der lebt noch.«

Mein Herz stockt. Iris weiß von Isaac Pheto, aber sie hat nie über ihn gesprochen. Heute tut sie es. »Mein Papa lebt«, flüstert sie wieder Soly zu. »Wenn alle sterben, gehe ich zu ihm.«

»Woher weißt du denn, dass er dich haben will?«, flüstert Soly.

»Das hat er gesagt. Er hat ein ganz großes Haus und er sagt, ich kann mir ein Zimmer aussuchen. Ein Zimmer nur für mich.«

»Lügnerin. Du siehst ihn doch nie.«

»Tu ich wohl.«

»Wo denn?«

»In der Schule. Da besucht er mich andauernd und nimmt mich in seinem großen gelben Auto mit. Er kauft mir Eis. Er hat ein Flugzeug. Er ist ganz reich. Er ist der größte Boss im Bergwerk.«

»Und warum kommt er nie hierher?«, will Soly wissen.

»Wegen Mama. Sie ist mit deinem Papa abgehauen. Aber dein Papa ist gestorben, das hat sie nun davon.«

»Du bist gemein.«

»Na und.«

Soly wird sehr still. »Iris . . . wenn alle sterben und du zu deinem Papa gehst . . . was wird dann mit mir?«

»Woher soll ich das wissen?«

Soly fängt an zu schniefen. »Kannst du mich mitnehmen?«

»Mal sehen. Aber nur, wenn du nicht mehr ins Bett pinkelst.«

Ich schiebe meinen Kopf ins Zimmer. »Alles in Ordnung?«

Soly will etwas sagen, aber Iris versetzt ihm unter der Decke einen Tritt. »Alles in Ordnung. Soly ist bloß traurig.«

»Bin ich auch«, sage ich. Ich warte, hoffe, dass sie noch was sagen, aber das tun sie nicht. »Dann gute Nacht. Ich komme auch bald schlafen.«

»Nacht.«

Sobald ich draußen bin, flüstert Iris Soly zu: »Halt bloß die Klappe über das, was ich dir gesagt habe, oder ich sag's meinem Papa und du wirst für immer alleine bleiben.«

28

Am nächsten Morgen nach dem Geschirrspülen bringe ich Soly zu Mrs Tafa. Sie hat Mama versprochen Soly zu nehmen, während Iris und ich in der Schule sind. Sie hat auch angeboten, sich nachmittags um Iris zu kümmern, aber wegen Iris' eingebildeter Freundin will ich das lieber selber tun.

Soly ist heute Morgen sehr still. Ich denke über das nach, was Iris zu ihm gesagt hat. Auf dem Weg zu Mrs Tafas Hecke sage ich zu Soly, er solle mal stehen bleiben, weil ich ihm einen Fleck von der Nase wischen will. Dabei erkläre ich ihm: »Egal, was andere sagen, du wirst niemals alleine sein. Mama liebt dich und sie wird bald wieder zu Hause sein. Mrs Tafa liebt dich und sie wohnt gleich nebenan. Ich liebe dich und ich gehe nirgendwohin.«

Pause. Soly blickt auf. Er lächelt schüchtern. »Außer zur Schule.«

»Außer zur Schule.«

»Und außer zum Wasserholen.«

»Und außer zum Wasserholen.«

»Und außer ...«

Ich knuffe ihn an den Kopf und hebe ihn über die Hecke in die ausgestreckten Arme von Mrs Tafa. Dann gehe ich zurück, packe meine Schulsachen auf den Gepäckträger und rücke die Kämme in Iris' Haar zurecht.

»Meine Zöpfe sind zu straff«, jammert sie.

»Soll ich sie noch fester machen?« Ich drehe die Kämme ein wenig und schon ist sie still.

Auf dem Weg zur Grundschule schiebe ich mein Fahrrad zwischen uns. Iris behandelt mich wie Luft. Als wir zum Spielplatz kommen, sage ich: »Soly war gestern Abend so aufgeregt. Hast du dir Geschichten ausgedacht?«

»Geht dich nichts an.«

»Mich geht alles was an.«

»Du bist nicht Mama!«, stichelt sie.

»O doch«, sage ich. »Solange Mama weg ist, bestimme ich. Das ist Regel Nummer eins. Regel Nummer zwei lautet: Sei nett zu Soly. Regel Nummer drei: Komm nach der Schule sofort nach Hause. Ausreden gelten nicht.«

»Zwing mich doch.« Sie wirft den Kopf in den Nacken und läuft zu ihren Freundinnen.

Ich würde sie am liebsten an den Haaren zurückzerren. Aber was dann? Wenn sie lacht und wegrennt, stehe ich blöd da. Aber wenn ich gar nichts mache, dann *bin* ich blöd. Ich sehe Iris hüpfen. Ich tue nichts. Ich bin ein Feigling.

Die erste Glocke läutet. Ich muss mich beeilen. Ich halte nach Mrs Ndori Ausschau, der Lehrerin von Iris. Vielleicht kann ich sie bitten, Iris besonders im Auge zu behalten. Ich gehe ins Büro. Sie ist noch nicht da. Ich kann nicht warten. Vielleicht ist das ja sowieso keine besonders gute Idee. Mrs Ndori hat nach dem Tod ihres Mannes als Lehrerin angefangen. Sie hat ein Herz aus Gold, aber das ist auch alles. Ihre Schüler tanzen ihr auf der Nase herum. Es heißt, sie trinkt.

Ich schaffe es gerade rechtzeitig, zu meinem Unterricht zu kommen. Die Fächer, die mir am schwersten fallen – Mathe, Physik, Chemie – habe ich am Vormittag. Die, in denen ich gut bin – Englisch, Geschichte und Geografie –, sind am Nachmittag. Wenn ich die versäume, dürfte das kein Problem sein.

In der Mittagspause klopfe ich an die Tür des Lehrerzimmers.

Ich weiß nicht genau, was meine Lehrer von dem gehört haben, was bei uns am Wochenende los war. Wenn sie über Schüler tratschen wie wir über Lehrer, dann müssten sie eine ganze Menge wissen. Zum Glück lassen sie sich das nicht anmerken.

Ich sage ihnen, dass ich nach Hause muss. Sie haben Verständnis, sind aber besorgt. »So viele Schülerinnen und Schüler haben vor, höchstens ein oder zwei Wochen zu versäumen«, sagt Mr Selalame. »Dann wird ein Monat daraus. Dann gehen sie ab. Du bist so kurz vor dem Abschluss, Chanda. Pass bloß auf. Ich mache mir Sorgen um dich.«

»Das brauchen Sie nicht. Ich werde Sie nicht enttäuschen. Ich habe doch Träume, wissen Sie das nicht mehr?«

Es gibt nicht für jeden Schüler und jede Schülerin ein eigenes Schulbuch, aber die Bücherei hat für jedes Fach je ein Exemplar. Ich verspreche morgens früher zu kommen und die Texte zu lesen, die wir behandeln werden. Und die Aufgaben zu Hause zu machen. Wenn es Klassenarbeiten oder Prüfungen gibt, na ja, dann kann ich nur hoffen, dass Mama bis dahin zurück sein wird.

Mr Selalame schenkt mir ein Lesezeichen mit dem Bild einer hellen Sonne, die sich über das flache Land erhebt. »Wenn du deine Beurlaubung verlängern lassen willst, sag mir Bescheid.«

Das Gespräch mit meinen Lehrern hat länger als erwartet gedauert. Als ich zur Grundschule komme, sehe ich, dass die Vormittagsklassen bereits entlassen sind. Ich trete kräftig in die Pedalen, um Iris einzuholen, aber sie ist nirgends zu sehen. Mir wird ganz mulmig. Zu Hause lasse ich mein Rad fallen und rase durch die Tür.

»Iris?«

Drinnen ist sie nicht.

»Iris??«

Habe ich sie zu hart angefasst?

»Iris???«

Ist sie weggelaufen? Habe ich alles vermasselt? Voller Panik rase ich nach draußen.

Mrs Tafa winkt mir von der anderen Seite der Hecke aus zu. »Chanda, huhu. Iris ist hier. Soly und sie essen gerade zu Mittag.«

Ich springe über die Hecke. Iris sitzt auf dem Boden, neben Mrs Tafas Liegestuhl, und kaut vergnügt. »Du bist zu spät gekommen«, sagt sie.

»Ich musste mit meinen Lehrern reden.«

»Ach«, erwidert sie schnippisch. »Ich dachte, Ausreden gelten nicht.«

Ich koche. Und zu allem Übel muss Mrs Tafa auch noch lachen. »Na, die ist ja schlagfertig«, johlt sie. »Flink wie eine Peitsche.«

Iris klimpert mit den Wimpern und rutscht dichter an Mrs Tafa heran.

»Übrigens«, fährt Mrs Tafa fort, »eure Mama hat vom Laden aus angerufen und gesagt, sie ist gut angekommen.«

»Wann ruft sie wieder an?«

»Hat sie nicht gesagt. Aber mach dir keine Gedanken. Ich richte dir alles aus.«

»Danke, aber ich würde lieber selber mit ihr reden.«

Mrs Tafa erwägt meine Bitte. »Nun, wenn du zu Hause bist«, sagt sie.

Ich bringe Iris jeden Tag zur Schule, aber immer verpasse ich Mrs Ndori. Am Freitagmorgen treffe ich sie endlich auf dem Spielplatz. »Ich war krank, erkältet«, entschuldigt sie sich und putzt sich die Nase. »Die Lehrerin der Nachbarklasse hat die Kinder beaufsichtigt. Ich bin sicher, dass es keine Probleme gab.«

»Das hoffe ich«, sage ich. »Aber deswegen bin ich nicht hier.« Ich erkläre ihr, wie schwierig Iris in letzter

Zeit war, und gebe der Lehrerin einen Zettel mit meinem Namen und Mrs Tafas Telefonnummer. »Könnten Sie mich bitte anrufen, wenn Sie irgendetwas Ungewöhnliches bemerken?«

Mrs Ndori wirft einen Blick auf den Zettel. Sie scheint ein wenig durcheinander zu sein. »Sicherlich«, sagt sie und niest. Sie putzt sich die Nase und stopft den Zettel zusammen mit einem Haufen Papiertaschentücher in die Jackentasche. Ein Fußball kommt angeflogen und trifft sie am Hinterkopf. »Jungs!«, brüllt sie und marschiert los, um eine Gruppe von Kindern auszuschimpfen, die mit den Fingern auf sie zeigen und lachen.

Am Sonntag schauen Iris und Soly zu, wie Mr Tafa das Strohdach für seine Untermieter repariert, während Mrs Tafa und ich die Friedhofsbesuche machen. Auf dem Friedhof erzählt mir Mrs Tafa witzige Geschichten aus unserer Zeit beim Bergwerk. Aber ohne Mama kann ich hier nicht lachen. Ich sitze still da. Mrs Tafas Geschichten drehen sich nun um ihren Sohn Emmanuel.

»Was für ein kluger Junge. Als er klein war, hat er versucht mir und Meeshak das Lesen beizubringen, damit wir ihm abends Geschichten vorlesen konnten. Aber wir haben das nicht geschafft. Im Gegensatz zu deiner Mama. Oje, war der Junge begabt. So ein kluger Kopf. Wo er das nur herhatte?« Mrs Tafa tupft sich mit dem Taschentuch über die Augen. »Gott, ist das staubig hier.«

Sie fährt mich zum Grab der Macholos. Esther ist nirgends zu sehen, schon den zweiten Sonntag hintereinander ist sie nicht da. Ich weiß, dass Mrs Tafa eigentlich nichts lieber machen würde, als mir zu erklären, was für ein schlechter Umgang Esther für mich ist, aber sie tut es nicht. Warum ist sie so nett? Mich macht das nervös.

»Jetzt ist schon eine Woche rum, Mama müsste eigentlich zurück sein«, sage ich.

»Kind, je mehr du das Leben vorantreiben willst, umso langsamer wird es.« Mrs Tafa lässt den Motor an und tritt aufs Gaspedal.

Nach dem Abendessen sitze ich draußen und höre der Musik zu, die aus Lesoles Boombox herüberschallt. Mr Lesole hat ein paar freie Tage vom Safari-Camp und nutzt die Zeit nach Kräften. Mrs Tafa kommt zur Hecke.

Ich erwarte, dass sie sagt, was sie immer sagt: »Diese Lesoles und ihre Straßenpartys. Sie sollten sich ab und zu mal zurückhalten, so dass die Leute auch anderswo Musik machen können.«

Aber heute Abend überrascht sie mich.

»Mädchen, du solltest auch mal dorthin gehen. Hat doch keinen Sinn, dass du dich dahinschleppst wie ein Karren ohne Räder.« Sie sieht, wie ich zögere. »Na, geh schon. Ich pass auf die Kinder auf. Gönn dir auch mal ein Vergnügen. Du willst doch nicht, dass die Leute denken, bei euch wäre was nicht in Ordnung?«

Sie hat Recht. Wenn die Leute denken, es wäre was nicht in Ordnung, fangen sie an zu klatschen. Ich mache ein möglichst fröhliches Gesicht und gehe auf die Straße.

Schon bin ich bei den Lesoles, umgeben von Gelächter und Tanz. »Hallo!«, ruft Mrs Lesole und hüpft auf mich zu, um mich in die Arme zu schließen.

»Hallo!«, schreit auch Mr Lesole. »Wir haben gehört, deine Mama ist in den Norden gefahren.«

»Ja«, rufe ich über die Musik hinweg. »Sie hilft meiner großen Schwester, die ein Kind gekriegt hat.«

»Das ist gut«, schreit Mrs Lesole zurück. »Eine frisch gebackene Mutter braucht alle Hilfe der Welt.« Sie stupst ihren Mann liebevoll in die Seite.

»Deine Mama hat's gut! So viel frische Landluft!«, fügt Mr Lesole begeistert hinzu.

Der Nachbar von nebenan führt seinen neuen Drachen vor. Den langen, glitzernden Schwanz hat er aus Getränkedosen gebastelt. Wir alle bewundern den Drachen, dann mische ich mich unter die vielen freundlichen Nachbarn. Es ist, als hätte es den Tag mit Jonah nie gegeben.

Schließlich ist es Zeit zu gehen. Am offenen Tor treffe ich Mr Nylo. Er sitzt auf der Schubkarre mit den Lumpen, die er heute gesammelt hat. Er winkt mir aufgeregt zu. »Ich habe gehört, deiner Mutter geht's gut«, sagt er. »Das hat Mrs Tafa erzählt.«

»Ja!«, rufe ich. »Alles bestens!« Auf dem Weg nach Hause, als mir noch die Musik in den Ohren dröhnt, meine Zehen vor Lust aufs Tanzen kribbeln, da glaube ich es beinahe selber.

Wenn sie nur anrufen würde.

Ich bin nicht die Einzige, die auf einen Anruf wartet.

Am Montag setzt sich Soly vor dem Abendessen an die Straße. Jeden Abend wartet er dort auf Mama.

Ich beobachte ihn durchs Fenster. Er sitzt geduldig. Dann flattert ein Schmetterling vorbei und Soly jagt ihm hinterher. Oder er hockt sich hin und betrachtet einen Ameisenhaufen. Oder er macht Purzelbäume. Oder er denkt sich ein Lied aus.

Das macht er auch jetzt, als ich mich ihm leise nähere. Es ist ein einfaches Lied. »Oh, ich warte, ich warte, ich warte, ich sitze hier und warte auf Mama, sitze hier und warte auf Mama, sitze hier und warte auf Mama und warte und warte ...«

Die dünne, kleine Stimme im Abendwind rührt mich sehr. Soly merkt, dass ich ihm zuhöre. Er hört auf zu singen und starrt zu Boden, als hätte er etwas Böses getan.

»Was hast du?« Ich setze mich neben ihn.

Stille. Dann sagt er leise: »Ich habe gesungen.«

»Ich weiß. Das war schön.«

»Wirklich?«

Ich nicke.

Seine Stirn zieht sich in lauter Fragefalten. »Du meinst, dass das geht – singen ... und spielen ... und fröhlich sein ... auch wenn Mama weg ist?«

»Ja.« Ich drücke ihn. »Mama will, dass wir froh sind.«

Wieder Stille. »Chanda ... warum hat sie nicht noch mal angerufen?«

»Vielleicht gibt es nichts Neues.«

Soly starrt auf seine Zehen. »Glaubst du, sie vermisst uns?«

»Natürlich vermisst sie uns. So wie wir sie vermissen.«
Ich küsse ihn auf die Stirn. »Mach dir keine Sorgen.
Keine Nachrichten sind gute Nachrichten.«

Soly versucht zu lächeln, aber es gelingt ihm nicht. Er
glaubt mir nicht. Warum sollte er auch? Ich glaube mir ja
auch nicht.

29

Es ist seltsam, auf Mama zu warten. Manchmal bin ich
voller Hoffnung. Dann wieder – wie heute – liege ich im
Bett und schwitze vor Angst.

Soly hat Recht. Mama hätte wieder anrufen sollen.
Was ist los? Ist ihre Krankheit schlimmer geworden?

Ihr AIDS, meine ich. Warum kann ich selbst jetzt nicht
die Wahrheit sagen? Wie lange dauert es, bis Mama
stirbt? Wie lange wird es dauern, bis wir alleine sind?
Was dann?

Ich sehe Jonahs Gesicht vor mir und glühe vor Zorn.
Er hat sie angesteckt. Ich weiß es. Ich hoffe, er liegt tot in
irgendeiner Gosse. Stinkt vor sich hin und vergammelt.

Nein. Das ist zu schrecklich. Außerdem, warum muss
ich denn das Schlimmste befürchten? Mama hat keinen
Test gemacht. Ich weiß nichts Genaues. Es kann sein,
dass sie AIDS hat, aber sicher ist es nicht.

»Mama hat kein AIDS. Mama hat kein AIDS«, sage

ich mir immer und immer wieder. Aber ich glaube es nicht. Mir kommt sogar ein noch schrecklicherer Gedanke: Wenn Mama AIDS hat, aber nicht von Jonah? Wenn sie nun ihn angesteckt hat?

Nein! Ich gebe mir einen Klaps. Aber der Gedanke verschwindet nicht. Er nagt in mir und nagt.

Ich beruhige mich. Ich sage mir, sei doch nicht blöd. Wenn Mama nicht von Jonah AIDS hat, von wem denn dann? Von niemandem, das ist die Antwort.

Dann denke ich an Mr Dube. Er war lange Zeit Witwer. Hat er alle Nächte alleine verbracht? Oder gab es einen Ausflug zu den Güterwagen? Einen Spaziergang zum Hurenpark?

Nein. Mr Dube war nett.

Na und? Niemand ist vollkommen. Menschen machen Fehler. Tun Dinge, die sie nicht tun sollten. Die sie normalerweise nicht tun. Von denen sie wünschten, sie hätten sie nicht getan.

Ich fange an zu schwitzen. Wenn Mr Dube Mama mit AIDS angesteckt hat – was ist dann mit ihrem Kind? Was ist mit Soly?

Nein! Wenn Soly den Virus hätte, wäre er vor Sara gestorben. Oder?

Vielleicht nicht. Als Sara geboren wurde, muss Mama es schon länger gehabt haben. Sara hätte bei der Geburt kränker sein müssen.

O nein, ein noch schlimmerer Gedanke: Wenn Mama sich weder bei Jonah noch bei Mr Dube angesteckt hat – sondern bei Isaac Pheto?

Was ist dann mit *deren* Kind? Was ist mit Iris?

Mein Herz stockt. Was ist mit mir?

Ich denke an das, was Isaac mit mir gemacht hat. Wie oft er es getan hat. Ich habe geglaubt, das wäre mein großes Geheimnis. Aber wenn es nun ein anderes Geheimnis gibt? Wenn Isaac mich mit AIDS angesteckt hat?

ABCD-CD-CD-CDEG-GF – ich weiß nicht einmal mehr, wie das Alphabet geht.

Ich stehe auf, laufe herum, gehe zurück ins Bett. Stehe auf, laufe herum, gehe zurück ins Bett. Stehe auf, laufe herum, gehe zurück ins Bett. Die ganze Zeit über rede ich vor mich hin – aber statt der Buchstaben zähle ich jede Erkältung auf, die ich je hatte. Jedes Fieber. Jeden Kopfschmerz. Jeden Durchfall. Ich erinnere mich an jedes Mal, wenn ich nicht einschlafen konnte, wenn ich mitten in der Nacht schwitzte. War das normal? Oder waren das Symptome?

Bitte, lieber Gott, hilf mir. Sag mir, dass ich gesund bin. Sag es mir. Aber er tut es nicht. Ich werde von Stille verschluckt.

Die Tortur geht weiter, bis ich zu müde bin, um mich zu fürchten. Mein Kopf fällt aufs Kissen und ich gerate in eine Welt anderer Alpträume.

Ich träume, ich bin auf der Müllhalde. Ich weiß nicht genau, wie ich dort hingekommen bin. Ich weiß nur, dass ich alleine bin, dass es Nacht ist und ich mich in einem Gewirr von himmelhoch gestapelten Autoreifen und Töpfen verliere.

»Chanda?«, ruft eine Stimme. Es ist eine Geisterstimme, leicht wie Luft.

»Wer bist du?«

Keine Antwort. Die Stimme ruft nur immer wieder: »Chanda? Chanda?«

Sie lockt mich durch das Gewirr von Schrott zu dem alten Brunnen. »Hilf mir, Chanda.« Die Stimme kommt von unten. »Bitte, hilf mir!«

Ich rolle mich im Bett herum, bin schon halb wach, habe aber die Stimme noch im Ohr. »Chanda?« Vor den Fensterläden flackert ein Licht.

Ich setze mich auf. Träume können uns in die Zukunft führen. Doch dieser gehört in die Gegenwart. »Esther?«, flüstere ich.

Ein Wimmern. Ich renne zur Haustür, schiebe den Riegel auf und öffne. Um die Ecke kommt Esther. Sie verharrt im Schatten, außerhalb des Mondscheins. »Bleib da. Guck mich nicht an.«

»Was ist los?«

Ein Stöhnen so fürchterlich, dass ich denke, die Erde bricht auf. Ich renne zu Esther, aber sie hebt die Hand. »Nein. Das ist zu gefährlich.«

Für einen kurzen Moment kann ich sie sehen. Ich zucke zurück. »Esther . . .«, sage ich, so ruhig wie möglich. »Esther, komm rein.«

»Ich kann nicht. Deine Mama . . .«

»Sie ist nicht hier. Du musst reinkommen.«

Sie folgt mir ins Haus. Soly und Iris sind aufgewacht. Ich sage ihnen, sie sollen in ihrem Zimmer bleiben. Ich ziehe den Vorhang zu und zünde die Lampe an. Esther bricht zusammen und bleibt auf dem Boden liegen. Sie ist verprügelt worden, ist überall blaugeschwollen und dazu halb nackt. Ihr Top und ihr Minirock sind zerrissen. Ihr ganzer Körper ist mit Dreck, trockenem Blut und Eiter beschmiert. Ihr Gesicht ist zerfetzt. Von der Stirn über die Nase bis zu ihrer Kehle ziehen sich frisch genähte Wunden.

»Du musst ins Krankenhaus.«

»Da war ich schon. Die Ärzte hatten zu tun. Eine Schwester hat mich zusammengeflickt. Sie hat gesagt, ich hab Glück gehabt, dass ich kein Auge verloren habe. Aber die Narben werden bleiben.« Ein schreckliches Schluchzen.

»Sie hätten dich aufnehmen müssen.«

»Es waren keine Betten frei. Außerdem bin ich bloß eine Hure.«

»Bist du nicht. Du bist meine Freundin. Meine beste Freundin.«

Esther birgt ihr Gesicht in den Händen und weint.

Ich ziehe mir ein Paar von den Gummihandschuhen an, die mir Schwester Viser mitgegeben hat, und hole unser Frühstückswasser. Unter dem Ausguss ist eine Flasche mit Desinfektionsmittel. Auch die hole ich sowie ein paar saubere Lappen, meinen Morgenmantel und eine Decke. Ich helfe Esther aus ihren zerrissenen Sachen. Überall hat sie blaue Flecke. Sogar hinter den Ohren und auf dem Rücken. Ich tupfe Desinfektionsmittel auf die Wunden, die die Schwester übersehen hat.

»Chanda … Chanda, ich hätte nie gedacht, dass so was passieren könnte. Mir doch nicht. Ich bin so dumm.« Sie fängt an zu zittern. Ich ziehe ihr meinen Morgenmantel an.

»Sch, sch«, sage ich. »Du brauchst nichts zu erklären.«

Esther wischt sich die Augen trocken. »Doch. Das muss ich. Du bist die Einzige, der ich es sagen kann.« Sie bebt jetzt am ganzen Körper. Ich hülle sie in die Decke und wiege sie in meinen Armen. Esther stößt jedes Wort wie einen Seufzer heraus. »Die Nacht war lahm. Eine Nummer beim Einkaufszentrum, eine im Park, das war's. Dann, um zehn, fährt eine Limousine vor, mit getönten Scheiben und allem. Der Fahrer sagt: ›Im Safari-Park ist eine Party. Zwanzig Mäuse plus Trinkgeld. Interessiert?‹ Ich sage: ›Klar‹ und mache die hintere Tür auf. Da sitzen zwei Männer mit Masken. Ich will wegrennen, aber hinter mir ist der Fahrer. Er packt mich, schiebt mich in den Wagen. Einer der Männer sagt: ›Schrei und du bist tot‹. Der andere stülpt mir einen Kissenbezug über den Kopf. Wir fahren und fahren. Wir halten irgendwo an, ich weiß nicht, wo das war, vielleicht in einer Garage. Ich höre, wie sich Männer um das Auto stellen. Die Tür geht auf. Ich werde rausgezerrt. Runtergedrückt. Und dann stürzen sich alle auf mich. Es hört überhaupt nicht auf. Sie pfeifen und lachen. Der Letzte sagt: ›Ich habe mir bei einer Hure AIDS geholt. Das kriegst du jetzt wieder‹. Sie werfen mich in den Kofferraum. Ich bin sicher, dass ich sterben muss. Auf einmal liege ich in einem Graben. Ein maskierter Mann reißt mir den Kissenbezug vom Kopf. ›Denk an mich, wenn du in den Spiegel guckst‹, sagt er. Er schlitzt mir das Gesicht auf. Dann fahren sie weg.«

Esther und ich kauern uns aneinander, ganz still, eine lange Zeit.

»Die Polizei hat mich gefunden«, sagt sie schließlich. »Sie haben mir andauernd Fragen gestellt, den ganzen Weg zum Krankenhaus. Ich wusste keine Antworten. Ich habe nur den Fahrer gesehen. Es war dunkel. Er war im Schatten. Die Limousine war eine normale Limousine. Ich weiß noch nicht einmal, wo sie mich hingebracht haben.« Sie würgt. »Ich war den Polizisten sowieso egal. Sie wollten wissen, warum ich noch so spät unterwegs war. ›Gehst du auf den Strich?‹, haben sie gefragt. Als ob ich es dann verdient hätte.«

»Niemand verdient so etwas«, sage ich. »Niemand.«

»Sag das meiner Tante. Vom Krankenhaus hat mich die Polizei nach Hause gefahren. Meine Tante hat gesagt, das wäre meine Schuld, ich wäre eine Schlampe und würde in der Hölle verbrennen. Dann hat sie mich rausgeschmissen. Ich bin zum Schuppen, hab meine Sachen in eine Tasche gepackt, bin mit dem Fahrrad hierher, ich weiß nicht, wie. Meine Tasche steht am Haus.«

Esther ist außer sich. Sie atmet hastig. »Chanda ...«, sagt sie. »Chanda, ich weiß nicht, wo ich hinsoll.«

»Doch, das weißt du«, sage ich und halte sie ganz fest. »Du kannst hier bleiben. Hier bei uns.«

30

Ich bringe Esther in Mamas Zimmer und tausche Mamas Matratze gegen meine um. Soly ist wieder eingeschlafen, Iris aber linst unter ihrer Decke hervor. Wie viel hat sie gehört? Wie viel hat sie verstanden?

»Also bleibt sie?«, flüstert Iris.

Ich nicke. Iris murrt und dreht sich um.

Ich gehe zurück in Mamas Zimmer und decke Esther zu.

»Ich werde nie wieder schlafen können«, sagt sie. Aber sie schläft doch. Sie atmet schwer. Sie wälzt sich hin und her. Ich hoffe, ihre Träume führen sie an einen schöneren Ort.

Meine tun das nicht. Als ich schließlich im Bett liege, träume ich wieder von der Müllhalde. Aus dem alten Brunnen rufen mich Stimmen. Mama. Sara. Iris. Soly. Esther. »Hilf uns, Chanda«, rufen sie. Ich beuge mich über den Brunnenrand. »Ich kann nicht«, weine ich. »Ich weiß nicht wie.« Ein Windstoß bläst mich um. Ich falle. Ich falle und falle und – aus dem Nichts stürzt ein riesiger weißer Vogel herab, mein Zauberstorch, und fängt mich mit seinem Schnabel auf. Er hält mich sicher und fliegt mit mir in den Himmel hinauf. In der Ferne sehe ich Sturmwolken. »Wo fliegen wir hin?«, frage ich. »Was liegt vor uns?« Aber bevor der Storch mir antworten kann, sitze ich aufrecht im Bett, hellwach.

Esther schläft noch, als Soly und Iris zum Frühstück kommen.

Soly trottet zum Tisch und kratzt sich am Po. »Stimmt es, dass Esther bei uns bleibt?«

»Ja.« Ich blicke Iris an. »Das hat sich aber schnell rumgesprochen.«

Iris rührt in ihrem Brei und macht dabei ihr Ich-weiß-alles-Gesicht. »Sag Soly, warum sie bei uns bleibt.«

»Esther hatte einen Unfall«, lüge ich. »Sie ist vom Fahrrad gestürzt und in Glas gefallen. Bei ihrer Tante muss sie in einem Geräteschuppen wohnen. Hier bei uns können ihre Wunden besser heilen.«

»Sag Soly den wahren Grund.«

»Das ist der wahre Grund«, sage ich gleichmütig. (Jedenfalls ist es halb wahr, denke ich. Und diese Halbwahrheit ist der Wahrheit viel näher als die meisten Dinge, die hier bei uns erzählt werden.)

Soly reibt sich die Augen. »Wie lange bleibt sie?«

»Solange sie will.«

»Weiß Mama das?«, fragt Iris unschuldig.

»Sie wird es erfahren«, flüstere ich. »Und sie wird nichts dagegen haben. Selbst wenn, würde sie nichts sagen. Denn Gäste sind bei ihr immer willkommen. Anders als bei einer gewissen vorlauten Göre . . .«

Iris überhört das. »Soly?« Sie lächelt zuckersüß. »Möchtest du meinen Brei haben? Da sind Würmer drin.«

»Hör nicht auf sie, sie lügt.«

»Stimmt nicht.«

Soly legt seinen Löffel weg.

Nach dem Tischabräumen bringe ich Soly an die Hecke zu Mrs Tafa. Sie empfängt ihn mit offenen Armen. »Weißt du was?«, kreischt Soly, als ich ihn rüberreiche. »Esther wohnt jetzt bei uns.«

Mrs Tafa lässt ihn beinahe in die Kakteen fallen. (Ich wünschte, sie hätte es getan.) »Esther Macholo?«

»Ja, ja«, nickt er fröhlich. »Sie ist vom Fahrrad gefallen und wohnt jetzt in Mamas Zimmer.«

Mrs Tafa zieht eine Augenbraue hoch. »Soll das ein Witz sein?«

»Nein«, sage ich. »Esther hat was Schreckliches erlebt. Wenn es dir recht ist, würde ich gerne dein Telefon benutzen, wenn ich nach Hause komme. Ich möchte beim Ladenbesitzer in Tiro anrufen, um Mama Bescheid zu sagen.«

»Du wirst doch wohl nicht wollen, dass deine Mama sich aufregt.«

»Das regt sie nicht auf.«

Mrs Tafa schüttelt den Kopf, als wäre ich beschränkt.

»Wie auch immer«, sage ich nervös, »ich muss jetzt los. Ich habe meinen Lehrern versprochen, dass ich früher zur Schule komme. Ich muss einen Physiktest nachschreiben, einen Englischaufsatz abgeben und ... also, bis nachher.«

Mrs Tafa will mich aufhalten, aber Soly zerrt an ihrem Kleid.

»Mrs Tafa«, sagt er, »kann ich ein Glas Limonade haben? In meinem Brei waren Würmer.«

Ich bringe Iris zur Schule. Den ganzen Morgen über hatte ich keine Zeit zum Nachdenken. Jetzt aber bin ich alleine und ich ertrinke in Alpträumen. In echten.

Wenn Esther nun krank wird? Oder Iris wegläuft? Oder Mama stirbt? Oder Tante Lizbet angerauscht kommt? Oder ich AIDS habe?

WAS MACHE ICH, WENN ICH AIDS HABE?

Ich muss mit jemandem reden. Mit wem? Mr Selalame! Sobald ich in der Schule bin, werde ich mit Mr Selalame reden – er wird wissen, was zu tun ist.

Mr Selalame! Ja! Ich trete in die Pedalen.

Mr Selalame! Nein! Er ist Lehrer. Er wird einen Bericht schreiben müssen. Wenn nun was durchsickert? Dann bin ich das AIDS-Mädchen mit der AIDS-Mama und der AIDS-Freundin. Wenn die Behörden das rausfinden? Und uns Soly und Iris wegnehmen? Würden sie das tun? Könnten sie das? Ich weiß es nicht.

Ich fahre nicht zur Schule. Ich fahre zum Krankenhaus. An der Aufnahme sage ich meinen Namen und dass ich mit Schwester Viser sprechen will. Nach einer Weile steckt sie ihren Kopf durch die Tür. Sie winkt mich herein.

»Wir haben eine Pflegerin zu euch geschickt«, sagt sie, an ihren Schreibtisch gelehnt. »Sie hat gesagt, euer Patient wäre verschwunden.«

»Jonah, ja«, sage ich. »Er ist weg. Tut mir Leid, dass ich Ihnen das nicht gesagt habe. Tut mir Leid, dass ich Ihre Zeit verschwendet habe. Es tut mir Leid, alles, tut mir wirklich Leid, dass . . .«

»Mädchen!« Schwester Viser lacht ein Mama-Lachen und legt ihre Hand auf meine Schulter. »Jetzt lass mal gut sein! Du bist doch nicht hier, um dich zu entschuldigen. Was kann ich für dich tun?«

»Ich habe eine Freundin, die eine Freundin hat, die vielleicht AIDS hat«, platze ich heraus. Ich erzähle Esthers Geschichte, ohne ihren Namen zu erwähnen. »Wenn die Freundin meiner Freundin den Virus hat, sollten meine Freundin und ihr Bruder und ihre Schwester in ihrer Gegenwart Gummihandschuhe tragen?«

»Nicht, wenn sie keine offenen Wunden hat.«

»Gut. Meine Freundin wollte sichergehen, dass ihre Schwester und ihr Bruder nicht gefährdet sind.«

»Sind sie nicht«, sagt Schwester Viser. »Das HI–Virus wird nur durch Blut, Samen und Fäkalien übertragen. Aber das weißt du ja schon, oder?« Sie blickt mich scharf an. »Was ist der wahre Grund, warum du hier bist?«

Ich starre auf das Linoleum und denke an Isaac Pheto. Schwester Viser guckt mich an – ewig lange, scheint mir. Schließlich hole ich tief Luft. Ich sage: »Ich habe noch eine Freundin. Sie wurde vergewaltigt, als sie ein kleines Mädchen war, aber sie ist gesund. Der Mann, der sie vergewaltigt hat, ist auch gesund. Also ist mit ihr doch alles in Ordnung? Sie hat kein AIDS, oder?«

Schwester Viser legt ihr Klemmbrett zur Seite. »Das weiß ich nicht«, sagt sie. »Das Virus kann sich jahrelang im Körper verstecken.«

Ich verschlucke einen Aufschrei. Schwester Viser nimmt meine Hand. In meinem Kopf marschiert das

Alphabet, während sie sagt: »Würde deine Freundin einen Test machen lassen wollen?«

»Nein«, flüstere ich. »Sie hat zu viel Angst.«

»Ich verstehe«, flüstert sie zurück. »Vor dem Test kann man schon Angst haben. Aber ständig mit Angst zu leben, ist noch schlimmer. Wenn deine Freundin den Test macht, dann weiß sie wenigstens Bescheid.«

»Das ist das Problem«, sage ich. »Wenn der Test positiv ist, weiß sie, dass sie sterben wird.«

»Das muss nicht sein. Jedes Jahr werden neue Medikamente entwickelt. Die Leute leben länger.«

»Im Westen.« Ich beiße mir auf die Lippen. »Meine Freundin kann sich diese Medikamente nicht leisten. Niemand kann das.«

»In Botswana gibt es schon ein nationales Programm für Medikamente gegen AIDS. Das wird es bei uns auch geben, eines Tages.«

»Das können Sie nicht wissen.«

»Du hast Recht«, sagt sie. »Das kann ich nicht wissen. Aber ich glaube es. Es gibt einfach ein paar Dinge, an die man glauben muss, Chanda. Nur so kann man weitermachen.« Sie hält meinen Kopf in ihren Händen, wie Mama das früher getan hat. »Bis es so weit ist, kann deine Freundin sich an der Verlosung für einen Platz zur Erprobung neuer Medikamente beteiligen. Oder sich auf der Liste für Empfänger von Hilfsprogrammen einschreiben lassen.«

»Eine Verlosung, eine Liste – das reicht doch nicht.«

»Immer noch besser als gar nichts.«

»Aber meine Freundin ... meine Freundin ...« Meine

Stimme stockt. »Sie wissen, dass ich nicht von einer Freundin rede, oder? Sie wissen, dass ich von mir rede.«

Sie nickt.

Plötzlich laufen mir Tränen die Wangen hinunter. Ich weine. Vor den Leuten. Ich falle Mama in den Rücken, aber ich kann es nicht ändern. Schwester Viser gibt mir ein Papiertuch. Ich tupfe mir die Augen trocken. »Bitte sagen Sie es nicht weiter.«

»Du bist meine Patientin. Das bleibt unter uns.« Schwester Viser hält inne. Sie legt den Kopf zur Seite, wählt sorgfältig die Worte. »Hast du schon mal vom Thabo-Willkommens-Zentrum gehört?«

»Nein.« Ich schüttele den Kopf. »Nein. Nein, habe ich nicht.« Habe ich aber doch. Wer hätte das nicht? Das Thabo-Zentrum liegt im 10. Bezirk in der Nähe des Gesundheitszentrums und wird von Banyana Kaone geleitet, einer schrägen alten Frau, die von allen die AIDS-Lady genannt wird. In der Zeitung stehen häufig Berichte über sie, zum Beispiel wie sie Kondome in Supermärkten oder Parks verteilt. »Das Leben, das du rettest, könnte dein eigenes sein!«, sagt sie. »Wenn du nicht dich selber schützen willst, dann tu es wenigstens für deine Partnerin.« Sie hat Recht. Trotzdem halte ich mich vom Thabo-Zentrum so fern wie möglich. Wenn die Leute vermuten, dass man dort hingeht, heißt es sofort, man hat die Krankheit.

Schwester Viser hebt eine Augenbraue. »Wir wollen hoffen, dass der HIV-Test negativ ausfällt, wenn du ihn machst«, sagt sie freundlich. »Aber wenn nicht, dann ist das Thabo-Zentrum ein wunderbarer Ort.«

Ich halte mir die Ohren zu. »Ich will das nicht hören.«

»Chanda, wenn dein Test positiv ist, dann brauchst du Hilfe. Im Thabo-Zentrum gibt es Beratung ...«

»Das ist mir egal. Wenn ich AIDS habe, soll das niemand wissen. Außerdem kann ich es mir gar nicht erlauben, positiv zu sein. Von mir hängen viel zu viele Menschen ab.«

»Entweder du hast das Virus oder du hast es nicht«, stellt Schwester Viser fest. »Angst ändert nichts an der Wahrheit.«

»Hören Sie auf! Hören Sie auf!« Ich knülle das Papiertuch zusammen und springe auf. »Ich weiß, dass ich mich testen lassen sollte. Klar? Aber ich tue es nicht. Ich kann es nicht. Ich kann es einfach nicht.«

Ich drehe mich um, renne los und reiße dabei meinen Stuhl um, ehe ich durch die Tür verschwinde.

31

Ich radele nach Hause. In mir knotet sich alles zusammen. Ich verbiete mir an AIDS oder an den Test zu denken. Ich muss mich auf Mrs Tafa konzentrieren. Ich muss an ihr Telefon. Ich muss für Esther kämpfen. Ich muss ruhig bleiben.

Ich halte vor Mrs Tafas Grundstück. Soly ist damit

beschäftigt, Kieselsteine rund um ihren Liegestuhl zu legen. Er springt auf, als ich durch die Pforte trete.

»Guck mal, ein Zauberkreis«, sagt er. »Ich mach ihn genau so, wie Mrs Tafa es mir gezeigt hat. Wer drinnen auf dem Thron sitzt, hat einen Wunsch frei.«

»Na, und das funktioniert sogar«, verkündet Mrs Tafa. »Eben habe ich mir gewünscht, dass Chanda zurückkommt, damit wir ein bisschen plaudern können, und da ist sie schon.«

»Hurra!«, platzt Soly heraus. »Mrs Tafa sagt, mein Zauberkreis kann auch vor bösen Geistern schützen.«

»Vielleicht solltest du einen für Chanda machen«, sagt Mrs Tafa und wirft mir einen scharfen Blick zu.

»Mach ich«, sagt Soly. »Aber erst muss ich den hier fertig haben.«

»Na, dann los.«

Soly lächelt stolz und legt weitere Kieselsteine aus. Mrs Tafa stemmt sich hoch und winkt mich zu sich ins Haus. Sie macht hinter uns die Tür zu und fällt dann wie der leibhaftige Zorn Gottes über mich her. »Du solltest dich schämen diese Esther Macholo aufzunehmen. Denk ja nicht, ich wüsste nicht, was diese Schlampe getan hat.«

»Mich interessiert nicht, was du weißt«, sage ich. »Esther braucht Hilfe. Sie ist meine Freundin.«

»Glaubst du, deine Mama will, dass ihre Kinder mit einer Hure zusammenleben?«

»Was Esther getan hat, hat sie für ihre Familie getan. Und das ist etwas, was Mama versteht: die Familie zusammenhalten – egal, um welchen Preis.«

»Untersteh dich, deine Mama und diese Nutte in einem Atemzug zu nennen«, donnert Mrs Tafa. »Von mir aus kann Esther Macholo bei den Schweinen schlafen. Aber nicht in dem Haus neben meinem. Entweder du schmeißt sie raus oder ich tue es.«

Mein Magen zieht sich zusammen. »Tut mit Leid, Mrs Tafa, aber ich schmeiße sie nicht raus. Sie bleibt, wo sie ist, und daran kannst du nichts ändern. Und jetzt möchte ich bitte dein Telefon benutzen, wenn es dir nichts ausmacht, damit ich Mama Bescheid sagen kann.«

Mrs Tafa schreit: »Daran soll ich nichts ändern können? Solange diese Schlampe unter deinem Dach wohnt, wirst du mein Telefon nicht benutzen. Du wirst nie wieder mit deiner Mama sprechen.«

»O doch, das werde ich«, höre ich mich sagen. »Ich werde mit ihr sprechen, wie auch immer. Und dann, dann erzähle ich ihr, dass du mich gezwungen hast, auf den Strich zu gehen, um das Geld fürs Telefonieren zu verdienen.«

Mrs Tafa wankt und weicht zurück. »Was?«

»Du hast gehört, was ich gesagt habe. Das verbreite ich in der ganzen Nachbarschaft.«

Sie packt sich an die Brust. »Erst eine Nacht hat diese Nutte unter deinem Dach verbracht und schon kommt nur noch Schmutz aus deinem Mund! Das ist der Teufel, der da aus dir spricht!« Sie deutet auf ihr Telefon. »Na los, du schamloses Wesen. Telefoniere, wenn es dir so viel bedeutet. Telefoniere und sei verflucht!« Sie rennt aus dem Haus.

Ich gerate in Panik: Was habe ich gerade getan? Egal, sage ich mir, es hat sich gelohnt, die alte Ziege zappeln zu sehen. Zitternd warte ich darauf, dass die Verbindung nach Tiro hergestellt wird. Beim vierten Klingeln geht der Ladenbesitzer an den Apparat. Im Hintergrund ist Gelächter. Ich stelle mir eine Gruppe Männer vor, die neben einem alten Coca-Cola-Kühlschrank sitzen, Karten spielen und rauchen.

»Ja bitte?«, sagt der Kaufmann freundlich.

»Mr Kamwendo?«

»Am Apparat.«

»Hier ist Chanda Kabelo. Wissen Sie, wer ich bin?«

»Klar. Du bist die Enkelin von den Thelas. Du hast vor einer Weile angerufen, als deine Schwester gestorben ist.«

»Ja ... und ... na ja, Sie wissen bestimmt, dass meine Mama bei Granny und Grampa zu Besuch ist, und ... äh, könnten Sie ihr bitte etwas ausrichten?«

»Ja, sicher.«

»Sagen Sie ihr, es ist alles in Ordnung, sie fehlt uns allen sehr und sie möchte bitte anrufen, weil ich mit ihr reden muss.«

Plötzlich gibt es ein lautes Geräusch, als hätte er den Hörer auf den Ladentisch gelegt. Dann höre ich ihn mit einem Kunden reden und wie die Kasse aufspringt. Eine kleine Glocke klingelt, eine Fliegengittertür geht auf und schlägt zu.

»Hallo?«, sage ich. Ich höre den Hörer auf den Boden fallen und jemanden fluchen. »Hallo? Sind Sie noch da?«

»Ja, ja.«

»Haben Sie gehört, was ich gesagt habe?«

»Ja.«

»Sagen Sie Mama, sie soll nur mit *mir* sprechen. Nicht mit der Nachbarin.«

»Mach ich.«

Ich will ihn fragen, ob er Mama gesehen hat, ob es ihr gut geht, ob alles in Ordnung ist. Ich will ihn so viel fragen. Aber wenn ich das tue, wird er sich überlegen, warum ich das tue. Vielleicht ahnt er dann, dass etwas nicht stimmt. Vielleicht erzählt er das weiter. Also frage ich lieber nichts. Ich sage nur: »Danke schön.«

Ich hänge auf. Eine Leere verschluckt mich. Noch vor einer Sekunde habe ich mit jemandem gesprochen, der nur fünf Minuten zu Fuß von Mama entfernt war. Ich war ihr so nah. Und jetzt ist sie wieder Hunderte von Kilometern entfernt.

Und ich weiß nicht, wie es ihr geht.

Und ich weiß nicht, warum sie nicht angerufen hat.

Und ich habe Angst, es herauszufinden.

32

Am späten Nachmittag ist Esthers Gesicht noch dicker geschwollen. Am Abend ist Esther nicht mehr zu erkennen. Sie will von niemandem außer mir gesehen werden, Iris und Soly können sie nur durch den Vorhang begrüßen.

Bis Mitte der Woche kommt sie nicht aus dem Zimmer heraus. Ich bringe ihr was zu essen, aber sie isst kaum, selbst wenn ich sie füttere. Ich stelle ihr einen Nachttopf hin. Bei Sonnenuntergang und bei Tagesanbruch leere ich ihn im Klohäuschen.

So um den Donnerstag herum macht Esther erste Schritte aus dem Zimmer heraus. Kleine Schritte, wie die einer alten Frau. Ich stütze sie am Ellbogen, damit sie nicht fällt. Ich verstecke auch den Handspiegel, der neben der Haustür hängt, damit sie sich nicht sehen muss. Aber das nützt nichts. Die Blicke von Soly und Iris sprechen Bände.

Als sie wieder in ihrem Zimmer ist, fasst sie sich an den Kopf. Es tut ihr weh, die Hände und Ellbogen zu heben, aber noch mehr schmerzt sie die Vorstellung, wie sie wohl aussehen mag. »Ich bin hässlich«, weint sie. »Ich wünschte, die hätten mich umgebracht.«

Ich überhöre den letzten Satz. »Das ist bloß eine kleine Schwellung«, sage ich. »Die geht zurück.« Ich hoffe es. Ihr Kopf hat lauter Beulen, sieht aus wie ein Beutel voller Marula-Früchte. An den Narben im Gesicht bilden sich Krusten. Ich nehme ein Baumwolltuch und tupfe sie mit abgekochtem Wasser ab, aber das ändert nichts.

Zwischen Mrs Tafa und mir knirscht es gewaltig. Zwar passt sie noch auf Soly auf, mich aber übersieht sie. Als ich Soly am Morgen nach unserem Streit über die Hecke hob, ließ sie sich nicht blicken.

Mittags lag sie in ihrem Liegestuhl. Ich rief: »Hallo.« Sie tat so, als schliefe sie. Ich rief noch einmal. Sie drehte mir den Rücken zu.

»Mrs Tafa«, sagte ich, »danke, dass ich gestern das Telefon benutzen durfte. Tut mir Leid, dass ich so grob war.«

Sie stand auf und ging in ihr Haus. Seitdem haben wir kein Wort miteinander gesprochen. Mir ist das so unangenehm, dass ich versuche, nicht zur selben Zeit draußen zu sein wie sie. Sie wird mir nie vergeben. Nicht, bevor ich Esther rausschmeiße. Und das tue ich nicht, niemals.

Am schlimmsten ist es, wenn wir essen wollen. Mrs Tafa schafft es jedes Mal, Iris und Soly kurz vorher zu sich ins Haus zu holen und sie mit Süßigkeiten abzufüllen. Beim ersten Mal haben die beiden behauptet, sie hätten mich nicht gehört. Also habe ich mit einer Kuhglocke zum Essen geläutet. Auf Soly hat das gewirkt, auf Iris nicht.

Als sie nicht kam, fragte ich: »Soly, ist Iris bei Mrs Tafa im Haus?«

Seine kleinen Augen wurden so groß wie Monde. »Wenn ich es sage, dann sind die beiden mir böse.«

»Nun, und wenn du es *nicht* sagst, dann bin *ich* dir böse.«

»Ich weiß. Und was soll ich jetzt machen?«

Ich wusste keine Antwort. Ich sagte ihm nur, er solle sich die Hände waschen und zu Tisch kommen. Erst als wir beim Abräumen waren, kam die kleine Madame angeschlendert und erklärte Soly, was für Leckereien er verpasst hatte.

»Iris«, sagte ich. »Mama hat mir die Verantwortung übertragen. Von jetzt an kommst du, wenn ich dich rufe.«

»Ich komme, wenn ich will«, spottete sie. »Vielleicht komm ich überhaupt gar nicht mehr.«

»Iris . . .«

Sie streckte mir die Zunge raus, hielt sich die Ohren zu, rannte um den Tisch und schrie so laut sie konnte. Ich schnappte sie mir und drückte sie auf den Boden. Setzte mich auf sie. »Du hörst mir jetzt zu, Iris.«

»Lass mich. Das ist überhaupt nicht mein richtiges Zuhause. Du bist nicht meine richtige Schwester. Ich hasse dich.«

Ich hasse dich? Ich dachte, ich müsste sterben. Ich ließ sie los. Iris stieß mich von sich und rannte raus.

»Du solltest sie in ihrem Zimmer einsperren«, sagte Esther.

»Sie würde trotzdem abhauen. Dann würde sie zu Mrs Tafa gehen. Und bei ihr bleiben.« Ich schlug die Hände vors Gesicht. »Warum hasst sie mich?«

»Sie hasst dich nicht.«

Ich würde Mrs Tafa bitten mir zu helfen. Aber das will sie nicht. Sie will der Boss sein. Und sie hat Süßigkeiten. Dagegen komme ich nicht an.

Ich kann auch nicht mehr essen. Oder schlafen. Wenn Mama nun gar nicht zurückkommt? Wenn ihr auf dem Heimweg was passiert? Wird Mrs Tafa dann die Kinder übernehmen? Will sie mir meine Familie stehlen? Wie kann ich sie daran hindern?

Mitten in der Nacht gehe ich vors Haus, setze mich an die Hauswand und bete, dass mir mein Zauberstorch erscheint. »Bitte, lieber Storch, besuch mich wieder. Schick mir einen Traum von Mama.« Natürlich kommt er nicht. Ich wusste es. Es gibt keine Zauberei. Der Storch, den ich gesehen habe, war einfach ein Storch vom Kawkee-Damm, weiter nichts. Er kam zufällig hierher. Er wird nie wiederkommen.

Das Wochenende geht vorbei. Mrs Tafa fährt ohne mich zu den Friedhöfen. Immer noch kein Wort von Mama. Es ist jetzt zwei Wochen her, dass sie weggefahren ist. Eine Woche, seit ich angerufen habe. Warum hat sie nicht zurückgerufen?

Ich möchte an Mrs Tafas Tür hämmern und brüllen: »Mama hat angerufen, stimmt's? Sie würde uns das nicht antun. Uns ohne eine Nachricht allein lassen.«

Aber wenn ich an ihre Tür hämmern würde, was würde das bringen? Mrs Tafa würde mir nichts sagen. Selbst wenn, würde ich ihr nicht glauben.

So beginnt die Woche mit schrecklicher Ungewissheit. Dann, am Dienstagnachmittag, geschieht etwas. Etwas so Entsetzliches, dass Mama nun ganz bestimmt nach Hause kommen wird.

33

Am Dienstagmorgen sage ich Iris und Soly, dass ich mittags nicht pünktlich zum Essen kommen werde. »Ich muss noch einen Englischtest nachschreiben«, sage ich. »Aber macht euch keine Sorgen. Esther ist hier. Es gibt noch Suppe von gestern Abend. Sie macht sie für euch warm.«

»Wer will schon deine Suppe?«, sagt Iris. »Wir gehen zu Mrs Tafa. Mrs Tafa hat Feigen. Mrs Tafa hat Kekse. Mrs Tafa hat alles.«

»Iris, ich habe jetzt keine Zeit zum Streiten.«

»Gut. Ich habe nämlich keine Zeit zum Zuhören.« Sie macht sich auf den Weg zur Schule.

Ich hebe Soly über Mrs Tafas Hecke und fahre Iris hinterher. Ich hole sie aber nicht ein, sondern halte mich zwei Blocks hinter ihr. In der vergangenen Woche hat sie sich geweigert mit mir zusammen zu gehen. Wenn ich nicht zurückblieb, hat sie sich auf den Boden gehockt und sich nicht vom Fleck gerührt.

Wo ist die Iris, die mich geliebt hat? Sie ist weg. Ich habe versagt.

Es ist nicht mehr weit bis zum Spielplatz der Schule. Iris trifft eines der Sibanda-Kinder und die kleine Lena Gambe. Ich beschließe Iris den Rest des Wegs alleine mit den beiden gehen zu lassen. Ich habe noch so viel zu tun vor dem Unterricht. Seit Ewigkeiten habe ich nichts mehr gelesen und ich muss diese Englischarbeit schreiben. Zwar würde mir Mr Selalame bestimmt noch einmal Aufschub geben, aber es ist mir zu peinlich, darum zu bitten. Er ist mir schon so oft entgegengekommen.

Noch vor dem Klingeln bin ich in der Bücherei und versuche mich zu konzentrieren. Ich kann es nicht. Ich denke nur: Warum gibt es ständig Auseinandersetzungen? Warum muss ich mich mit Mrs Tafa streiten? Vielleicht ist es gut für Iris und Soly, wenn sie Leckereien bekommen, die ich nicht kaufen kann. Und es ist gut, dass sie so oft zu Mrs Tafa können. Vielleicht bin ich bloß eifersüchtig. Vielleicht bin ich egoistisch. Vielleicht bin ich das Problem.

Den ganzen Vormittag geht das so: Mein Körper ist in der Schule, aber mein Kopf ist irgendwo anders. Mittags sitzt Mr Selalame an seinem Schreibtisch und korrigiert, während ich die Arbeit schreibe. Oder versuche sie zu schreiben. Wie blöde starre ich auf die Fragen. Mein Kopf ist leer. Ich schreibe einige Wörter und streiche sie aus. Ich male die Löcher in den Buchstaben a, o, d und p aus.

Es hat keinen Sinn. Meine Augen füllen sich mit Tränen. Ich schiebe mich von meinem Stuhl hoch.

Mr Selalame guckt von seiner Arbeit auf. »Was ist los?«

»Alles!« Ich steuere auf die Tür zu, stoße an Schreibtische.

»Chanda, warte. Rede mit mir.«

Ich möchte so gerne! Ich möchte ihm von Mama, Esther, Mrs Tafa, Iris erzählen – von der Angst, die mir den Atem verschlägt, von meiner Ratlosigkeit. Aber ich bringe nur heraus: »Ich habe Sie enttäuscht. Ich habe versprochen, dass ich meine Arbeit tue, aber ich kann es nicht. Ich kann gar nichts.«

Bevor mich Mr Selalame aufhalten kann, bin ich aus der Tür.

Als ich nach Hause komme, sitzt Soly vor dem Haus.

Er bläst sich kleine Hühnerfedern von den Händen und schaut zu, wie sie durch die Luft schweben.

»Hast du deine Suppe gegessen?«, frage ich.

Er nickt.

»Und Iris?«

Er schüttelt den Kopf.

Ich gehe ins Haus. Esther sitzt am Tisch. »Hast du Iris gesehen?«

»Nein«, sagt sie. »Ich glaube, sie ist bei Mrs Tafa.«

Ich weiß, ich sollte das überprüfen, aber ich mag Mrs Tafa nicht begegnen. Und erst recht nicht Iris, den Mund voll mit süßen Feigen. Ich rolle mich auf meiner Matratze zusammen und ziehe mir ein Kissen über den Kopf.

Das Nächste, was ich wahrnehme, ist ein Kreischen und Schreien, ein Hämmern an der Tür. Ich springe hoch, da ist Mrs Tafa schon ins Haus gestürmt. Sie zittert am ganzen Leib. »Chanda, komm schnell«, schreit sie. »Auf der Müllhalde gab es einen Unfall.«

Auf der Müllhalde hat sich eine riesige Menge Menschen versammelt. Nahe der Straße, zwischen Krankenwagen und Polizeiautos drängen sich Gruppen von Nachbarn und Fremden. Einige recken die Hälse, um einen besseren Blick auf das zu haben, was sich am hinteren Ende der Halde abspielt. Andere schmiegen sich aneinander. Ich höre Satzfetzen wie: »Das hätte nie geschehen dürfen.« – »Was für eine Tragödie.« Und: »So jung, so jung.«

Mrs Tafa und ich stolpern vorbei an Bergen von alten

Reifen, Farbeimern, Resten von Stacheldraht. Je näher wir zu dem alten Brunnen kommen, desto dichter stehen die Menschen. »Aus dem Weg!«, schreit Mrs Tafa. »Hier kommen die Angehörigen!« Mit einem Arm kämpft sie sich durch die Menge, am anderen zieht sie mich hinterher.

Polizisten halten die Leute zurück. Der Bereich um den Brunnen ist mit einem Seil abgesperrt, das an zwei umgekippten Karren und einem verrosteten Schrottauto festgemacht ist. »Chanda Kabelo, die Schwester des kleinen Mädchens«, sagt Mrs Tafa. Der Polizist lässt uns unter dem Seil durch und nimmt uns zur Seite.

»Bis jetzt wissen wir nur, was wir von Ezekiel Sibanda und Lena Gambe erfahren haben. Kennst du die beiden?«

Ich nicke. Lena und Ezekiel gehen mit Iris in die Schule. Ich sehe Ezekiel bei seinen Eltern, ganz in der Nähe. Sein Papa hält ihn im Arm. Seine Mama hat sich auf den Boden geworfen und klagt lauthals.

»Die Kinder sind mächtig durcheinander«, fährt der Polizist fort. »Jedes Mal erzählen sie die Geschichte ein kleines bisschen anders. Wir reimen uns die Sache ungefähr so zusammen.« Er räuspert sich. Ich hole tief Luft.

Offenbar sind Ezekiel, Lena und Iris heute Morgen nicht in der Schule geblieben. Mrs Ndori war krank. Wieder einmal. Sie hat noch die Anwesenheit der Kinder festgestellt, dann hat sie sich in einer Ecke hingelegt. Ezekiel, Lena und Iris sind abgehauen. Das haben sie in letzter Zeit oft getan.

Die drei sind auf die Müllhalde gegangen, wo sie Ezekiels kleinen Bruder Paulo getroffen haben, den mit den Saftkartons an den Füßen. Ezekiel hatte vom Shebeen der Familie ein bisschen Hirsebier mitgebracht. Die drei waren ziemlich betrunken.

Iris ist zum Brunnen getorkelt. Sie hat sich über den Rand gelehnt und gerufen: »Hallo da unten.« Als die anderen wissen wollten, was sie mache, sagte sie, ihre Schwester Sara lebe dort unten auf dem Grund des Brunnens. Ezekiel und Lena glaubten ihr nicht, aber der kleine Paulo schon. Er sagte, er wolle Sara sehen.

Ezekiel fand einen alten Eimer mit einer Kette daran. Paulo kletterte hinein. Ezekiel, Lena und Iris ließen ihn in den Brunnen hinunter. Aber die Kette war nicht lang genug und reichte nicht bis zum Grund. Da wollten die drei ihn wieder hochziehen, aber ihre Kraft reichte nicht. Sie riefen um Hilfe. Niemand hörte sie.

Lena geriet in Panik und ließ los. Iris und Ezekiel konnten das Gewicht nicht halten. Die Kette rutschte ihnen aus den Händen. Der Eimer stieß gegen die Brunnenwand. Paulo fiel hinaus. Er schrie, bis er mit einem dumpfen Knall auf dem Grund aufschlug. Die Kinder riefen ihn, bekamen aber keine Antwort.

Iris sagte, es sei ihre Schuld gewesen, sie würde hinunterklettern und Paulo hochholen. Ezekiel sagte, sie sei betrunken und blöde und würde sich bloß selber umbringen. Lena und er rannten los, um einen Erwachsenen zu holen. Als sie mit den Nachbarn zurückkamen, war Iris verschwunden.

Ich sehe die leeren Hirsebier-Kartons auf dem Boden. Ich renne zum Brunnen. Einen Sturz in diese Tiefe überlebt niemand. Egal. Ich schreie hinunter: »Iris? Iris?«

Ich schluchze, als mich Mrs Tafa zur Seite zieht. Und dann höre ich ein Geräusch. Ein Wimmern, wie in meinem Traum. »Chanda? ... Chanda?« Aber die Stimme kommt nicht aus dem Brunnen. Sie kommt aus einer Öltonne, einen Steinwurf entfernt. Die Tonne liegt auf der Seite. Mülltüten quellen heraus. Ich sehe, wie die Tüten zur Seite geschoben werden und ein kleiner Körper aus seinem Versteck kriecht.

Iris!

Mrs Tafa kniet sich hin, um sie in Empfang zu nehmen, aber Iris rennt an ihr vorbei in meine Arme. »Chanda, Chanda. Es tut mir Leid. Ich mach nie wieder was Böses. Du sollst mich nicht hassen, bitte. Ich habe solche Angst.«

Ich drücke sie an mich. »Schon gut«, sage ich. »Ich hab dich lieb. Schon gut.«

Ein Feuerwehrwagen donnert auf den Müllplatz. Drei Feuerwehrleute drängen sich durch die Menge. Einer wird in den Brunnen abgeseilt. Die beiden anderen leuchten ihm mit ihren Taschenlampen.

Stille. Dann ruft der Feuerwehrmann: »Ich hab ihn! Ein Wunder! Er ist bewusstlos, aber er lebt!«

Die Menge jubelt, als Paulo nach oben geholt wird. Trotzdem, Wunder geschehen nicht einfach so. Es gibt einen Grund, warum Paulo nicht gestorben ist. Etwas hat seinen Aufprall gedämpft. Dieses Etwas ist auch der

Grund, warum der Feuerwehrmann sich übergeben muss. Warum die Polizei alle Leute weiter zurückdrängt. Warum die Feuerwehrmänner zurück zum Brunnen gehen und sich wieder abseilen. Diesmal alle drei.

Was sie ans Tageslicht bringen, ist ein Alptraum. Ein total verbogenes und verdrehtes Etwas. So vertrocknet, dass es keine Form mehr hat. In vergammelten Stoff gehüllt. Die Leute wissen erst nicht, was das sein könnte. Ich schon.

Jonahs gestreiftes Stirnband würde ich immer erkennen.

34

Jonahs Leiche wird ins Leichenschauhaus gebracht.

Iris ist unversehrt, abgesehen von den Spuren, die die Kette an ihren Händen hinterlassen hat. Nachdem sie untersucht wurde, dürfen Mrs Tafa und ich sie mit nach Hause nehmen. Den ganzen Weg über hat Mrs Tafa fröhliche Lieder auf den Lippen, plaudert aufgeregt über das Wunder und lässt sich lang und breit darüber aus, dass die Stadt Bonang die Müllplätze einzäunen sollte. Es sieht so aus, als redeten wir beide wieder miteinander. Ein Glück.

Ich lege Iris ins Bett, damit sie ihren Rausch ausschlafen kann. Esther bleibt bei ihr und bei Soly, während ich zu Mrs Tafa gehe. Sie liegt bereits in ihrem Liegestuhl und beruhigt ihre Nerven mit einem Glas Limonade.

»Ich muss Mama anrufen«, sage ich.

»Warum?«

»Um ihr das mit Jonah zu sagen. Sie wird sich um die Beerdigung kümmern wollen.«

Mrs Tafa schlürft mit ihrem Strohhalm die letzten Tropfen Limonade. »Der Mann geht sie nichts an. Der Hurensohn hat sie verlassen, weißt du das nicht mehr? Ein Glück, dass wir den los sind – möge er in Frieden ruhen –, sonst würdet ihr bis zu den Ohren in Ausgaben versinken.« Ich will etwas dagegen sagen, aber Mrs Tafa will nicht streiten. Sie winkt Richtung Haus. »Du weißt, wo es steht.«

Ich danke ihr, rufe in Tiro an und sage dem Ladenbesitzer, dass mein Stiefvater gestorben ist. »Können Sie meine Mama bitten, sofort zu Hause anzurufen?«

»Ja.«

Auf dem Weg nach Hause bitte ich Mrs Tafa, sie möchte mich sofort rufen, wenn Mama am Telefon ist: »Ich bin draußen im Garten.«

Ich lege neue Reihen für Gemüse an. Ich gieße und jäte. Ehe ich michs versehe, ist es Zeit fürs Abendessen. Und Mama hat nicht angerufen. Ich verstehe das nicht. Jonah ist tot. Sie würde anrufen, wenn sie könnte. Was ist los? Bevor ich eine Erklärung finde, kommt Tante Ruth mit ihrem Freund vorgefahren. Er bleibt im Wagen sitzen und hört Radio, Tante Ruth kommt zum Bohnenbeet und begrüßt mich.

»Tut mir Leid, das mit deinem Bruder«, sage ich.

»Jonah. Ja. Danke. Deswegen bin ich hier. Ist deine Mama da?«

»Sie ist bei ihren Verwandten in Tiro.«

»Oh.« Sie blickt mir fragend in die Augen. »Ihr geht's doch gut, will ich hoffen?«

»Ja, sehr gut, danke.«

»Gut.« Pause. »Sag ihr, dass ich die Leiche übernommen habe.«

Eine Last fällt mir vom Herzen. »Danke.«

Tante Ruths Augen füllen sich mit Tränen. »Jonah hat am Schluss schreckliche Dinge getan. Aber er war kein schlechter Mann. Er hat bloß Fehler gemacht, weiter nichts. Er wollte niemandem schaden. Er hat deine Mama geliebt.«

»Ja. Ich nehme es an.« Es scheint unrecht zu widersprechen.

»Das mit dem Karren tut mir Leid. Es tut mir Leid, dass ich ihn im Stich gelassen habe. Mir tut alles Leid.« Ihr Freund drückt auf die Hupe. »Ich muss los. Die Aufbahrung ist morgen. Die Beerdigung übermorgen, sieben Uhr, auf dem neuen Friedhof, Abteilung sechs. Ich wollte nicht, dass es so schnell geht. Aber Mr Bateman hat uns einen Nachlass gewährt.«

»Das ist schon in Ordnung, ich sag Mama Bescheid.«

»Das ist nicht in Ordnung. Ich schäme mich so. Für die Aufbahrung haben wir einen Sarg gemietet, aber beerdigt wird Jonah in einem Futtersack.«

Ihr Freund hupt noch mal ungeduldig.

»Ich komme ja!«, ruft Tante Ruth. Sie wendet sich wieder mir zu. »Die anderen wollten ihn einfach im Leichenschauhaus lassen, weil er sich bei uns so schrecklich aufgeführt hat. Aber ich, ich wollte nicht, dass mein kleiner Bruder in einem Armengrab verscharrt wird. Aber das jetzt ist auch nicht viel besser.« Ihre Knie geben nach. Ich fange sie auf.

»Tante Ruth, ich besorge das Geld für den Sarg. Ich finde einen Weg. Mach dir keine Gedanken.«

»Gott segne dich. Gott segne dich.«

Ihr Freund legt seinen Arm auf die Hupe.

»Deiner Mama alles Gute«, sagt sie und hastet rückwärts Richtung Auto. »Ich hoffe, dass sie kommen kann. Es gab gute Zeiten. Ich hoffe, die Leute erinnern sich auch an die guten Zeiten.« Sie steigt ins Auto. Noch bevor sie die Tür zugeschlagen hat, braust es in einer Staubwolke davon.

Mrs Tafa erlaubt mir, wegen der Beerdigung in Tiro anzurufen.

»Ich bin es noch einmal«, sage ich zu dem Kaufmann. »Chanda Kabelo.«

»Ja, bitte?«

»Meine Nachricht, haben Sie die an Mama weitergegeben?«

»Ja.«

»Was hat sie gesagt?«

»Keine Ahnung. Hab's deiner Tante gesagt.«

Mir wird das Herz schwer. »Tante Lizbet?«

»Ja.«

»Also, ich habe noch eine Nachricht. Bitte sagen Sie es diesmal Mama persönlich. Sagen Sie ihr, dass Tante Ruth alles vorbereitet hat. Jonah wird morgen Abend auf-gebahrt, die Beerdigung ist gleich im Anschluss. Sie muss den Morgenbus nehmen, sonst kommt sie nicht rechtzeitig. Haben Sie das verstanden?«

»Ja.«

»Bitte, können Sie es ihr sofort sagen?«

»Ja, ja.«

»Versprochen?«

»Ja, ja.«

Ich lege auf. Mrs Tafa hat so getan, als würde sie auf dem kleinen Tisch mit dem Schrein von Emmanuel Staub wischen. »Mach dir bloß nicht zu große Hoff-nung«, sagt sie.

»Was soll das heißen?«

»Deine Mama wird nicht kommen.«

»Woher weißt du das?«

»Ich weiß es einfach.«

»Nun, da irrst du dich. Mama wird kommen. Wenn du nicht mal das weißt, dann weißt du überhaupt nichts.«

Früh am nächsten Morgen fahre ich mit dem Rad zu Mr Bateman, um für Jonah einen Sarg zu kaufen. Aber ich kann mein Versprechen nicht halten, es gibt keinen Sarg, den ich bezahlen könnte. Mr Bateman hat Mitleid. Er zeigt mir eine notdürftig zusammengeschusterte Kiste aus Kiefernholz. Er sagt, er verkauft sie mir zum halben Preis, weil die unteren Bretter verzogen sind. »Aber da die Leiche obendrauf liegt, merkt das keiner.« Er akzeptiert Ratenzahlungen. »Deine Familie hat ihre Schulden bisher immer beglichen.«

Ich fahre nach Hause zurück und stelle mich mit Iris und Soly an die Straße. Der Bus aus Tiro kommt, aber Mama ist nicht drin. Das war ihre einzige Möglichkeit, rechtzeitig zu kommen. Sie wird Jonahs Beerdigung verpassen. Wo ist Mama? Warum ist sie nicht hier? Ein schrecklicher Gedanke: Kann es sein, dass sie die Nachricht nicht bekommen hat? Vielleicht hätte ich so oft anrufen sollen, bis der Ladenbesitzer sie ans Telefon holt. Vielleicht ist es wieder mal meine Schuld.

Mrs Tafa ist in ihrem Garten. Normalerweise würde sie ihren Kopf vorstrecken und ausrufen: »Was habe ich dir gesagt?« Heute aber kommt nicht ein gemeines Wort. Warum ist sie so nett? Ich sollte froh sein. Stattdessen wird mir übel.

35

Nach dem Abendessen packe ich ein paar Sachen zum Wechseln in einen Rucksack und mache mich für die Aufbahrung fertig, Esther bleibt bei den Kindern. Die Sonne ist untergegangen; die Luft kühlt ab. Ich ziehe mir gerade eine leichte Jacke an, als Mrs Tafa an die Tür gewalzt kommt. »Ich dachte, du möchtest vielleicht mitfahren«, sagt sie. »Mit dem Fahrrad ist es ziemlich weit bis zu deiner Tante Ruth.«

Ich glaube, ich höre nicht richtig. Nach all den fürchterlichen Dingen, die Mrs Tafa über Jonah gesagt hat, geht sie zu seiner Aufbahrung? Sie sieht das Staunen in meinen Augen. »Beerdigungen sind für die Lebenden«, sagt sie. »Deine Tante Ruth ist eine nette Frau. Sie freut sich, wenn viele kommen.«

Unterwegs erzählt mir Mrs Tafa Geschichten von diversen Aufbahrungen, komische und traurige. Sie erinnert sich an die von Sara und lacht, als ihr einfällt, wie ich Jonahs Schwestern dazu gebracht habe, seinen Brüdern hinterherzujagen, die mit Mary Hirsebier besorgen wollten. Da ich nicht mitlache, schaltet Mrs Tafa den Bibelsender im Radio ein. Ein Prediger sagt: »Der Herr bürdet uns nie mehr auf, als wir tragen können.« Ich denke an Mama. Ich denke an Esther. Am liebsten würde ich dem Prediger eine reinhauen.

Noch zwanzig Minuten und wir sind bei Tante Ruth. Ihr Viertel ist genauso eines wie unseres: eine Ansammlung von wild zusammengewürfelten Lehmhütten, Zwei-Raum-Fertighäusern und Häusern aus Betonblöcken. Da die Beerdigung billig ist, gibt es kein Zelt für Gäste, die über Nacht bleiben. Dafür haben Tante Ruths Brüder auf der rechten Seite des Hauses eine Plane am Dach angebracht. Das eine Ende reicht bis zum Klohäuschen, das andere bis zum Schuppen. Die Plane wird von Betonblöcken gehalten.

Einige Leute sind schon da, aber niemand, den ich

kenne. Es müssen Freunde von Tante Ruth sein. Tante Ruth kommt angelaufen und stellt Mrs Tafa und mich vor. »Ihr wisst doch, dass ich vor ein paar Monaten auf die Kleinen von Jonah aufgepasst habe?«, sagt sie. »Nun, das ist ihre große Schwester, Chanda, und das hier ist eine gute Freundin der Familie, Mrs Tafa.«

Mrs Tafa entdeckt eine alte Bekannte aus der Zeit beim Bergwerk. »Schrecklich, dieser Unfall von Jonah«, sagt ihre Freundin. »So in einen Brunnen zu fallen. Der arme Mann hatte ja keine Chance.«

Das höre ich die ganze Nacht lang: dass Jonahs Tod ein Unfall war. Ein Unfall? Sind die blind? Am liebsten würde ich laut lachen oder schreien. Aber ich denke an Tante Ruth und bin still.

Gegen Mitternacht streikt Mrs Tafas Rücken. Sie lässt mich mit einem Schlafsack und dem Versprechen zurück, dass sie wiederkommen und mich dann in ihrem Auto mit zur Beerdigung nehmen wird. Und wirklich, als der Morgen graut, weckt das Rattern ihres Wagens alle auf, die über Nacht geblieben sind.

Bevor wir zum Friedhof aufbrechen, gehen wir der Reihe nach in Tante Ruths Haus, um Jonah die letzte Ehre zu erweisen. Die Kiste ist geschlossen. Tante Ruth hat eine Polyesterdecke drumgewickelt, die alle Unebenheiten und Astlöcher in den Brettern verdeckt.

Die Feier auf dem Friedhof ist einfach. Es sind nicht sehr viele Leute da, aber doch genügend, so dass sich keiner zu schämen braucht. Ich halte nach Mary Ausschau. Ich sehe sie nicht. Wenn ich es mir richtig überlege, habe ich sie schon eine Weile lang nicht gesehen. Der Sarg wird in die Grube gelassen. Da verschwindet wieder einer, den ich nie mehr sehen werde. Das Leben ist seltsam.

Ich steige in Mrs Tafas Lieferwagen und wir fahren zurück zu Tante Ruth zum Totenfest. Tante Ruth hat befürchtet, sie würde sich blamieren, weil sie nicht genug zu essen haben würde. Aber gestern Abend haben ihre Brüder ein Einsehen gehabt und eine Rinderkeule besorgt und unter den Tüchern der Nachbarinnen kamen Beutel mit Mohrrüben, Kartoffeln und Brot zum Vorschein. Tante Ruth wird von allen gemocht.

Die Fahrt nach Hause verläuft sehr still. Mrs Tafa bleibt unter der erlaubten Höchstgeschwindigkeit. Sie versucht mich aufzuheitern, aber ich starre bloß aus dem Fenster. Immer wieder spüre ich, wie gerne sie wüsste, was in mir vorgeht.

»Was hast du?«, fragt sie mich schließlich.

»Mama hätte hier sein müssen«, sage ich. »Sie hätte es gewollt.«

»Du hast getan, was du konntest.« Mrs Tafa langt in ihre Tasche und holt ein Tuch hervor, in das sie ein Stück Brot mit Fleisch eingewickelt hat – ein Rest vom Fest. »Abgesehen davon gibt es keinen Grund zu denken, sie hätte hier sein sollen. Oder sie hätte sich das gewünscht.«

»Sie hat Jonah geliebt. Er war wie ein Vater für Iris und Soly.«

»*War.*« Mrs Tafa kaut genüsslich. »Und außerdem war

231

er ein untreuer, nichtsnutziger Trinker, der ihr Schande gemacht und ihr das Herz gebrochen hat. Daran ändert auch sein Unfall nichts.«

»*Unfall?*«, schnaube ich.

»Ja, Unfall«, sagt Mrs Tafa. »Wie würdest du es sonst nennen?«

»Ich würde es Selbstmord oder Mord nennen.«

Mrs Tafa fährt beinahe in den Graben. Sie bremst und guckt mich an. »Was sagst du da?«

»Ich weiß, es wird keine Untersuchung geben«, sage ich ruhig, »aber wir beide kennen die Wahrheit. Jonah hat sich in den Brunnen geworfen – oder er wurde in den Brunnen geworfen –, weil er AIDS hatte.«

»Sag nicht so was. Wenn Jonah die Seuche gehabt hätte, dann würden die Leute erzählen, deine Mutter hätte sie auch.«

»Ich wette, das tun sie schon.«

»Vielleicht haben sie das mal getan, vor einiger Zeit. Aber das ist vorbei, seit ich Mrs Gulubane geholt habe. Jetzt sagen die Leute, deine Mutter wurde verhext. Und dass Jonah einen Unfall hatte. Das ist die Wahrheit, die sie glauben möchten. Es ist die Wahrheit, die auch du glauben solltest.«

»Tja, tue ich aber nicht. Mit Mama stimmt was nicht.«

»Das kannst du nicht wissen.«

»Warum hat sie dann nicht angerufen?«

»Darum.«

»Warum?«

»Einfach darum.«

»Sagen Sie es mir.«

»Nein.«

Ich hole tief Luft und öffne die Autotür. »Danke, Mrs Tafa. Den Rest kann ich laufen.«

»Chanda, es gibt Dinge, die kannst du nicht verstehen.«

»Kann sein. Aber eins verstehe ich. Mama braucht mich. Wenn ich nach Hause komme, packe ich meine Sachen. Ich fahre nach Tiro.«

»Wie denn?«, schnaubt sie. »Du hast kein Geld für den Bus.«

»Ich trampe.«

»Bist du verrückt? Ein Mädchen alleine unterwegs? Du brauchst keine Hure zu sein, um vergewaltigt zu werden.«

Ich marschiere die Straße entlang, Mrs Tafa rollt hinter mir her. Sie ruft durchs offene Fenster: »Chanda – wie kommst du darauf, dass deine Mutter dich sehen will?«

Ich blicke stur geradeaus und gehe weiter. »Warum sollte sie das nicht wollen?«

Ich fange an zu rennen, aber Mrs Tafa klebt an mir wie eine Fliege am Leim.

»Vielleicht hat deine Mama nie erwartet, wieder nach Hause zu kommen. Vielleicht war ihr Abschied für immer.«

»Du lügst.«

»Ach ja? Ich habe ihr ein Versprechen gegeben, Chanda. Ich darf dich nicht nach Tiro fahren lassen.«

»Versuch doch, mich daran zu hindern!«

36

In meinem Kopf schwimmt es, als ich in den Vorgarten renne. Mrs Tafa bremst scharf und rennt hinter mir her. Esther ist mit Soly und Iris im Haus. Mit offenen Mündern schauen sie zu, wie ich die Tür hinter mir zuschlage, den Riegel vorschiebe und mich mit dem Rücken gegen das Holz stemme. Mrs Tafa hämmert mit den Fäusten an die Tür und verlangt eingelassen zu werden.

Ich halte mir die Ohren zu und schreie: »Geh weg, geh weg, geh weg!!!«

Soly weint. Esther nimmt ihn in die Arme. Iris rennt ins Schlafzimmer und versteckt sich unter einer Decke. Schließlich ist Mrs Tafa erschöpft. Ich höre sie schnaufen. Dann sagt sie: »Gut. Tu es. Brich deiner Mutter das Herz. Und brich dabei auch gleich dein eigenes Herz.« Durch die Ritzen der Jalousien sehe ich, wie sie sich durch die Pforte schleppt. Sie bleibt stehen, um sich mit dem Arm Schweiß von der Stirn zu wischen, dann verschwindet sie aus meinem Blick.

Ich sinke zu Boden. Esther und Soly knien sich neben mich. »Es ist alles gut, Chanda«, sagt Soly ernst. »Wir haben dich lieb.«

Ich drücke ihn an mich und gebe ihm einen dicken Kuss. Dann lege ich ihn zu Iris ins Bett und erzähle beiden eine Geschichte. Schon bald rollen sie sich zusammen und schlafen ein. Jedenfalls denke ich das. Trotzdem, falls sie ihre Ohren doch noch offen haben sollten, winke ich Esther lieber nach draußen. Wir hocken uns hinter das Klohäuschen und ich erzähle, was auf dem Heimweg geschehen ist.

»Ich muss zu Mama. Aber was mache ich mit Iris und Soly?«

»Mach dir keine Sorgen«, sagt Esther, »ich kümmere mich um sie. Nach der Geschichte auf dem Müllplatz wird Iris bestimmt nicht so schnell wieder abhauen. Und im schlimmsten Fall ist ja noch Mrs Tafa da. Selbst wenn sie auf dich wütend ist, wird sie nicht wollen, dass den Kleinen was passiert.«

Ich nicke. »Dann packe ich jetzt. Es ist schon fast Mittag. Wenn ich trampen will, möchte ich das so lange wie möglich im Hellen tun.«

»Fahr nicht per Anhalter«, sagt Esther. »Das ist gefährlich.«

»Es geht nicht anders.«

»Doch, geht es wohl.« Sie drückt meine Hand. »Warte hier.«

Esther steht auf und geht ins Haus. Eine Minute später kommt sie mit einem verschnürten Schuhkarton zurück. Sie setzt sich neben mich und knüpft die Schnur so vorsichtig auf, als wäre der Karton ein unendlich kostbarer Gegenstand. Und das ist er auch. Unter mehreren Kopien der Traueranzeigen ihrer Eltern und den Todesmeldungen der Lokalzeitungen liegen zwei Umschläge mit Esthers Ersparnissen.

»Hier sind achtundneunzig US-Dollar und ein bisschen Geld von hier«, sagt sie. »Meine Tante ist immer in den Schuppen gekommen und hat mich bestohlen. Ich habe sie ein paarmal erwischt. Einmal hat sie gesagt, sie nimmt sich nur, was ihr zusteht, weil sie mich aufgenommen hat. Ein andermal hat sie gesagt, sie hat es für Gott genommen, damit ich nicht in die Hölle komme. Jedenfalls habe ich immer was draußen liegen lassen, damit sie es findet, und den Rest in diesem Karton versteckt. Mit dem Geld wollte ich meine Geschwister zurückholen. Aber es reicht nicht. Es wird nie reichen. Da ist es besser, du nimmst es.«

Ich schaue auf das Geld – es ist mehr als genug, um mich nach Tiro und zusammen mit Mama zurück nach Hause zu bringen. Dann blicke ich in Esthers vernarbtes Gesicht.

»Tut mir Leid«, sage ich. »Ich kann das nicht annehmen.«

Esther sinkt in sich zusammen. »Warum? Weil es Hurengeld ist?«

Ich mache den Mund auf, aber es kommt nichts heraus.

»Du hast mir das Leben gerettet«, fährt Esther fort. »Wenn du mich nicht aufgenommen hättest, wäre ich tot. Bitte lass zu, dass ich mich bei dir bedanke. Nimm es an.«

Ich tue es. Ich nehme das Geld, packe meine Sachen und steige in den Wagen nach Tiro. Ich habe nicht vorher angerufen. Ich wollte niemandem die Möglichkeit geben zu sagen: »Komm nicht.« Ich steige auf den Lastwagen und winke zum Abschied. »Macht euch keine Sorgen!«, rufe ich den Kleinen zu, die in Esthers Armen zurückbleiben. »Ich komme bald zurück. Mit Mama.«

Ist es eine Sünde, das Geld zu nehmen? Ist es eine Sünde, auf diesem Lastwagen zu sitzen? Ich weiß es nicht. Und es ist mir sogar egal. Ich habe keine Zeit, mir über Recht oder Unrecht Gedanken zu machen. Ich brauche meine Zeit, um zu überlegen, was mit Mama wird.

Wir fahren stundenlang über Land. Hier und da ein Dorf. Die Sonne geht unter. Die Scheinwerfer beleuchten den Dschungel, verlassene Hütten, einen Elefanten und ein paar gerodete Felder. Ich denke an das, was Mrs Tafa gesagt hat. Dass Mama nie damit gerechnet hat, wieder nach Hause zu kommen. Dass ihr Abschied für immer gemeint war. Mrs Tafa ist Mamas beste Freundin. Hat Mama ihr ein Geheimnis anvertraut?

Ich weiß, dass Mama an AIDS erkrankt ist. Aber ich habe nicht darüber nachdenken wollen, *wie* krank sie ist. Während der Lastwagen durch die Nacht rattert, sehe ich alles glasklar. Mama ist mehr als krank. Mama stirbt. Vielleicht ist sie schon tot.

Ich sage die Worte leise vor mich hin. Flüsternd, als wären sie geheim – so geheim, dass ich sie sogar vor mir verbergen muss. Ich fange an zu schwitzen, weine aber nicht. Mir geht so viel durch den Kopf: Mama hasst Tiro. Sie hat gesagt, sie wolle niemals dort leben. Warum ist sie dann zum Sterben dorthin gegangen? Warum ist sie nicht zu Hause, bei mir, Soly und Iris geblieben? Wegen

AIDS? Hat sie gedacht, wir würden uns schämen? Wir würden sie nicht mehr lieb haben?

»Mama«, flüstere ich, »bitte, hör mich. Wenn du noch am Leben bist, dann verspreche ich dir eins: Du wirst nicht in Tiro sterben. Ich werde dich nach Hause bringen. Ich habe dich lieb. Wir alle haben dich lieb. Immer. Egal, was ist.«

Es ist elf Uhr. Wir biegen von der Hauptstraße ab. Bald haben wir das Dorf erreicht. Wir fahren zum Laden. Auf der linken Seite steht ein Gastank; auf der rechten sitzen einige Männer, die rauchen und trinken. Über der Tür des Ladens hängt eine einzelne Glühbirne. Im Fenster flackert die Neonlampe einer Bierreklame.

In ein paar Minuten sehe ich Mama. Oder ich weiß, was mit ihr geschehen ist.

Lieber Gott, wenn du da draußen bist, bitte hilf mir.

Rumpelnd kommen wir zum Stehen. Die Luft ist schwer von Schatten. Voller Fragen.

Teil Vier

～～

37

Ich bemühe mich ruhig zu bleiben. Wenn ich Mama helfen will, brauche ich einen klaren Kopf.

Ich richte mich auf und blicke über die Ladefläche hinaus. Der Laden sieht noch ungefähr so aus, wie ich ihn in Erinnerung habe. Der Kalk ist rissig, die Mauern bräuchten einen Anstrich. Neu sind die Neonlampen und die Neonschilder. Genau wie die vereinzelten Lichter, die hinter dem Laden durchs Dunkel leuchten – Feuerstellen an Straßen und auf Grundstücken von Ortsteilen, die noch nicht existierten, als Papa noch lebte.

Damals sind wir einmal im Jahr nach Tiro gekommen. Wir sind vom Laster gestiegen, so wie ich jetzt, und einer meiner Papa-Onkel hat uns mit einem Ochsenkarren abgeholt und zum Viehweideplatz gebracht. Es war schön, wieder mit den Cousins und Cousinen zu spielen. Und meine ältere Schwester Lily zu sehen – die, die zurückgeblieben war, um ihren Freund aus der Nachbarschaft zu heiraten.

Bei jedem Besuch sind wir auch zum Viehweideplatz

von Mamas Familie gegangen. Ich hatte Angst vor Granny und Grampa Thela. Beide hielten immer die Arme verschränkt und lächelten nie. Mama achtete sehr darauf, dass meine Brüder und ich ordentlich angezogen waren und dass wir uns gut benahmen. Alles musste perfekt sein.

Meine Brüder hatten Glück; sie sind mit meinen Onkeln auf die Jagd gegangen. Aber ich, ich musste bei meiner Mama und meinen Tanten bleiben. Granny und Grampa Thela führten uns zu Tante Amanthes Grabstein, wo die hinkende Tante Lizbet uns Tee, Kekse und böse Blicke servierte. Ich aß lieber nichts, egal wie hungrig ich war. Denn jeder Krümel, der an meinen Lippen hängen blieb oder auf mein Kleid fiel, löste harsche Worte aus.

Nach dem Tod von Papa und meinen Brüdern sind Mama und ich nur noch ein Mal nach Tiro gefahren. Da war Iris noch ein Baby und Mama war mit Soly schwanger. Papas Familie hat sicher nicht erwartet, dass Mama ewig alleine bleiben würde, aber sie mit dem Kind eines anderen Mannes und von einem dritten Mann schwanger zu sehen ... tja. Mamas Heirat mit Papa hatte die Familie viel gekostet. Die ›anderen‹ Männer in Mamas Leben waren ein guter Vorwand, den Kontakt mit uns abzubrechen.

Granny und Grampa Thela kamen gut ohne uns aus. Mama schickte ihnen gelegentlich einen Brief über meine ältere Schwester Lily. Lily las ihn den Großeltern vor und schrieb in deren Auftrag ein paar Worte zurück. So erfuhren wir, dass sie vom Viehweideplatz ins Dorf gezogen waren. Tiro hatte endlich Strom bekommen, dazu eine Wasserleitung und ein Gesundheitszentrum.

Meine Granny, meine Tanten, alle Cousinen und kleinen Cousins zogen zuerst um; mein Grampa, meine Onkel und die älteren Cousins kamen jedes Wochenende, das Vieh blieb in der Obhut von angestellten Hütejungen. Aber den Männern schmeckte nicht, was sie selber kochten, so dass sie schließlich auch ins Dorf zogen. Von dort sind sie jeden Morgen vor Sonnenaufgang mit dem Ochsenkarren oder dem Fahrrad zum Viehweideplatz gefahren. Das tun sie immer noch, zusammen mit Männern anderer Viehweideplätze, die ebenfalls ins Dorf gezogen sind.

Ich bin vom Lastwagen gestiegen, lasse meine Tasche fallen und strecke mich. Der Ladenbesitzer löst sich aus dem Kreis der trinkenden Männer und beginnt Kisten mit Waren aus Bonang abzuladen. Er sieht so aus, wie ich ihn in Erinnerung habe, nur kleiner.

»Mr Kamwendo?«

Er versucht mich im dämmerigen Lichtschein des Ladens zu erkennen. »Ja?«

»Ich bin's. Chanda Kabelo.«

»Mein Gott!« Er wischt sich die Hände an seinen Arbeitshosen ab. Wir geben uns die Hand. Er ist nicht betrunken, aber er riecht nach Alkohol. »Du bist ja erwachsen! Als ich dich das letzte Mal gesehen habe, hast du einer Heuschrecke bis zum Knie gereicht. Tut mir Leid, das mit deinem Stiefvater.«

»Danke.«

»Und? Was führt dich nach Tiro? Willst du deine Granny und deinen Grampa Thela besuchen?«

»Eigentlich nicht. Ich will zu Mama.«

Er guckt mich verständnislos an.

»Sie wissen doch … meine Mama? Ist sie bei meiner Granny und meinem Grampa? Ich habe doch vor zwei Tagen angerufen. Ich habe Sie gebeten, ihr etwas auszurichten.« Er kratzt sich am Kopf und das macht mich irgendwie nervös. »Stimmt was nicht?«

»Nein, nein«, sagt er. »Nur – deine Mutter ist nicht mehr hier.«

»Was?«

»Sie ist nicht hier. Sie ist weg.«

38

Mama ist weg. Aber tot ist sie nicht. Das sage ich mir unentwegt, während mich Mr Kamwendo zu Granny und Grampa Thela bringt.

»Ich habe Ihnen gesagt, dass du angerufen hast«, sagt er und leuchtet mit seiner Taschenlampe auf die Schlaglöcher. »Ich habe nach deiner Mama gefragt, wie du mich gebeten hast, aber deine Tante Lizbet hat gesagt, sie wäre schon weg. Sie wäre mit einem Freund vom Viehweideplatz mitgefahren. Später ist deine Granny zum Laden gekommen. Sie hat eure Nachbarin angerufen. Hat die dir nichts davon gesagt?«

»Nein«, sage ich.

»Und deine Mama ist nicht gekommen?«

Ich schüttele den Kopf.

»Seltsam.« Er runzelt die Stirn. »Nun, ich bin sicher, es gibt eine Erklärung.«

»Das denke ich auch«, sage ich und im Stillen verfluche ich Mrs Tafa. »Als Mama hier war, haben Sie sie oft gesehen?«

»Kann ich nicht sagen. Ist ja kein Wunder, bei den vielen Leuten, die sie zu besuchen hatte. Hab sie aber gesehen, als sie ankam.«

»Wie ging es ihr?«

»Ihr war übel. Es ist eine lange Fahrt. Warum?«

»Ach, nur so.«

Tiro ist angelegt wie ein Gitter, zwischen den Gruppen einzelner Hütten ist viel Platz. Wir überqueren ein Dutzend Straßen. Dann noch einige, bis wir am Rand des Dorfes sind. Hinter uns glühen Feuerstellen. Wie Orangen leuchten die Kohlestücke durch die Nacht.

Der Ladenbesitzer bleibt stehen. »Die Familie von deiner Granny und deinem Grampa wohnt dort«, sagt er und deutet mit seiner Lampe in die Dunkelheit. »Es geht schneller, wenn wir über dieses Feld abkürzen.«

Ich kann überhaupt nichts sehen. Die Batterien der Taschenlampe gehen zu Ende.

Ich zögere. »Sind Sie sicher?«

»Ja, ja. Es ist fast ganz gerodet. Steht bloß noch ein bisschen Unkraut.«

Ich hole tief Luft und folge ihm ins Stockdunkle. Die Taschenlampe flimmert wie ein Glühwürmchen. Wir gehen schweigend.

»Komisch, dass dich keiner abholen gekommen ist«, sagt er schließlich.

»Ich habe ihnen nicht gesagt, dass ich komme.«

»Oh.« Stille. »Also rechnet niemand mit dir?«

»Nein.«

Wieder Stille. Ich wünschte, ich könnte seine Gedanken lesen. Meine Kehle ist ein wenig trocken. »Sind wir bald da?«

»Oh, ja.«

Das Feld ist größer, als ich mir vorgestellt habe. Ich blicke über meine Schulter. Die Straße ist verschwunden. Das Dorf auch. Ich kann nur die blassen Grasbüschel sehen, die vom flackernden Taschenlampenlicht beleuchtet werden.

»Wie weit noch?«

»Ein kleines Stück.«

Die kleinen Härchen in meinem Nacken stellen sich auf. Ich bin versucht mich umzudrehen und wegzurennen, aber ich fürchte mich. Wer weiß, was da draußen ist. Oder was vor mir liegt. »Vielleicht sollten wir lieber zurück zur Straße gehen?«

»Ich weiß, wo es langgeht.«

»Bestimmt?«

»Ja, ja.« Er kichert leise vor sich hin.

Es war eine dumme Idee, zu Fuß zu gehen. Ich hätte anrufen sollen, bevor ich zu Hause losfuhr. Einer meiner Onkel hätte mich mit der Pferdekarre abholen sollen. Ich hätte dem Ladenbesitzer sagen sollen, dass ich erwartet werde. Ich hätte ...

Plötzlich geht die Taschenlampe aus. Mr Kamwendo packt mich am Arm. Er zieht mich zurück. Ich will schreien, bringe aber keinen Ton heraus. Er schlägt mit der Taschenlampe an sein Bein. Das Licht geht wieder an.

»Vorsicht mit den Büschen«, sagt er. Keine zwei Schritte vor mir ist dichtes Jackalberry-Gestrüpp. »An den Dornen kann man sich böse verletzten.«

»Danke«, sage ich, als er meinen Arm loslässt.

Der Mond schiebt sich hinter einer Wolke hervor. Direkt vor uns zeichnen sich die Silhouetten kreisförmig aufgestellter Lehmhütten ab.

»Wir sind da«, sagt Mr Kamwendo. »Deine Tanten, Onkel, Cousins und Cousinen leben in den Hütten an der Seite, bis auf deine Tante Lizbet. Sie wohnt in der Hütte in der Mitte, zusammen mit deiner Granny und deinem Grandpa.« Er bringt mich zur Haupttür und klopft.

»Hallo«, ruft er, damit dieser mitternächtliche Besuch niemandem Angst macht. »Ich bin's, Sam Kamwendo. Ich bringe euch einen Überraschungsbesuch.«

»Einen Gast?« Die Stimme einer alten Frau. Eine Stimme, an die ich mich nur vage erinnere.

»Granny? Ich bin's. Chanda.«

Verwirrung. »Lizbet, mach auf.«

Gemurmel. Ein Fluch. Der Riegel wird zurückgezogen, die Tür geöffnet. »Was willst denn du hier?«

»Ich will zu Mama.«

»Sie ist weg.«

»Das hab ich ihr auch gesagt«, sagt der Ladenbesitzer. Tante Lizbet nickt ihm zu. »'n Abend, Sam.«

»Ich habe vor zwei Tagen angerufen«, sage ich. »Mr Kamwendo sagt, ihr hättet gesagt, dass sie an dem Tag weggefahren sei. Aber sie ist nicht nach Hause gekommen. Wo ist sie?«

Granny Thela kommt angeschlurft, in einen Morgenmantel gewickelt, ihre Haut ist so runzelig wie eine getrocknete Lehmgrube. »Sie ist bei Freunden in Henrytown. Das Auto, mit dem sie mitgefahren ist, hatte eine Panne. Was mit dem Kühler. Sobald der repariert ist, kommt sie nach Hause. In einer Woche vielleicht.«

»Woher weißt du das? Wer hat dir das gesagt?« Ich wende mich an den Ladenbesitzer. »Hat Mama aus Henrytown angerufen?«

»Willst du sagen, deine Granny lügt?«, keift Tante Lizbet. An den Türen der anderen Hütten tauchen weitere Tanten und Onkel auf.

Mr Kamwendo räuspert sich. »Ich glaube, ich sollte jetzt gehen.«

»Nacht«, sagt Granny Thela scharf. »Danke für die Mühe. Kein Grund, sich um Lilian zu sorgen. Es ist alles in Ordnung.«

»Wie Sie meinen, Mrs Thela.« Der Ladenbesitzer tippt

sich an den Hut, wendet sich um und schlendert zurück über das Feld.

Granny reckt ihr Kinn und sagt zu meinen Tanten und Onkeln: »Es ist nichts. Bloß Lilians Mädchen. Wir kommen schon zurecht.«

»Komm rein«, befiehlt mir Tante Lizbet. Granny verriegelt die Tür und Tante Lizbet packt mich am Arm, zerrt mich zum Küchentisch und stößt mich auf einen Stuhl. Ich springe hoch. Sie drückt mich runter. Ich springe wieder hoch, dieses Mal mit geballten Fäusten. Sie hebt ihren Stock.

»Was ist los?«, fragt eine schwache Stimme hinter einem Vorhang.

»Nichts, Papa«, ruft Tante Lizbet, »schlaf weiter.«

»Ich hoffe, du bist zufrieden«, zischt Granny Thela, »hast deinen Großvater geweckt, einen kranken alten Mann mit kaputten Knochen, der noch dazu taub ist.«

»Wo ist Mama?«

»Das haben wir dir gesagt. In Henrytown.«

»Gebt mir die Adresse. Eine Telefonnummer.«

»Geh zurück nach Bonang«, sagt Tante Lizbet. »Sie wird früh genug dort sein.«

»Ich glaube euch nicht. Morgen früh gehe ich zur Polizei.«

»Eine Unruhestifterin, genau wie deine Mama«, sagt Granny Thela.

Tante Lizbet fuchtelt mit der Bibel, die auf dem Küchentisch lag. »Denke an die zehn Gebote, Mädchen. ›Du sollst deinen Vater und deine Mutter ehren, auf dass du lange lebest im Lande, das dir der Herr, dein Gott, gibt.‹ Deine Mutter hat bekommen, was sie verdient hat. Genau wie du.«

Ich erstarre. »Ist sie tot?«

»Sie hat sich Gott und ihren Ahnen widersetzt, ihrer Familie Schande gemacht, einen anderen begehrt, Ehebruch begangen ...«

»*Ist sie tot?*«

»Sie hat die Seuche, den Fluch Gottes.«

»Die Seuche ist nicht Gottes Fluch«, sage ich, »genauso wenig wie dein Klumpfuß. Mit welcher Sünde hast du dir denn den verdient?«

Tante Lizbet hebt ihren Stock und zielt auf meinen Kopf. »Gott wird sich rächen!«

Ich ducke mich gerade rechtzeitig. »Du würdest Gott nicht mal erkennen, wenn er dir in die Nase beißt.«

Tante Lizbet brüllt und holt wieder aus. Ich rette mich unter den Küchentisch. Der Stock trifft die Holzbohlen, Tassen fliegen in die Gegend.

»Lizbet!«, bellt Granny Thela. »Das reicht! Das reicht!«

Tante Lizbet lässt den Stock langsam sinken. Sie tritt zurück. Ich krieche unter dem Tisch hervor. Granny Thela sinkt in ihren Schaukelstuhl und bedeutet mir, mich in den Stuhl ihr gegenüber zu setzen. Das tue ich.

Eine ganze Weile starren wir uns an. Es mag am Rauch der Öllampe liegen, aber ihre Augen sind feucht. In ihrem Gesicht sehe ich Mama und etwas von mir selbst. Sieht sie dasselbe in mir?

»Wir haben deine Mama so lange wie möglich bei uns behalten«, sagt sie. »Wir haben ihr hinter dem Holzstapel einen kleinen Schuppen gebaut. Aber ihr Zustand hat sich verschlechtert. Ihre Beine trugen sie nicht mehr. Seit einer Woche kann sie ihren Darm nicht mehr kontrollieren. Wir haben ihr Tee und Baobab-Rinde gegeben. Das hat nicht geholfen. Wir mussten sie woanders verstecken. Irgendwo weit weg, wo der Gestank ihrer Krankheit ihrer Familie keine Schande machen kann.«

»Immer macht sie ihrer Familie Schande«, flüstert Tante Lizbet. »Sogar beim Sterben.«

Vorhin noch hätte ich Tante Lizbet ins Gesicht schlagen wollen. Jetzt nicht. Jetzt bin ich so leer, dass ich nicht einmal mehr wütend werden kann. »Wo ist sie?«

»Auf dem Viehweideplatz«, sagt Granny. »In einer der alten Hütten.«

Ich halte mich an den Lehnen meines Stuhls fest. »Was?«

»Wir tun, was wir können. Wir haben deiner Mutter eine Matte und eine Decke gegeben. Jeden Tag bringt ihr eine von uns was zu essen und frisches Wasser.«

»Wer ist jetzt bei ihr?«

Granny zögert einen Moment. »Niemand.«

»Niemand? Meine Mama ist alleine in der Wildnis?«

Grannys Gesicht bekommt einen verzweifelten Ausdruck. »Wir können nicht bei ihr bleiben. Wenn wir das tun würden, dann wüssten die Leute, dass was nicht stimmt.«

»Außerdem«, unterbricht sie Tante Lizbet, »ist das

deiner Mama ganz egal. Sie ist nicht mehr bei sich. Sie kann sich nicht bewegen. Sie trinkt kaum. Sie erkennt uns schon gar nicht mehr.«

Ich blicke Granny an. Ihr rollen Tränen über die Wangen. »Es tut mir Leid, Chanda«, sagt sie. »Dies ist ein kleiner Ort. Wir wussten nicht, was wir sonst hätten tun sollen.«

39

Im ersten Licht des Tages mache ich mich auf den Weg zum Viehweideplatz. Die Luft ist frisch. Flughunde schwirren um mich herum, fliegen heim zu ihren Plätzen, um bis zur Nacht zu schlafen.

Ich lasse Tiro hinter mir, folge der Hauptstraße. Von dort geht es nach Norden bis zu dem riesigen Baobab. Aus den oberen Ästen schnattert eine Pavianfamilie auf mich ein. Als ich vorbeigehe, werfen sie Zweige auf mich runter. Von der gepflasterten Straße biege ich auf einen Pfad, der sich ins freie Feld windet.

Die Viehweideplätze haben keine Zäune. Was welcher Familie gehört, erkenne ich an Felsen, kleinen Hügeln, Büschen und Bäumen. Seit ich das letzte Mal hier war, sind die Bäume gewachsen, einige sind nicht mehr da. Aber das spielt keine Rolle. Es ist so, als würde ich durch Bonang radeln und ein neues Geschäft sehen oder auf dem Markt bemerken, dass ein Händler fehlt; trotz der Veränderung weiß ich genau, wo ich bin und wohin ich will.

Nach ein paar Kilometern komme ich zu den drei großen Steinen an der östlichen Grenze des Viehweideplatzes von Mamas Familie. Auf dem größten sonnt sich eine Eidechse und lauert auf Insekten. Ich biege vom Weg ab und folge einem Netz von Trampelpfaden. Geckos fliehen vor meinem Schatten.

Granny hat mir gesagt, wo ich Mama finde: in einer verlassenen Hütte beim Grabstein von Tante Amanthe. Als Tante Amanthe starb, brachten die Malungas ihre Leiche und ihr totgeborenes Kind zurück. Ich vermute, dass sie das wegen ›Mamas Fluch‹ taten. Granny und Grampa begruben Tante Amanthe auf dem Grundstück der Familie. Der Geisterheiler sagte, das Böse lebe weiter. Er sagte, sie sollten ihren Familiensitz verlassen und einen neuen errichten, sonst würde ihr Vieh sterben. Also zogen sie dorthin, wo jetzt die Hütejungen wohnen.

Nach einem anstrengenden Marsch komme ich zu Mamas Hütte. Ich kenne sie noch aus der Zeit, als Granny Mama und mich zu Tante Amanthes Grabstein führte. Schon damals war das Strohdach zusammengefallen und die Lehmwände bröckelten. Jetzt gibt es nur noch eine halbe Rundung aus Lehm und die kreisförmig aufgestellten Pfosten aus Mopaneholz. Die Hälfte davon ist umgefallen; die anderen werden von Termitenhügeln gehalten. Dort, wo einmal Räume waren, wächst Unkraut.

Ich bleibe stehen. »Mama?«

Nichts rührt sich, abgesehen von großen, schwarzen

Vögeln, die über meinem Kopf kreisen. Ich gehe weiter auf die Hütte zu, wage kaum zu atmen. Aber schon bald gehe ich nicht mehr. Ich renne so schnell ich kann. »Mama? Mama?«

Die schiefe Lehmwand stützt sich auf ein paar Pfosten. Sie sind lose mit Stroh bedeckt. Auf dem Boden, im Schatten dieses Daches, sehe ich einen Wasserkrug, einen Teller mit unberührtem Essen und eine Matte. Und auf der Matte liegt ein kleines, stilles Bündel, von einem fleckigen Tuch bedeckt, von Fliegen umschwirrt. Ich krieche neben das Bündel. Ich berühre die dürre Schulter.

»Amanthe?«, sagt eine Stimme wie ein Atemhauch. »Bist du es, Amanthe?«

»Nein, Mama«, flüstere ich. »Ich bin es, Chanda.«

Einen Moment lang nichts. Dann kriecht das Bündel in sich zusammen. »Vergib mir, Amanthe.«

»Nein, Mama. Tante Amanthe ist tot. Ich bin es, Chanda.«

Sie zuckt zusammen. »Chanda?«

»Ja.«

Ich ziehe das Tuch zurück. Mama wendet mir ihren Kopf zu. Ihr Blick ist wirr und ängstlich. »Chanda?«

»Es ist alles gut, Mama. Ich bin hier.« Ich nehme mein Taschentuch und tunke es in das Wasser im Krug. Ich tupfe Mamas Stirn ab, befeuchte ihre Lippen.

Mamas Blick trübt sich. »Chanda, mit mir geht es zu Ende.«

»Alles ist gut. Ich habe dich gefunden.« Ich halte ihre Hand. »Wir gehen nach Hause.«

40

Ich bin nicht allein zum Viehweideplatz gegangen. Bevor ich Tiro verließ, war ich im Gesundheitszentrum und habe meine Geschichte erzählt. Eine Schwester und ihr Helfer sind mit mir im Wagen der Klinik hergefahren. Ich habe ihnen den Weg gezeigt. Am Eingang zum Viehweideplatz haben sie den Krankenwagen abgestellt und sind mir zu Fuß gefolgt. Als wir die Hütten unserer Familie erreichten, blickten sie sich in den umliegenden Ruinen um, während ich direkt zu der einen Hütte ging. Als ich den beiden signalisiere, dass ich Mama gefunden habe, kommen sie mit der Trage angelaufen.

Die Schwester macht ihre Tasche auf und zieht einen Infusionsbeutel mit Flüssigkeit, Antibiotika und Schmerzmitteln heraus. Sie verbindet den Beutel mit einem Schlauch, dessen anderes Ende sie in eine Vene von Mama führt. Dann heben die Schwester und ihr Helfer Mama ganz vorsichtig auf die Trage. Der Helfer nimmt die eine Seite, die Schwester und ich die andere. So bahnen wir uns unseren Weg zurück zum Krankenwagen.

Ein paar Minuten später sind wir in der Klinik. Mama wird durch einen offenen Wartebereich ins Untersuchungszimmer gebracht. Der Arzt untersucht Mama und stellt mir Fragen. Ich erzähle ihm von ihren Kopfschmerzen, ihren nächtlichen Schweißausbrüchen, ihrem Durchfall.

Er runzelt die Stirn. »Ich denke, wir sollten einen HIV-Test machen.«

Mama ist nicht in der Lage, ihr Einverständnis zu geben. Ich muss entscheiden. Ich schlucke schwer. »Tun Sie es.« Als ob ich nicht schon das Ergebnis wüsste.

»Es gibt keine Krankenhausbetten«, sagt der Arzt, während er das Blut abnimmt. »Deine Mama wird zu Hause versorgt werden müssen.«

»Wir sind in Bonang zu Hause. Den Transport auf der Ladefläche überlebt sie nicht.«

Der Arzt überlegt. »Den Krankenwagen brauchen wir nicht sehr oft«, sagt er langsam. »Hausbesuche mache ich mit dem Fahrrad. Wenn's eng wird, gibt es immer noch den Jeep von meinem Bruder. Ich will dir was sagen: Wenn du für das Benzin aufkommst, für die Hin- und Rückfahrt, kann der Helfer euch fahren.«

»Danke.« Ich taste nach Esthers Geldbörse unter meinem Kleid. »Könnte ich auch ein paar Schmerzmittel kaufen?«

Er nickt. »Es sind schon welche in der Infusions-lösung, aber für den Fall, dass sie noch mehr braucht, kann ich dir welche verkaufen.« Er zeigt mir, wie ich den Beutel mit der Infusionslösung und den Beutel am Ka-theter wechseln kann. »Ich sorge dafür, dass das Kran-kenhaus in Bonang euch eine Hauspflegerin schickt.« Ich kann sehen, dass er denkt, Mama wird nicht lange genug leben, um das in Anspruch zu nehmen.

Vor der Abfahrt bitte ich darum, zu Hause anrufen zu dürfen. Es gibt nur ein Telefon, auf einem Schreibtisch in der Aufnahme. Ich drehe den wartenden Patienten den Rücken zu, damit ich wenigstens das Gefühl habe, es hört mir niemand zu.

»Hallo?« Die Stimme am anderen Ende ist unverwechselbar.

»Mrs Tafa?«

Als sie meine Stimme hört, holt sie so tief Luft, dass sie beinahe den Telefonhörer einsaugt. »Wo bist du?«

»In der Klinik in Tiro. Mit Mama.«

»Allmächtiger Gott!«

»Sag Esther, dass sie Soly und Iris die Sonntagskleider anziehen soll. Wir kommen nach Hause.«

»Du bringst deine Mama hierher?«

»Ja.«

»Nein!«, kreischt Mrs Tafa. »Deine Granny hat heute Morgen angerufen. Sie hat mir alles erzählt. Wenn sie es in Tiro nicht geschafft haben, die Seuche zu verbergen, dann wirst du es hier erst recht nicht hinkriegen.«

»Na und?«

»Na *und*? Die Nachbarn werden es erfahren.«

»Das ist mir egal«, sage ich. »Wenn Mama sterben muss, dann wird sie es zu Hause tun, bei ihren Kindern, die sie lieb haben.«

»Chanda, nun hör mir mal zu, Mädchen ...«

»Nein. Du hörst mir zu!«, brülle ich. »Ich habe es satt. Ich habe diese ewigen Lügen und das Versteckspielen und die Angst satt. Ich schäme mich nicht wegen AIDS! Ich schäme mich, dass ich mich geschämt habe!«

Ich knalle den Hörer auf. Als ich mich umdrehe, sehe

ich lauter offene Münder. Alle im Raum, die Patienten und ihre Angehörigen, haben sich zu der umgewandt, die das Unsagbare ausgesprochen hat.

Ich stemme die Arme auf die Hüften. »Was glotzt ihr so?«

Die Leute rennen aus der Klinik, als wäre ein Feuer ausgebrochen.

Während der Heimfahrt liegt Mama hinten im Kranken-wagen auf einer Trage, angeschlossen an den Infusions-beutel und an einen Katheter. Ich sitze neben ihr, halte ihr die Hand und drücke ihr feuchte Kompressen auf die Stirn. Sie weiß nicht, wo sie ist, wer ich bin, was mit ihr geschieht.

Sie will sich aufsetzen und schreit: »Amanthe, heirate Tuelo nicht! Das bringt Unglück. Ich weiß das, Aman-the.« Dann fällt ihr Kopf zurück aufs Kissen, ihre Augen verdrehen sich und ihre Lippen bewegen sich tonlos.

Als ich das Gefühl habe, sie ist eingeschlafen, schütte ich ihr mein Herz aus. Ich erzähle ihr von Esther, wie sie mir das Geld gegeben hat, damit ich hier herkommen konnte, Geld, das sie gespart hatte, um ihre Geschwister zusammenzubringen. »Ich möchte ihre Geschwister bit-ten zu uns zu ziehen, Mama.«

Mama öffnet kurz die Augen. Sie sind klar. Mama nickt. Hat sie mich verstanden? Ich weiß es nicht. Ihre Augen umwölken sich wieder, ihr Geist wandert davon und schon bald flüstert sie mit Papa oder Tante Amanthe oder sie schläft oder sie singt ein Lied für Sara.

41

Es ist später Nachmittag, als wir nach Hause kommen. Soly und Iris warten mit Esther an der Straße.

Sie sind nicht allein. Alle Vorgärten sind voller Leute. Sie tun so, als würden sie im Garten arbeiten, auf der Feuerstelle kochen oder über die Hecken hinweg plaudern; aber sie halten die Augen offen, sind neugierig, auf wen oder was »diese Kinder und das Straßenmädchen« wohl warten.

Als der Krankenwagen vor unserem Haus hält, kommen sie angeströmt. Sie starren auf die Gummihandschuhe des Krankenpflegers. Sie starren auf die Schläuche und den Beutel mit der Infusionslösung, an den Mama angeschlossen ist, während der Helfer Mama aus der Hintertür auf eine rollbare Trage gleiten lässt.

Die einzige Nachbarin, die fehlt, ist die, die wusste, dass wir kommen: Mrs Tafa. Ich stelle mir vor, dass sie hinter den Jalousien steht, voller Angst vor der AIDS-Familie in ihrer unmittelbaren Nachbarschaft.

Soly und Iris kommen zu mir gerannt. Ich umarme sie. »Mama ist sehr krank.«

»Wird es ihr wieder besser gehen?«

»Wir wollen es hoffen.«

Hand in Hand folgen sie mir und dem Pfleger ins Haus und in Mamas Zimmer. Über ihrem Bett hängt ein selbstgemachter Rahmen mit Fotos von uns Kindern. Ich nehme ihn ab, so dass wir die Infusionslösung an den

Nagel hängen können. Wir heben Mama von der Trage auf ihre Matratze und decken sie zu.

Iris, Soly und ich geben ihr einen Kuss auf die Stirn. Mama ist bewusstlos, aber sie scheint zu wissen, was vorgeht. Ihre Lippen verziehen sich zu einem Lächeln und für einen Augenblick glätten sich die Furchen um ihre Augen und auf ihrer Stirn.

»Ruh dich jetzt aus, Mama«, flüstere ich.

Ich bringe den Pfleger zum Wagen zurück. Ich tue so, als würde ich nicht merken, dass die Nachbarn sich nicht vom Fleck gerührt haben. Der Pfleger springt in den Wagen und lässt den Motor an, dann reicht er mir noch eine Schachtel mit Gummihandschuhen durchs Fenster. Er lenkt den Wagen durch die umherstehenden Leute und weg ist er.

Alle starren. Am liebsten würde ich die Augen schließen und die Welt verschwinden lassen. Ich möchte das Alphabet aufsagen, bis mein Hirn schmilzt. Aber ich tue es nicht. Ich zwinge mich zu einem Lächeln. »Danke, dass ihr gekommen seid«, sage ich.

Stille.

Ich kenne jeden einzelnen dieser Menschen – ich kenne sie, seit wir hier hergezogen sind. Es sind gute Leute. Aber sie schauen durch mich durch, als gäbe es mich nicht. Unzählige schreckliche Gedanken schießen mir durch den Kopf. Haben wir von jetzt an keine Freunde mehr? Sind wir ausgeschlossen? Werden uns alle meiden? Müssen wir alleine leben und sterben?

In diesem Augenblick geschieht ein Wunder. Auf der

anderen Seite der Hecke schlägt eine Fliegengittertür auf und zu. Alle Augen wenden sich dorthin. Auf mich zu marschiert, ihren Blümchenschirm drehend, Mrs Tafa. Sie strahlt wie der Sonnenaufgang persönlich und küsst mich auf beide Wangen.

»Willkommen daheim«, sagt sie. Sie nickt den Leuten zu. »Ich weiß ja nicht, was ihr alle hier wollt, aber ich bin gekommen, um meine Freundin Lilian zu begrüßen.«

Die Leute blinzeln.

»Ist was?«, will Mrs Tafa wissen.

Leises Gemurmel.

Mrs Tafa zieht eine Augenbraue hoch. »Ich weiß von euch allen, was sich hinter euren Türen abspielt«, sagt sie und guckt dabei jeden einzeln an. »Das hier ist die beste Familie in diesem Block. Falls jemand anderer Meinung ist – nur heraus damit.«

Jemand hustet nervös. Einige Frauen gucken ihre Männer böse an. Junge Männer blicken zu Boden, drücken die Zehen in den Staub. Und dann wird die Stille von allen Seiten durchbrochen.

»Schön, dass ihr wieder da seid«, sagt der alte Mr Nylo, der Lumpensammler.

»Wir beten für euch«, sagen die Lesoles.

Unter den wachsamen Augen von Mrs Tafa kommen sie alle zu mir, um ihre Grüße auszurichten oder mir die Hand zu schütteln. Sobald sie sich umgedreht haben, wischen sie sich ihre Hand am Kleid oder an der Hose ab. Das ist nicht schlimm. Die Hüterin allen Klatsches hat gesprochen. Der Bann ist gebrochen.

42

Als Mrs Tafa und ich das Haus betreten, schiebt Esther Soly und Iris in ihr Zimmer. Ich mache die Haustür zu und Mrs Tafa fängt an zu zittern. Sie schaut aus dem Fenster um sicherzugehen, dass wirklich alle verschwunden sind. Dann presst sie ihre Hand an die Brust und lässt sich auf einen Küchenstuhl fallen. »Wasser! Wasser!«

Ich bringe ihr ein Glas. Sie trinkt es in einem Zug aus und dann noch eins.

»Vielen Dank für das, was du getan hast«, sage ich.

Sie winkt mir mit ihrem Tuch zu, als wäre das nichts weiter gewesen. »Kann ich deine Mama sehen?«

Ich falle beinahe um. Es ist das erste Mal, dass ich Mrs Tafa um Erlaubnis fragen höre. »Komm«, sage ich und bringe sie in Mamas Zimmer. Wir setzen uns neben das Bett. Als Mrs Tafa Mama anschaut, wirkt sie nicht mehr so hart. Sie sieht so aus, als fühlte sie sich wie ich: ängstlich und allein.

»Chanda«, sagt sie schließlich. »Vergib mir. Deine Mama und ich, wir haben gedacht, wir machen alles richtig. Wir dachten, wenn eine traditionelle Heilerin kommt, hätte deine Mama einen Grund zu verschwinden, um heimlich zu sterben. Deine Mama wollte dir die Schande ersparen. Ich, ich habe bloß an mich gedacht. Die Leute wussten, dass wir Freundinnen sind. Sie hier sterben zu lassen – so wie jetzt – nach allem, was ich über die Krankheit verbreitet hatte … Ich hatte Angst.«

»Schon gut«, sage ich.

In dem Moment, in dem ich das gesagt habe, begräbt Mrs Tafa ihren Kopf zwischen ihren Knien und bricht in Schluchzen aus. Ich lege meinen Arm um ihre Schulter. Sie hält sich an mir fest und heult wie ein kleines Kind.

»Du hast dich bei mir bedankt für das, was ich da draußen getan habe«, weint sie. »Aber du solltest dich nicht bei mir bedanken, sondern bei meinem Sohn Emmanuel.«

Aber Emmanuel ist doch tot, denke ich.

»Als du vom Krankenhaus angerufen hast«, fährt Mrs Tafa fort, »war ich entsetzt. Ich habe alle Jalousien runtergelassen und mich versteckt. Als der Krankenwagen vorfuhr, habe ich durch die Ritzen geschielt. Ich habe gesehen, wie die Nachbarn gekommen sind. Ich habe mich ins Haus verkrochen und dich allein gelassen. Da habe ich zu dem Schrein von meinem Emmanuel geguckt. Habe seinen Taufschein gesehen, seine Traueranzeige, den Umschlag mit seiner Babylocke und mitten drin sein Foto. Aus dem Grab sprachen seine Augen zu mir: ›Mama, tu es mir zuliebe, du weißt, was du zu tun hast.‹ Er hatte Recht, ich wusste es. Und dieses Mal habe ich ihn nicht verraten.«

»Aber du hast ihn doch noch nie verraten.«

»O doch. Seit er tot ist, andauernd.« Sie knetet ihr Taschentuch. »Als Emmanuel das Stipendium für das Jurastudium in Johannesburg bekam, waren wir alle so stolz. Er war nie einer, der seine Zeit mit Mädchen verbracht hat. Für ihn zählten nur seine Bücher. Und nun machte sich das bezahlt. Ich erinnere mich noch an unser letztes Gespräch. Er rief mich aus einer Telefonzelle an, auf dem Weg zum Arzt, um sich für seinen Gesundheitspass untersuchen zu lassen.«

»Kurz vor seinem Jagdunfall, stimmt's?«

Sie schüttelt den Kopf. »Mein Junge hat nie gejagt. Es gab keinen Unfall. Er hat sich erschossen.«

Mir wird schwummerig im Kopf. »Was?«

»Zu der Untersuchung gehörte auch ein AIDS-Test. Der Test war positiv. Emmanuel borgte sich die Waffe von einem Freund. Er ging raus in die Wildnis, nahm den Lauf in den Mund und zerschoss sich den Kopf. Er hatte nicht gewusst, wie er uns das hätte sagen sollen, mir und meinem Mann. Er hatte Angst, wir würden das nicht verstehen. Er hatte Angst, wir würden ihn nicht mehr lieben.«

»Aber das ist doch verrückt!«

»Wirklich?« Sie wischt sich über die Augen. »Und warum haben wir dann seinen Tod mit einer Lüge geschändet?«

Wir sitzen ganz still.

»Ich erzähle es niemandem«, flüstere ich.

»Das kannst du aber«, sagt sie. »So wie du zu deiner Mama gestanden hast, so will auch ich jetzt zu meinem Emmanuel stehen. Noch nie habe ich mich so stark gefühlt wie heute, als ich den Nachbarn gegenüberstand. Ich hoffe, mein Junge hat das gesehen.«

Bevor Mrs Tafa geht, nimmt sie Mamas Hand und flüstert Mama ins Ohr. »Oh, Lilian, was du für eine Tochter hast. Was für eine Tochter.«

43

Drei Tage später fällt Mama ins Koma.

Esther kümmert sich um Iris und Soly, während Mrs Tafa dafür sorgt, dass die Nachbarinnen Essen bringen und im Haushalt helfen. Ich bleibe bei Mama, halte sie sauber und drehe sie immer wieder um, damit sie sich nicht wund liegt. Nachts lasse ich mich neben sie auf eine Matte fallen. Ich bin froh, dass ich keine Zeit zum Nachdenken habe. Ich würde verrückt werden.

Mitte der Woche bekomme ich Besuch. Mr Selalame. Ohne zu überlegen werfe ich mich in seine Arme. »Oh, Mr Selalame, ich habe solche Angst.«

Als ich mich beruhigt habe, bitte ich Esther bei Mama zu bleiben und gehe mit Mr Selalame spazieren. Im Park setzen wir uns auf die Schaukeln.

»Tut mir Leid wegen der Schule«, sage ich. »Tut mir Leid, dass ich Sie enttäuscht habe.«

»Hast du nicht.«

Ich wische mir die Augen trocken. »Ich glaube nicht, dass ich wieder zur Schule komme. Wenn das hier vorbei ist, muss ich arbeiten gehen.«

»Ich weiß.« Er hält inne. »Chanda, jetzt ist nicht der richtige Zeitpunkt für Entscheidungen. Aber du sollst wissen, dass ich mich umgehört habe. Viele Lehrer sind krank. Es gibt nicht genügend qualifizierten Ersatz. Du warst meine beste Schülerin. Ich habe dich für die Grundschule empfohlen. Der Schulleiter hat gesagt, wenn du soweit bist – sofern du Interesse hast –, kannst du einen Job als Vertretungslehrerin haben.«

Ich weiß, dass das wunderbare Aussichten sind. Wenn ich in der Schule arbeiten kann, kommen wir durch – und ich kann Iris im Auge behalten und auch Soly, der im nächsten Jahr in die Schule kommt. Trotzdem, ich denke an meine Träume. Dass ich meinen Abschluss machen wollte. Mich für ein Stipendium bewerben wollte. Anwältin werden wollte. Oder Ärztin. Eine richtige Lehrerin. Meine Träume sind ausgeträumt. Ich fange an zu schluchzen.

Mr Selalame weiß, warum ich weine. Er legt seine Hand auf meine Schulter. »Chanda, du musst dich nicht von deinen Träumen verabschieden, hörst du? Das ist doch nur für jetzt. Träume gelten fürs ganze Leben.«

Nachts, als alle schlafen, sitze ich bei Mama. Ich nehme ihre Hand und erzähle ihr, was Mr Selalame gesagt hat. »Es ist nicht das, was ich wollte«, sage ich ruhig, »aber schließlich gibt es eine Zukunft. Und bis dahin kommen Soly, Iris und ich zurecht. Wir werden überleben.«

Mir wurde gesagt, dass Mama mich nicht hören kann. Trotzdem spüre ich, wie ihr Körper entspannt, als ich ihr die Neuigkeiten erzählt habe. Sie schläft ruhig.

Einen Tag noch bleibt sie bei uns. Iris und Soly wissen Bescheid. Sie setzen sich neben sie und erzählen ihr Geschichten. Ich sage ihnen, Mama wisse tief im Inneren, dass sie da sind – auch wenn sie schläft.

Immer wieder weint eines der Kinder. Ich lasse mir

nicht anmerken, wie viel Angst ich habe. »Ist schon gut«, sage ich. »Ich werde bei euch sein.«

»Aber wir wollen Mama behalten. Wir wollen nicht, dass sie weggeht.«

»Sie geht nicht weg. Nicht wirklich. Wenn sie euch fehlen wird, braucht ihr bloß die Augen zu schließen. Sie wird euch so nah sein wie euer nächster Gedanke.« Ich hoffe, das stimmt. Aber ich wüsste nicht, was ich sonst sagen sollte.

Die Leute denken, ich hätte mir ausgedacht, was dann passiert ist, aber das ist mir egal. Ich habe es erlebt:

Das Ende kam mitten in der Nacht. Ich lag auf meiner Matte neben Mama. Soly und Iris waren mit Esther nebenan. Aus irgendeinem Grund wachte ich auf. Mama schaute mich an.

Ich stützte mich auf einen Ellbogen. Mama ist im Koma, dachte ich. Träume ich?

»Keine Bange«, sagte sie. »Du bist wach. Ich bin nur kurz zurückgekommen, um mich zu verabschieden.«

»Nein«, bat ich. »Noch nicht. Bitte, noch nicht.«

»Du schaffst das«, lachte sie leise. »Ich glaube an dich.«
Und sie starb.

Ich ging zu Iris und Soly rüber. Von der Tür aus sah ich die beiden mit Esther am Fenster stehen.

»Sie sind gerade aufgewacht«, flüsterte Esther.

Ich wollte ihnen sagen, dass Mama gestorben ist, da rief Iris: »Chanda, komm schnell.« Sie deutete auf etwas vor dem Fenster.

Ich lief zu ihr. Da, auf der Schubkarre, hockte mein Storch. Er bog seinen Hals in unsere Richtung. Soly und Iris winkten. Der Storch hob seinen rechten Fuß, als wollte er uns segnen. Dann krümmte er seinen Rücken und flog los. Dreimal kreiste er über unserem Garten, bevor er in die Nacht verschwand.

Ich drückte meine Kleinen an mich.

»Das war Mama, stimmt's?«, flüsterte Soly.

Mein Verstand sagte Nein, aber mein Herz sagte: »Ja.«

»Ist sie jetzt tot?«

»Ja.«

Epilog

Es war nicht leicht nach Mamas Tod. An manchen Tagen bin ich so müde, dass ich mich kaum rühren kann, und der Schmerz über Mamas Tod ist so groß, dass ich nicht weiß, wohin damit. Ich versuche mich zu beschäftigen, so wie sie es getan hat.

Die Tafas haben die Kosten für die Beerdigung übernommen, auch für einen Grabschmuck.

»Das zahle ich zurück«, sagte ich.

»Nein«, widersprach Mrs Tafa. »Das zahlen wir *dir* zurück.«

Zum Totenfest kam die ganze Gemeinde. Diesmal brauchte niemand über die Todesursache zu lügen. Wir konnten frei atmen.

Immer wieder flüsterte mir jemand zu: »Von meinen Eltern ist auch einer krank.« Oder einer der Großeltern. Oder eine Tante, ein Onkel, ein Cousin, eine beste Freundin. »Du bist der erste Mensch, dem ich das sagen kann.«

Mama hatte ein Testament gemacht, bevor sie nach Tiro fuhr. Ein Exemplar hatte sie bei Mrs Tafa hinterlegt, ein zweites beim Priester. Mama vermachte alles – das Haus und ihren Besitz – mir zu treuen Händen. Ich bekam das Sorgerecht für Iris und Soly.

Ich bat Esther bei uns zu bleiben und ihre Geschwister zu holen. Der eine Bruder fühlte sich wohl bei seinem Onkel Kagiso, aber der andere Bruder und die Schwester kamen. Eine Weile war es recht eng im Haus, aber dann baute uns Mr Tafa zwei Räume an.

Wir vergrößerten unseren Hühnerhof und den Gemüsegarten. Am Wochenende beteiligen wir uns alle an den notwendigen Arbeiten. In der Woche erledigt Esther den Haushalt, während ich als Vertretungskraft in der Grundschule arbeite.

Der schlimmste Moment war, als ich mit Soly und Iris zu Schwester Viser ins Krankenhaus ging. Esther und ihre Geschwister kamen auch mit.

»Vor einer Weile haben Sie mich gefragt, ob ich einen AIDS-Test machen lassen will«, sagte ich. »Da war ich noch nicht soweit. Jetzt bin ich es aber. Das hier ist meine Familie. Wir wollen alle die Wahrheit wissen.«

Die Ergebnisse waren negativ – nur bei Esther nicht. Wir lagen uns in den Armen und weinten.

Schwester Viser schrieb Esther auf eine Liste von Menschen, die sich darum bewerben, von einer Hilfsorganisation mit Medikamenten versorgt zu werden. »Die schlechte Nachricht ist, dass die Liste sehr lang ist und es eine Weile dauert, bis dein Name ganz oben steht«, sagte sie. »Die gute Nachricht ist, dass du eine gute Konstitution hast und dass du möglicherweise schon behandelt wirst, bevor die Krankheit ausbricht. Denk dran, jedes Jahr werden neue Medikamente entwickelt. Gib die Hoffnung nicht auf.«

Schwester Viser machte für Esther einen Termin bei der Beratungsstelle im Thabo-Willkommens-Zentrum. Esther tat so, als machte ihr das nichts aus. Aber das war nur äußerlich. Am Tag des Termins hatte sie schreckliche Angst.

»Möchtest du, dass ich mitgehe?«, fragte ich.

»Willst du das wirklich?«, zögerte sie. »Die Leute könnten denken, du hättest auch AIDS.«

»Na und? Was die Leute denken, interessiert mich schon lange nicht mehr.«

Esther quietschte vor Freude und tanzte mit mir durchs Zimmer. »Du bist für immer und ewig meine beste Freundin.«

Wenn die Leute das erste Mal ins Thabo-Zentrum gehen, benutzen sie meist den hinteren Eingang und achten darauf, dass niemand sie sieht. Wir taten das nicht. »Wenn die Leute tratschen wollen, muss man ihnen auch den Stoff dafür liefern«, sagte ich. Esther zog einen hellen Rock an und eine getupfte Bluse, ich trug das gelbe Kleid mit den blauen Sittichen, das Mama von Mrs Tafa bekommen hatte. Wir sangen unentwegt, während wir die fünfzehn Kilometer zum 10. Bezirk radelten, und wir betraten das Thabo-Zentrum durch die Vordertür.

Im Vorraum hing ein großes weißes Bettlaken mit einem Filzstift daneben. Damit hatten viele Leute auf das Laken geschrieben: »Alle Menschen sind betroffen.« – »Die Vergangenheit können wir nicht beeinflussen, die Zukunft schon.« – »Wo Liebe ist, ist Leben. Wo Leben ist, ist Hoffnung.« – »Lebe jetzt.«

Wir durchquerten den Vorraum, gingen an einem Beratungszimmer vorbei und kamen zu dem offenen Treffpunkt. In einer Ecke, neben einem Klavier, saßen mehrere Frauen und ein paar Männer jeden Alters um einen Tisch, tranken Tee und aßen Kekse dazu. Einige sahen gesund aus, andere sehr dünn. Sie begrüßten uns mit einem Lächeln. »Guten Tag.«

»Guten Tag«, sagte Esther mit lauter Stimme. »Ich habe einen Termin für eine Beratung.«

Aus der Gruppe erhob sich eine große Frau. Sie nahm Esther in die Arme. »Hallo. Ich bin Banyana Kaone, den Termin hast du bei mir.«

Mir fiel der Unterkiefer runter. »Das also ist Banyana Kaone«, dachte ich. »Die AIDS-Lady aus der Zeitung, die Kondome verteilt. So aus der Nähe sieht sie gar nicht alt und verschroben aus. Sie sieht aus wie eine Mama.« Und da hatte sie mich auch schon umarmt und plötzlich fühlte ich mich wie zu Hause.

Seitdem gehen Esther und ich jede Woche dorthin. Manchmal öfter. Wir singen, spielen Karten, organisieren gemeinsame Mahlzeiten. Am wichtigsten ist die Gesellschaft mit anderen, es ist tröstlich, mit Freunden zusammen zu sein, die dasselbe durchmachen.

»Ich bin nicht allein«, sagte Esther. »Ich fühle mich wieder lebendig.«

Mama hat gesagt, ich soll mir meinen Zorn aufheben, um gegen Unrecht zu kämpfen. Nun, jetzt weiß ich, was Unrecht ist. Die Ignoranz AIDS gegenüber. Die Scham. Das Stigma. Das Schweigen. Die Geheimnisse, die uns zwingen uns zu verstecken. Das Thabo-Zentrum öffnet alle Verstecke. Es schafft Raum für Licht und frische Luft.

Aber es ist das einzige AIDS-Zentrum weit und breit. Kein Wunder, dass es einem seltsam und unheimlich vorkommt, dort hinzugehen. Solche Zentren müsste es überall geben.

Darüber denke ich nach, als ich draußen vor unserem Haus sitze und in den Mond schaue, weil ich nicht schlafen kann. Ich schließe die Augen und stelle mir vor, dass hier auf unserem Grundstück so ein Zentrum wäre: das Lilian-Kabelo-Freundschafts-Projekt.

Ich lache laut auf. Was für eine verrückte Idee. Aber nicht dumm. Ich brauche kein extra Gebäude. Nicht sofort. Nur einen Ort, wo sich Leute treffen können. Und ich habe dieses Grundstück.

Das Lilian-Kabelo-Freundschafts-Projekt.

Träume, Träume, Träume ...

Danksagung

Ich bin unendlich vielen Menschen in Botswana, Simbabwe, Südafrika und Kenia unendlich viel Dank schuldig; ohne ihre Freundschaft, Beratung und Unterstützung hätte ich dieses Buch nie schreiben können. Besonders möchte ich mich bedanken bei: Patricia Bakwinya, Tebogoc Bakwinya und Chanda Selalame von der Tshireletso AIDS Awareness Group, Solomon Kamwendo und seiner Theatertruppe Ghetto Artists, Rogers Bande und Anneke Viser von COCEPWA (Coping Center for People Living with HIV/AIDS), Angelina Magaga vom The Light and Courage Centre, Professor K. Osei-Hwedie von der University of Botswana, den jungen Leuten von PACT (Peer Approach to Counseling by Teens), Banyana Parsons vom Kagisano Women's Shelter Project, Richard und John Cox sowie den vielen Menschen, die mich zu sich nach Hause eingeladen haben, ob in der Stadt, im Dorf oder am Viehweideplatz. In Kanada möchte ich mich bedanken bei dem Ontario Arts Council und dem Toronto Arts Council, bei Barbara Emmanuel, bei Mary Cole und Kim MacPherson vom Coady International Institute und bei all den Leuten von Annick Press, insbesondere bei meinen Lektorinnen Barbara Pulling und Elisabeth McLean.